Jochen Althoff (Hg.)

Philosophie und Dichtung im antiken Griechenland

Philosophie der Antike

Veröffentlichungen der
Karl und Gertrud Abel-Stiftung

Herausgegeben von
Wolfgang Kullmann
in Verbindung mit
Jochen Althoff und Georg Wöhrle

Band 23

PHILOSOPHIE UND DICHTUNG IM ANTIKEN GRIECHENLAND

Akten der 7. Tagung
der Karl und Gertrud Abel-Stiftung
am 10. und 11. Oktober 2002 in Bernkastel-Kues

Herausgegeben von
JOCHEN ALTHOFF

Franz Steiner Verlag Stuttgart
2007

PHILOSOPHIE DER ANTIKE (ISSN 0943-5921)

Redaktion:
Prof. Dr. Wolfgang Kullmann, Bayernstr. 6, D-79100 Freiburg

Bibliografische Information der Deutschen Nationalbibliothek
Die Deutsche Nationalbibliothek verzeichnet diese Publikation in der Deutschen Nationalbibliografie; detaillierte bibliografische Daten sind im Internet über <http://dnb.d-nb.de> abrufbar.

ISBN 978-3-515-08824-4

ISO 9706

Druck: Printservice Decker & Bokor, München.
Printed in Germany

Inhaltsverzeichnis

Vorwort 7

Wolfgang Kullmann (Freiburg)
„Das Verhältnis zwischen Philosophie und Dichtung in griechischer Sicht“ 11

Oliver Hellmann (Trier)
„Aristoteles und Achilleus: Der poetische Held aus der Sicht des Philosophen“ 27

Antonios Rengakos (Thessaloniki)
„Zeit und Erzählung in den *Argonautika* des Apollonios Rhodios“ 43

Sabine Föllinger (Bamberg)
„Die Funktion von Nicht-Wissen in der frühgriechischen Literatur“ 53

Markus Asper (Penn State)
„Medienwechsel und kultureller Kontext. Die Entstehung der griechischen Sachprosa“ 67

Jochen Althoff (Mainz)
„Sokrates als Naturphilosoph in Aristophanes' *Wolken*“ 103

Maria Liatsi (Ioannina)
„Philia bei Aristoteles: Ethische Tugend oder äußeres Gut?“ 121

Doris Meyer (Strasbourg)
„Die verborgene Wahrheit der Dichtung. Zur allegorischen Interpretation in Porphyrios' Schrift über die Nymphengrotte in der *Odyssee*“ 131

Index der antiken Autoren und Stellen 145

Sachindex 153

Verzeichnis der Beiträger/-innen 155

Vorwort

Der hier vorgelegte Band vereinigt mit zwei Ausnahmen die Referate, die auf der 7. Tagung der Karl und Gertrud Abel-Stiftung am 10. und 11. Oktober 2002 in Bernkastel-Kues gehalten wurden. Die Ausnahmen sind die Beiträge von Maria Liatsi und Jochen Althoff, die erst später hinzugefügt wurden.

Der Titel des Bandes (der auch der Titel der kleinen Tagung war) ist dem Klassischen Philologen vertraut, denn er erinnert an Hermann Fränkels berühmtes Buch „Dichtung und Philosophie des frühen Griechentums. Eine Geschichte der griechischen Epik, Lyrik und Prosa bis zur Mitte des fünften Jahrhunderts" (München 1962, 3. Auflage 1976).

Schon bei Fränkel liegt der Akzent dieses Titels nicht so sehr auf zwei unterschiedlichen Modi der literarischen Präsentation (etwa gebundene Sprache *versus* Prosa) als vielmehr auf zwei inhaltlichen Bereichen, die man mit moderneren Termini als Fiktion („Dichtung") und wissenschaftliche oder sachliche Themen („Philosophie") bezeichnen kann. Es ist dabei darauf hinzuweisen, daß der antike Begriff der Philosophie, wie er etwa auf die Vorsokratiker, Platon oder Aristoteles angewandt wird, erheblich weiter ist als der neuzeitliche. Er umfaßt als ‚Naturphilosophie' etwa auch diejenigen Bereiche, die wir heute als Naturwissenschaften (Astronomie, Physik, Chemie, Geographie etc.) ansprechen. Erst bei Parmenides und besonders bei Platon wendet sich die Philosophie dezidiert von der Beobachtung der Natur ab und metaphysischen Überlegungen zu. Die Dichtung dagegen hat nicht die Darstellung sachlicher Realitäten zum Ziel, sondern erfindet Stoffe, die zwar mit der Wirklichkeit in einem bestimmten Zusammenhang stehen, aber sonst eigenen Gesetzen gehorchen.

Eine vollkommene Trennung zwischen beiden Bereichen ist allerdings gerade für die frühe Griechische Literatur nicht möglich. Die philosophische Lehrdichtung eines Hesiod, eines Parmenides oder eines Empedokles bietet bekannte Beispiele für zwischen beiden Bereichen angesiedelte literarische Genera. Aber auch darüber hinaus kann man es geradezu als ein Charakteristikum der frühgriechischen Literatur ansehen, daß es mannigfache Berührungen, Überlappungen und gegenseitige Beeinflussungen zwischen den beiden Feldern der Philosophie und der Dichtung gibt. Diesem vielgestaltigen Wechselspiel zwischen Philosophie und Dichtung gelten die einzelnen hier versammelten Forschungsbeiträge.

Wolfgang Kullmann geht von der für unsere Fragestellung zentralen aristotelischen *Poetik* aus, in deren 9. Kapitel die Dichtung für „philosophischer und maßgeblicher" erklärt wird als die Geschichtsschreibung (die hier also den sachlichen Bereich repräsentiert). Anschließend untersucht Kullmann die homerischen Gedichte aus dieser Perspektive und fragt, was denn das ‚Allgemeine' oder ‚Philosophische' an ihnen sein könnte. Ein Blick auf Platons Bewertung des Homer macht deutlich, daß Platon zwar unterschiedlich begründete Kritik an Homer übt, aber seine eigene Philosophie zugleich als vollgültige Dichtung versteht und so keine grundsätzliche Diskrepanz zwischen Philosophie und Dichtung annimmt.

In **Oliver Hellmanns** Beitrag geht es um die Beurteilung des homerischen Achill durch Aristoteles. Hellmann belegt, daß der Philosoph an vielen Stellen seines Werkes auf Achill Bezug nimmt und ihn als Beispiel für eine Vielzahl von Argumentationen anführt. Es wird dabei deutlich, daß Aristoteles neben den beiden uns erhaltenen Epen *Ilias* und *Odyssee* noch andere Quellen vorlagen, in denen Achill eine Rolle spielte. Seine entsetzliche Schändung der Leiche Hektors in der *Ilias* deutet Aristoteles bereits ansatzweise historisch-kritisch, indem er thessalische Totenbräuche zur Erklärung heranzieht. Noch tiefer dringt die Auseinandersetzung des Stagiriten mit den Charakterzügen des Helden in seinen Ethiken: eine grundsätzlich positive Bewertung mischt sich mit kritischen Einwänden.

Antonios Rengakos untersucht die zeitliche Erzählstruktur der beiden homerischen Epen, die er mit derjenigen der *Argonautika* des Apollonios Rhodios vergleicht. Es geht also um die kreative dichterische Umsetzung der realen Zeitstruktur, in der die Geschehnisse der Wirklichkeit ablaufen. Dabei nimmt Rengakos Ansätze der narratologischen Forschung zu Hilfe. Während sich die beiden homerischen Gedichte durch Rückblenden und Vorausverweise weit von einer linearen Erzählung entfernen und dadurch als komplexe Kompositionen erweisen, kehrt Apollonios bewußt zu einer einsträngigen und überdies kreisförmigen (kyklischen) Erzählweise zurück. Damit setzt sich Apollonios zugleich von seinen hellenistischen Dichterkollegen ab, die sich in dieser Hinsicht enger an Homer anlehnen. Nur seine Aitienerzählungen bieten Vorverweise auf künftiges Geschehen und weichen insofern von der linearen Erzählstruktur ab.

Sabine Föllinger betrachtet ausgehend von einer These Bruno Snells die Rolle des Nicht-Wissens in der frühgriechischen Lyrik und in der vorsokratischen Philosophie. Snell hatte den Lyrikern ein Lebensgefühl unterstellt, das durch „Hilflosigkeit" (ἀμηχανία) gekennzeichnet sei. Föllinger interpretiert die verschiedenen Aussagen über Nicht-Wissen, die sich in der Lyrik finden, und arbeitet heraus, daß damit ganz andere Zwecke verfolgt werden, als Snell annahm. Besonders deutlich wird dies an scheinbar gleichlautenden Aussagen der Vorsokratiker einerseits und der Lyriker andererseits: Anhand des Schemas der Sprechakttheorie nach Searl kann Föllinger sehr anschaulich die unterschiedlichen Aussageabsichten der Philosophen und der Dichter beschreiben.

Markus Asper durchdenkt das Problem der Entstehung der wissenschaftlichen Prosa im frühen Griechenland mit einer Fülle neuer Impulse. Es geht ihm also um den neuen Modus literarischer Präsentation für sachliche Inhalte, die bisher in dichterischer Form dargestellt wurden. Insbesondere interessiert er sich dabei für die soziologischen Faktoren, die dafür verantwortlich gemacht werden können, daß die ursprünglich allein verbindliche Äußerung in dichterischer Form durch den Prosadiskurs abgelöst werden konnte. Aber auch viele andere Motive und Beweggründe kann er in seiner materialreichen Studie zu einer komplexen neuen Antwort verbinden.

Jochen Althoff wirft einen Blick auf die erste Begegnung des komischen Helden Strepsiades mit der Denkerschule des Sokrates in den *Wolken* des Aristophanes. Er beschreibt in einer detaillierten Betrachtung die naturphilosophischen Gedanken in ihrer spezifischen komödientauglichen Umformung und läßt so deutlicher erkennen, wie die eigenständige Dichtungsgattung der altattischen Komödie auf die zeitgenössischen Diskussionen philosophischer Themen reagiert.

Maria Liatsi befaßt sich in ihrem Beitrag mit dem Begriff der Freundschaft, wie ihn Aristoteles im 8. und 9. Buch der *Nikomachischen Ethik* entwickelt. Die Breite der Begriffsbedeutung gibt in der Forschung zu allerlei Unklarheiten Anlaß, von denen die Frage, ob es sich bei der Freundschaft um eine Tugend (ἀρετή) oder ein Gut (ἀγαθόν) handelt, für die Autorin zentral ist. Es gelingt ihr, diese Frage auf ein allgemeines semantisch-ontologisches Prinzip des Philosophen zurückzuführen und so zu lösen.

Doris Meyer untersucht die allegorisierende Deutung, die der Neuplatoniker Porphyrios Homers Erzählung von der Nymphengrotte in der Odyssee zuteil werden läßt. Dabei steht die Frage im Zentrum, wie der Philosoph seine philosophischen Aussagen in der Dichtung belegt finden kann und wie er damit das altüberkommene Epos produktiv rezipiert. Sie kann zeigen, daß die paradigmatische Interpretation der Homerszene zugleich die Methode andeutet, gemäß derer ein Philosoph Homer lesen soll.

Die hier betrachteten Aspekte behandeln die Frage des Verhältnisses zwischen Philosophie und Dichtung natürlich keinesfalls erschöpfend. Es ist aber eine Reihe wichtiger Gesichtspunkte exemplarisch untersucht und zu neuen Ergebnissen geführt worden, die vielleicht deutlich macht, wie vielfältig die Wechselwirkungen zwischen den beiden Bereichen sind. Die Beiträge können insofern auch als Anregung für weitere Untersuchungen dieser Art gelten. Nur einen begrenzten Eindruck vermitteln die hier abgedruckten Aufsätze von der lebhaften und interessanten Diskussion während der Tagung, die zum Teil in die Überarbeitung eingeflossen ist. Dafür danke ich allen Teilnehmern hier noch einmal sehr.

Ein weiterer großer Dank gilt meinem Mitarbeiter Herrn Johannes Breuer, der sich um die Herstellung der Druckvorlage wie immer sehr verdient gemacht hat. Der Karl und Gertrud Abel-Stiftung danke ich herzlich, weil sie nicht nur seinerzeit die Tagung im schönen Bernkastel-Kues ermöglicht hat, sondern auch die Drucklegung dieses Bandes finanzierte.

Mainz, im Oktober 2006 J. Althoff

Wolfgang Kullmann (Freiburg)

Das Verhältnis zwischen Philosophie und Dichtung in griechischer Sicht

1. Aristoteles über Dichtung und Philosophie

Die griechische Philosophie hat sich aus der epischen Dichtung entwickelt. Xenophanes trug als Rhapsode seine Kritik an den homerischen und hesiodischen Göttern vor. Platon wollte die Philosophie *anstelle* der homerischen Dichtung als Bildungsgut etablieren. Erst wenn Aristoteles sagt, daß Homer und Empedokles nichts gemein haben außer dem Metrum und man den einen mit Recht Dichter, den anderen eher „Physiologen" nennt (*Poet.* 1.1447 b 17ff.), ist klar, daß Philosophie und Dichtung sich als zwei voneinander unabhängige, jeweils eigenen Gesetzen folgende geistige Provinzen etabliert haben. Wenn man fragt, wie sich Aristoteles das Verhältnis beider zueinander vorstellte, denkt man im allgemeinen zunächst an *Poetik*, Kapitel 9.[1] Dort heißt es, daß es nicht das Geschäft des Dichters ist, das zu erzählen, was tatsächlich geschehen ist, sondern etwas von der Art, was (scil. auch wenn es tatsächlich nicht so geschah) durchaus hätte passieren können (oder in Zukunft so passieren kann), d.h. etwas, das nach den Regeln der Wahrscheinlichkeit oder Notwendigkeit so passieren kann. Das scheint etwa der Sinn der Formulierung zu sein,[2] die griechisch lautet (9.1451 a 36–38): ὅτι οὐ τὸ τὰ γενόμενα λέγειν, τοῦτο ποιητοῦ ἔργον ἐστίν, ἀλλ᾽ οἷα ἂν γένοιτο καὶ τὰ δυνατὰ κατὰ τὸ εἰκὸς ἢ τὸ ἀναγκαῖον. Aristoteles schließt daraus (1451 b 5f.), daß die Dichtung *philosophischer und maßgeblicher* ist als die Geschichtsschreibung (φιλοσοφώτερον καὶ σπουδαιότερον). Hierbei ist die Vokabel für „maßgeblicher, gewichtiger" (σπουδαιότερον) aufschlußreich, die ein Werturteil im Bereich des menschlichen Handelns ausdrückt. Man vergleiche etwa *E. N.* III 6.1113 a 32f., wo gesagt ist, daß der „maßgebliche Mensch" Richtschnur und Maß ist und deshalb in allen Einzelheiten das

1 Aus der umfangreichen Literatur seien hier genannt: K. v. Fritz, Entstehung und Inhalt des neunten Kapitels von Aristoteles' *Poetik*, in: Antike und moderne Tragödie, Berlin 1962, 430ff. (ursprünglich in: Festschrift Kapp, Hamburg 1958, 67ff.); H. Erbse, Aristoteles über Tragödie und Geschichtsschreibung (zum 9. Kapitel der ‚Poetik'), in: Bonner Festgabe Johannes Straub, Bonn 1977, 127ff.; H.-J. Horn, Zum neunten Kapitel der aristotelischen Poetik, RhM 131, 1988, 113ff.; E.-R. Schwinge, Aristoteles über Struktur und Sujet der Tragödie. Zum 9. Kapitel der Poetik, RhM 139, 1996, 111ff.; J.M. Armstrong, Aristotle on the Philosophical Nature of Poetry, ClQ 48, 1998, 447ff.; S. Halliwell, Aristotle's Poetics, Chicago-London [2]1998, 78ff.; D.J. Jakob, Fictionality and Effectiveness: Two essential characteristics of literature in Aristotle's *Poetics*, Hellenika 52, 2002, 27ff.

2 Vgl. den Kommentar von D.W. Lucas, Aristotle, Poetics. Introduction, Commentary and Appendixes, Oxford ([1]1968) 1972, 118.

Wahre und Richtige erkennt (διαφέρει πλεῖστον ἴσως ὁ σπουδαῖος τῷ τἀληθὲς ἐν ἑκάστοις ὁρᾶν, ὥσπερ κανὼν καὶ μέτρον αὐτῶν ὤν). Es muß gemeint sein, daß die Dichtung kompetentere, gewichtigere Aussagen im Bereich des menschlichen Handelns machen kann als die Geschichtsschreibung, an die gedacht ist, wie die namentliche Nennung Herodots in 9.1451 b 2 zeigt. Aristoteles fährt fort (1451 b 6ff.), daß die Dichtung mehr das Allgemeine (plur. = die allgemeinen Dinge) zur Sprache bringt, während der Historiker das Einzelne erzählt, z.B. was Alkibiades getan hat und was ihm passiert ist. Der Historiker schildert offenbar nach Aristoteles die Abfolgen von einzelnen Ereignissen, ohne sie notwendig kausal zu begründen. Er macht sozusagen den Fehler, vor dem Aristoteles den Dichter warnt: Er erzählt, daß das und das nach dem und dem passierte, ohne zu sagen oder sagen zu können, daß es wegen der und der Dinge passierte (10.1452 a 18–21). Allgemein sei, welche Art von Dingen von welcher Art von Personen gesagt oder getan werde nach Wahrscheinlichkeit oder Notwendigkeit, wobei die Dichtung die Namen dazusetze (9.1451 b 8ff.[3]). Der geschichtliche Ablauf verdunkelt nach Aristoteles offenbar häufig durch seine Komplexität die wahren Ursachen für bestimmte Ereignisse, seine Darstellung läßt deshalb für ihn oft die Kontinuität vermissen, die er in Kapitel 10 vom Mythos, d.h. dem Plot einer dichterischen Darstellung, einfordert. Und die Folge davon ist, daß der Historiker nicht auf bestimmte allgemeine Grundstrukturen von Geschehnissen stößt, die der Dichter erfaßt. Denn der Dichter hat es ebenso wie der Philosoph als Ethiker mit Dingen zu tun, die sich zwar auch anders verhalten können (τὰ ἐνδεχόμενα καὶ ἄλλως ἔχειν), aber „in der Regel“ so passieren (ὡς ἐπὶ τὸ πολύ, *E. N.* I 1.1094 b 21, III 5.1112 b 8f.; *Met.* K 8.1064 b 35).[4] Freilich ist dies nur eine relative Überlegenheit der Dichtung gegenüber der Geschichtsschreibung. Die Dichtung geht stärker ins Detail als die noch allgemeiner bleibende Ethik; und selbst von deren Stoff (τὰ δὲ καλὰ καὶ τὰ δίκαια *E. N.* I 1.1094 b 14) sagt Aristoteles, daß man zufrieden sein muß, wenn man die Wahrheit nur grob und im Umriß zeigen kann (1094 b 19ff.). Aber im Vordergrund des menschlichen Handelns steht auf jeden Fall das Regelhafte. Wenn es nicht so wäre, hätte ja auch Ethik keinen Sinn, die sich z.B. bei Aristoteles darum bemüht, die allgemeinen Voraussetzungen zu benennen, aus denen menschliches Glück folgen kann. Der Historiker ist nach Aristoteles' Meinung nicht so wie der Dichter in der Lage, das Allgemeine, das das Reguläre einschließt, herauszuarbeiten. Sein Tun ist offenbar nicht *ganz* unphilosophisch.[5] Aber die Dichtung ist philosophischer. Sehr überzeugend spricht Armstrong davon, daß Aristoteles vor allem Typen von Ereignissen (*event types, action types*; vgl. τὰ ποῖα, πράττειν) im Auge gehabt habe.[6]

3 ἔστιν δὲ καθόλου μέν, τῷ ποίῳ τὰ ποῖα ἄττα συμβαίνει λέγειν ἢ πράττειν κατὰ τὸ εἰκὸς ἢ τὸ ἀναγκαῖον, οὗ στοχάζεται ἡ ποίησις ὀνόματα ἐπιτιθεμένη.

4 Vgl. H.H. Joachim, Aristotle. The Nicomachean Ethics. A Commentary. Ed. by D.A. Rees, Oxford 1951, 24f.

5 Dies scheint für Aristoteles nicht ganz ausgeschlossen, wenn die γενόμενα einmal den Regeln der Wahrscheinlichkeit gehorchen, auch wenn sich Aristoteles explizit weigert, Herodots Werk als Dichtung zu betrachten, wie Jakob (wie Anm. 1), 32 mit Recht betont.

6 Armstrong (wie Anm. 1), 451–454. Vgl. auch Halliwell, Aristotle's Poetics (wie Anm. 1), 79.

Allerdings gehören nach dem Wortlaut von 9.1451 b 8ff. wohl auch Charaktertypen (vgl. τῷ ποίῳ) und Redetypen bestimmter Charaktere mit typischen Inhalten (vgl. λέγειν) dazu.

Diese Darlegungen des Aristoteles blieben an der Oberfläche, wenn er sich nicht auch Gedanken über die anthropologischen Hintergründe der menschlichen Beschäftigung mit Dichtung und Philosophie gemacht hätte. Was die Dichtung betrifft, so äußert sich Aristoteles darüber am Anfang von *Poetik* Kap. 4 (1448 b 4ff.). Dort heißt es:

> ἐοίκασι δὲ γεννῆσαι μὲν ὅλως τὴν ποιητικὴν αἰτίαι δύο τινὲς καὶ αὗται φυσικαί. τό τε γὰρ μιμεῖσθαι σύμφυτον τοῖς ἀνθρώποις ἐκ παίδων ἐστὶ καὶ τούτῳ διαφέρουσι τῶν ἄλλων ζῴων ὅτι μιμητικώτατόν ἐστι καὶ τὰς μαθήσεις ποιεῖται διὰ μιμήσεως τὰς πρώτας, καὶ τὸ χαίρειν τοῖς μιμήμασι πάντας. σημεῖον δὲ τούτου τὸ συμβαῖνον ἐπὶ τῶν ἔργων· ἃ γὰρ αὐτὰ λυπηρῶς ὁρῶμεν, τούτων τὰς εἰκόνας τὰς μάλιστα ἠκριβωμένας χαίρομεν θεωροῦντες, οἷον θηρίων τε μορφὰς τῶν ἀτιμοτάτων καὶ νεκρῶν. αἴτιον δὲ καὶ τούτου, ὅτι μανθάνειν οὐ μόνον τοῖς φιλοσόφοις ἥδιστον ἀλλὰ καὶ τοῖς ἄλλοις ὁμοίως, ἀλλ᾽ ἐπὶ βραχὺ κοινωνοῦσιν αὐτοῦ. διὰ γὰρ τοῦτο χαίρουσι τὰς εἰκόνας ὁρῶντες, ὅτι συμβαίνει θεωροῦντας μανθάνειν καὶ συλλογίζεσθαι τί ἕκαστον, οἷον ὅτι οὗτος ἐκεῖνος.

> Allgemein scheinen zwei Ursachen die Dichtkunst hervorgebracht zu haben, und zwar naturgegebene Ursachen. Denn sowohl das Nachahmen selbst ist den Menschen angeboren – es zeigt sich von Kindheit an, und der Mensch unterscheidet sich dadurch von den übrigen Lebewesen, daß er in besonderem Maße zur Nachahmung befähigt ist und seine ersten Kenntnisse durch Nachahmung erwirbt – als auch die Freude, die jedermann an Nachahmungen hat. Als Beweis hierfür kann eine Erfahrungstatsache dienen. Denn von Dingen, die wir in der Wirklichkeit nur ungern erblicken, sehen wir mit Freude möglichst getreue Abbildungen, z.B. Darstellungen von äußerst unansehnlichen Tieren und von Leichen. Ursache hiervon ist folgendes: Das Lernen bereitet nicht nur den Philosophen größtes Vergnügen, sondern in ähnlicher Weise auch den übrigen Menschen (diese haben freilich nur für kurze Zeit Anteil daran). Sie freuen sich also deshalb über den Anblick von Bildern, weil sie beim Betrachten auch etwas lernen und weil sie schlußfolgern können, was ein jedes ist, z.B. daß diese Gestalt den und den darstelle.[7]

Es ist wichtig sich klarzumachen, daß Aristoteles' Aussagen über das angeborene menschliche Nachahmungsverhalten auch biologisch richtig sind.[8] Aristoteles betont besonders die Wichtigkeit des Nachahmens für die ersten Lernvorgänge, die sich an menschlichen Beispielen orientieren. Was diesen ersten Lernvorgängen und der Dichtung und damit auch ihrer Rezeption gemeinsam ist, ist also das bewußte

7 Übersetzung von Manfred Fuhrmann, Aristoteles. Poetik. Griechisch-Deutsch, Stuttgart 1982, 11 (leicht geändert).

8 Vgl. B. Hassenstein, Instinkt. Lernen. Spielen. Einsicht, München 1980, 119; I. Eibl-Eibesfeld, Die Biologie des menschlichen Verhaltens, Grundriß der Humanethologie. Dritte, überarbeitete und erweiterte Auflage, München-Zürich 1995, 788ff. Siehe auch unten Anm. 13.

Beobachten und Verfolgen des Verhaltens anderer. Aristoteles sieht dabei zunächst davon ab, daß die Nachahmung/Darstellung durch die Dichtung, anders als das nachahmende Lernen, sich nicht auf reale, sondern fiktionale Figuren und Ereignisse richtet, und stellt zu Recht ganz allgemein fest, daß das menschliche Nachahmungsverhalten dem Menschen angeboren ist.

Etwas anders steht es mit der Freude an Nachahmungen, die Aristoteles ebenfalls zu Recht als dem Menschen angeboren betrachtet (1448 b 8f.).[9] Aristoteles konstatiert zwar nur, daß der Mensch an bildlichen Wiedergaben schrecklicher Dinge Freude hat. Er hat also das Phänomen der Ästhetisierung des Schrecklichen im Auge und versucht, diese Freude wiederum aus dem Lerninteresse beim Betrachten von Bildern zu begreifen. Es liegt jedoch auf der Hand, daß diese Erklärung zu kurz greift. Aber das Phänomen selbst ist unbestreitbar und läßt sich auch an der Dichtung beobachten. Schreckliche Ereignisse, die von Malerei, bildender Kunst und Dichtung dargestellt werden, faszinieren den Menschen.[10] Die beiden homerischen Epen werben gleich zu Anfang mit dem Schrecklichen, das sie erzählen wollen,[11] wie auch später die Geschichtswerke von Thukydides bis zu Tacitus hin in der Tradition der Dichtung, aus der sie erwachsen sind, vielfach betonen, daß sie Furchtbares zu berichten haben.[12] Bis heute ist es nicht gelungen, diese Vorliebe der Menschen für dargestelltes, mitleiderregendes Leid zweifelsfrei zu deuten.

Auch in bezug auf die Philosophie betont Aristoteles die anthropologische Grundlage. Schon im ersten Satz der *Metaphysik* sagt er, daß dem Menschen das Streben nach Wissen angeboren sei (A 1.980 a 21: πάντες ἄνθρωποι τοῦ εἰδέναι ὀρέγονται φύσει). Als Triebfeder der kulturellen Entwicklung zur zweckfreien theoretischen Wissenschaft und zur Philosophie betrachtet Aristoteles das „sich wundern“ (θαυμάζειν), die menschliche Neugier (A 2.982 b 12ff.; 983 a 12ff.). Die moderne Anthropologie hat darauf hingewiesen, daß die neugierige spielerisch-lernende Jugendphase, die für höhere Säugetiere charakteristisch ist (und zu der auch der Nachahmungstrieb gehört), aber bei ihnen relativ kurz ist, beim Menschen aufgrund einer genetisch bedingten Retardation (Neotenie) mehr oder weniger sein Leben lang anhält, und damit dem Aristoteles recht gegeben.[13]

Es zeigt sich also, daß nach Aristoteles in Übereinstimmung mit heutiger biologischer Erkenntnis das primär auf das Lernen zielende Nachahmungsstreben und die allgemeine auf Wissen zielende Neugier dem Menschen gleichermaßen angeboren sind. Und wie Aristoteles in *Metaphysik* A 3 weiter ausführt, ist Wissen vor allem Ursachenwissen, und darauf läuft offensichtlich auch die Darstellung des

9 Vgl. Hassenstein (wie Anm. 8), 107.

10 An der Parallelstelle, *Rhet.* I 11.1371 b 4ff., sind auch die Dichtung und die Bildhauerkunst mit der Malerei zusammen als Künste gekennzeichnet, in denen Darstellungen des Schrecklichen das Begreifen und Verwundern (τὸ μανθάνειν ... καὶ τὸ θαυμάζειν) lustvoll machen.

11 *Ilias* I 2: μυρί(α) ... ἄλγε(α) der Achaier; *Odyssee* 1, 4: ἄλγεα des Odysseus auf dem Meer.

12 Vgl. H. Strasburger, Die Wesensbestimmung der Geschichte durch die antike Geschichtsschreibung, in: Studien zur Alten Geschichte, Band II, Hildesheim-New York 1982, 963ff., bes. 981ff.; ders., Homer und die Geschichtsschreibung, ebd. 1058ff., bes. 1086ff.

13 Vgl. u.a. K. Lorenz, Über tierisches und menschliches Verhalten. Aus dem Werdegang der Verhaltenslehre, Bd. I.II, 16. Aufl., München 1973, II 182ff.; W. Kullmann, Aristoteles und die moderne Wissenschaft, Philosophie der Antike Bd. 5, Stuttgart 1998, 341f., 409ff.

Dichters von dem, was nach den Regeln der Wahrscheinlichkeit oder Notwendigkeit passiert, seiner Meinung nach hinaus. Nur ist die Philosophie noch universaler als die Dichtung und beschränkt sich nicht auf das ‚praktische' menschliche Leben, sondern bezieht die Natur und die mathematischen Wissenschaften mit ein.

2. Das Allgemeine bei Homer

Man hat, soweit ich sehe, noch nicht im Detail erprobt, ob sich die philosophienahe Interpretation der Dichtung durch Aristoteles am Beispiel der homerischen Dichtung verifizieren läßt. Im folgenden soll das Verhältnis beider Bereiche, der Dichtung und der Philosophie zueinander, deshalb unter diesem grundsätzlichen Gesichtspunkt am Beispiel der homerischen Dichtung und der platonischen und aristotelischen Auffassungen betrachtet werden. Das heißt, es soll gefragt werden, was sich bei der auf das Typische gerichteten Betrachtung des menschlichen Lebens von außen, wie es uns in Homers Dichtung entgegentritt, ergibt und wie die großen Philosophen darauf reagieren. Es wird also gewissermaßen mit Aristoteles vorausgesetzt, daß Homer nicht das erzählt, was geschehen ist (τὰ γενόμενα), sondern das, was nach den Regeln der Wahrscheinlichkeit oder Notwendigkeit passieren kann (οἷα ἂν γένοιτο), und daß er das tut, damit man daran etwas erkennen kann.

Wenn man den äußeren Handlungsablauf der *Ilias* betrachtet, die Pest im Achaierheer, den Streit zwischen Achill und Agamemnon, die Rückgabe der Chryseis an ihren Vater, die Kampfenthaltung Achills, die Kampferfolge der Achaier trotz des Fehlens des Achill, das Hin und Her des „Kriegsglücks", das Vordringen Hektors bis zu den Schiffen der Achaier, Patroklos' Eingreifen und seinen plötzlichen Tod, Achills Rückkehr in den Kampf, seinen vom Dichter antizipierten eigenen Tod, Hektors auf einer Täuschung beruhenden Tod, so scheint sich diese Folge von Ereignissen, wenn man nicht etwas interpoliert, nicht unbedingt nach den Regeln der Wahrscheinlichkeit oder der Notwendigkeit so zu ergeben.[14] Auch der Historiker, wie Aristoteles sich ihn vorstellt, könnte so erzählt haben. Eine sinnvolle Abfolge und kausale Verknüpfung, bei der die Ereignisse immer aus den vorausgegangenen begründbar sind (das ist ja das, was Aristoteles vom Dichter fordert), ergibt sich aber, wenn man die göttliche Ebene mit in Rechnung stellt, also z.B. den Zorn Apollons wegen des Raubs der Tochter seines Priesters, das Versprechen des Zeus an Thetis, den Streit zwischen den Göttern über die Kriegführung, vor allem Heras und Athenes aus der Niederlage beim Parisurteil resultierenden Kampfeswillen und Zeus' Machtwort dagegen und die dadurch allmählich für die Achaier ungünstiger werdende Kriegslage, die (nur zeitweilige) Umkehrung dieser Situation durch Heras Überlistung des Zeus (Διὸς ἀπάτη) und Poseidons Kampf auf Seiten der Achaier, dessen Parteinahme sich aus der einst schlechten Behandlung durch den Troerkönig Laomedon ergibt, der ihn beim Bau der troischen Mauer um seinen Lohn betrogen

14 Hierauf würde eher Aristoteles' Auffassung von der Geschichte passen, die Lucas (wie Anm. 2), 119 zu 1451 b 6 wie folgt charakterisiert: „It contains a mere congeries of events, either those of a short period, which will belong to numerous different *πράξεις*, or those of a longer period, which again will tend to no one *τέλος*". Vgl. dazu *Poet.* 23.1459 a 21ff.

hatte, das Eingreifen Apollons, eines traditionellen Freundes der Troer, beim Kampf zwischen Patroklos und Hektor, Athenes Täuschung Hektors und die Achill zugedachte Lebensperspektive, d.h. seinen Tod am Skaiischen Tor unter der Mitwirkung Apollons.

Wir fragen also nach dem für die *Ilias* charakteristischen Nebeneinander von Götterwelt und Menschenwelt und seiner Bedeutung. Es gibt die These von Walter Burkert, daß nur das Ritual (also Gebet und Opfer), bei dem die Götter nicht anthropomorph gesehen werden, vollen religiösen Ernst repräsentiert, während die Erzählungen von der anthropomorphen Götterwelt sich aus ihrem Unterhaltungwert erklären und zum Lachen anregen und ihre Entstehung letztlich orientalischen Motiven verdanken.[15] Es ist einleuchtend, daß dies eine wichtige Rolle spielt. Jedoch scheint damit noch nicht alles gesagt zu sein.[16] Denn Gebet und Opfer sind in der *Ilias* nicht besonders thematisiert, sondern gehören zur menschlichen Alltagswelt. Iphigenies Opferung, die im Mythos einen wichtigen Hintergrund hat, scheint dem Dichter zwar bekannt, aber bewußt ausgeblendet zu sein. Und was das Lachen betrifft, so kann sicherlich die Thetisbitte in Buch I, 495ff., bei der Thetis die Befangenheit des Zeus ihr gegenüber ausnutzt, die aus früheren Zeiten resultiert, wo er sie hofierte, zum Schmunzeln anregen.[17] Auch die Empörung Heras, als Zeus, um seine Frau zu provozieren, den Gedanken des Abbruchs des troischen Krieges ins Spiel bringt (IV, 5ff.), kann den sagenkundigen Zuhörer, der die Gekränktheit Heras wegen des für sie ungünstigen Parisurteils erkennt und deshalb ihre Wut auf die Troer verstehen kann, gewiß zum Lachen veranlassen; dasselbe gilt von Heras Manöver, Zeus von seinem Bestreben, die Achaier der Thetis zuliebe in eine Niederlage zu treiben, durch die Verführung zu dem Liebeslager abzulenken (XIV, 292ff.). Doch durch diese für sich genommenen zum Lachen veranlassenden Szenen wird in der *Ilias* menschliche Tragik größten Ausmaßes ausgelöst: Zehntausende Menschen gehen in den Kämpfen zugrunde, wie es im Iliasproömium heißt, weil Thetis Zeus' Schwäche ihr gegenüber ausnutzt, und Zeus das Versprechen einer vorübergehenden blutigen Niederlage der Achaier abnehmen kann (tatsächlich

15 W. Burkert, Homer's Anthropomorphism: Narrative and Ritual, in: D. Buitron-Oliver (Hrsg.), New Perspectives in Early Greek Art, Washington: National Gallery of Art 1991, 81ff. (= Kleine Schriften I: Homerica, hrsg. v. Ch. Riedweg [Hypomnemata, Supplement-Reihe Bd. 2], Göttingen 2001, 80ff.); ders., Götterspiel und Götterburleske in altorientalischen und altgriechischen Mythen, Eranos Jahrbuch 51, 1982, 335ff. (= Kleine Schriften II: Orientalia, hrsg. v. M. Laura Gemelli Marciano [Hypomnemata, Supplement-Reihe Bd. 2], Göttingen 2003, 96ff.).

16 Vgl. zum folgenden W. Kullmann, Historische Realität und poetische Imagination, in: W. Kullmann, Realität, Imagination und Theorie. Kleine Schriften zu Epos und Tragödie in der Antike, Stuttgart 2002, 75ff., bes. 80ff.

17 Es gab zwei Varianten der Vorgeschichte, die ältere Themisvariante, nach der Zeus aufgrund eines Orakels der Themis, der Sohn der Thetis werde größer sein als sein Vater, von Thetis abließ, und die auch in der *Ilias* und den *Kyprien* zugrundegelegte Dankbarkeitsvariante, wonach Thetis sich Hera zuliebe der Werbung durch Zeus entzog. Vgl. Apollod. III 13,5; siehe auch A. Lesky, RE XIX 1937, Sp. 297f. s.v. Peleus; W. Kullmann, Die Quellen der Ilias (Hermes Einzelschriften H. 14), Wiesbaden 1960, 370; A. Lesky, Peleus und Thetis im frühen Epos, Studi Italiani di Filologia Classica 27/28, 1956, 22ff. = Gesammelte Schriften, Bern-München 1966, 401ff.

waren ja, wenn man nachrechnet, 100.000 Achaier gegen Troia gefahren[18]). Und die *Ilias* ist voll von grausigen Szenen, in denen dies an Einzelschicksalen drastisch vor Augen geführt wird. Man denke nur an Achills berserkerhaftes Wüten, als er vom Tod des Patroklos erfährt; das leichtsinnige Eingreifen des Patroklos ist ja eine Spätfolge der durch das Thetisversprechen ausgelösten Niederlage der Achaier. Man denke an die Brutalität gegen Lykaon (XXI, 34ff.), die Leichen im Skamander (XXI, 218ff.) und die Ermordung 12 troischer Kriegsgefangener an Patroklos' Grab (XXIII, 22ff.).[19] Soll man da über die Beziehung zwischen Zeus und Thetis immer noch lächeln? Und nur aus verletzter Eitelkeit, um in den Troern Paris und Aphrodite zu treffen, täuscht Athene Hektor und fügt Hera den Achaiern Schaden zu! Und wenn Hera, auch in verletzter Eitelkeit, im IV. Buch (51ff.), als Zeus sie reizt, ankündigt, die ihr liebsten Städte, Argos, Sparta und Mykene, hinzugeben, wenn sie nur ihr Ziel erreiche, daß Troia zerstört wird, dann dürfte zumindest den Bewohnern dieser Städte das Lachen vergangen sein, wenn sie diesen Abgrund göttlicher Willkür vorgeführt bekamen.

Die beiden Ebenen, die sich in der *Ilias* gegenüberstehen, folgen ihren eigenen Gesetzen, treten aber in krasser, für die Figuren auf der menschlichen Ebene unberechenbarer Weise in Beziehung zueinander.[20] Die göttliche ist als weniger ernst als die menschliche gezeichnet. Wie ist das Nebeneinander zu deuten? Ich meine, besonders auffällig ist, daß Götter und Menschen, wenn sie aufeinandertreffen, an entscheidenden Stellen in keiner persönlichen Beziehung zueinander stehen. Zwar unterstützen z.B. die göttlichen Mütter Thetis (I, 357ff.) und Aphrodite (V, 311ff.) ihre Söhne Achill und Aineias. Aber diese Hilfen sind keine tragenden Handlungsmotive. Dagegen ist Zeus' Plan zur Dezimierung der Menschheit auf Bitten der von der Last der Menschen bedrückten Gaia (wenn man die Διὸς βουλή in I, 5 so zu interpretieren bereit ist[21]), der den troischen Krieg erst zu ermöglichen scheint, von kosmischer Bedeutung und von dem Verhalten der betroffenen Menschen ganz unabhängig. Und die Gründe für Zeus' Versprechen an Thetis (I, 528), das zu dem Tod von Zehntausenden führt, liegen sozusagen im privaten Bereich des Zeus bzw. betreffen eine Angelegenheit, die nur innerhalb der Göttergesellschaft von Belang ist, und haben nicht das Geringste mit den beiden Kriegsparteien zu tun. Athenes Gekränktheit über das Parisurteil, aus der sich ihre troiafeindliche Haltung ergibt, steht in keinem Bezug zu Hektor, dem sie vorgaukelt, sein Bruder Deiphobos stünde ihm bei, und der dadurch den Tod findet (XXII, 226ff.). Ihre Motive haben mit

18 Der Kommentar von Ameis-Hentze, Homer Ilias, 7. Aufl. bearb. v. P. Cauer, Leipzig und Berlin 1913 zu Vers II, 759 hat dies anhand der thukydideischen Kriterien ausgerechnet.

19 Siehe auch Kullmann, Historische Realität und poetische Imagination (wie Anm. 16), 85f.

20 Vgl. Kullmann, Historische Realität und poetische Imagination (wie Anm. 16), 82f. Zur dichterischen Technik der Darstellung des göttlichen Eingreifens vgl. W. Kullmann, Das Wirken der Götter in der Ilias. Untersuchungen zur Frage der Entstehung des homerischen ‚Götterapparats', Berlin 1956, 83ff.

21 Vgl. W. Kullmann, Ein vorhomerisches Motiv im Iliasproömium, Philologus 99, 1955, 167ff. (= Homerische Motive. Beiträge zur Entstehung, Eigenart und Wirkung von Ilias und Odyssee, Stuttgart 1992, 11ff.); Kullmann, Nachlese zur Neoanalyse, in: Kullmann, Realität, Imagination und Theorie (wie Anm. 16), 162ff. mit weiterer Literatur.

Hektors Verhalten nichts zu tun, der ja ausdrücklich ein Opfer für Athene veranlaßt hatte (VI, 269ff.). Auch Heras verletzter Stolz, der sie zur Überlistung des Zeus, zur Διὸς ἀπάτη veranlaßt, steht in keinem direkten Zusammenhang mit dem dadurch ermöglichten Vordringen Hektors zu den Schiffen unter Mithilfe Poseidons. Ebenso hat das Mitwirken Apollons am Tode des Patroklos keinerlei persönlichen Hintergrund, sondern ist einzig von seiner allgemeinen Parteinahme zugunsten der Troer abhängig (XVI, 788ff.). Das gilt auch für seine vorausgesagte Mitwirkung an Achills Tod. Die Götter haben offensichtlich in ihrem Handeln nichts Numinoses, für den Menschen Unerforschliches an sich, wie gelegentlich die Götter in der Tragödie. Homer erklärt rational die Zusammenhänge; sie erscheinen auf der erzählerischen Ebene plausibel und zeigen, daß die göttlichen Reaktionen von den Menschen nicht beeinflußbar sind, weil sie sich aus dem Ineinandergreifen von Motiven und Zusammenhängen innerhalb der Göttergesellschaft ergeben, die der Dichter kennt, die aber mit dem menschlichen Geschehen an den entscheidenden Punkten der Handlung in keiner direkten Verbindung stehen. Dabei ist interessant, daß in der *Ilias* die Götter als Personen nicht primär bestimmte Mächte verkörpern, die auf die Welt wirken, wie Walter F. Otto dies früher als gesamtgriechische Vision der Götter angenommen hat,[22] sondern es sind bestimmte Interessenlagen innerhalb der Götterwelt, die für das Eingreifen der Götter in die Menschenwelt und für die Schicksale der Menschen entscheidend sind. Es ist nicht der Polytheismus als solcher, der Homers Weltbild bestimmt.

Es kann zwar sein, daß manche Zuhörer ein Wechselbad von Lachen und Weinen durchmachten. Aber ich glaube nicht, daß dies das ist, was der Dichter allein anstrebte. Das Besondere scheint mir zu sein, daß das menschliche Geschehen (und insbesondere die menschliche Tragik) durch das göttliche Wirken hier in seiner Totalität multikausal erklärt wird. Man kann das „homerische Religion" nennen.[23] Man könnte es auch als eine rationale *Metaphysik* deuten, die davon ausgeht, daß unsere komplexe Welt durch eine andere komplexe Welt überlagert und unberechenbar beeinflußt wird. Aber es kommt auf den Terminus „Metaphysik" nicht an. Das eigentlich Dichterische der homerischen Erzählweise liegt nun darin, daß die menschliche Befindlichkeit durch die gewählte Darstellung der göttlichen Intervention sehr viel begreiflicher wird, als wenn man sagen würde, es war Zufall, daß sich Hektor über den Standort des Bruders getäuscht hatte oder daß dem Patroklos im Kampf mit Hektor der Helm vom Kopf fiel. Denn es sind *allgemeine*, *typische* menschliche Verhaltensweisen, die das Handeln der Götter bestimmen, solche, die das Publikum des Epos auch aus dem täglichen Leben kennt. Man rezipiert die scheinbar nichtigen Anlässe, die so immense Auswirkungen haben, besser, wenn man sie kausal auf typische menschliche Affekte wie Eifersucht, Zorn, verletztes Ehrgefühl usw. zurückführen kann, auch wenn dies an der menschlichen Tragik der Figuren auf der menschlichen Ebene nicht das Geringste ändert und keinen Trost

22 W.F. Otto, Die Götter Griechenlands. Das Bild des Göttlichen im Spiegel des griechischen Geistes, Frankfurt (^{2}1934) ^{3}1947.

23 Vgl. dazu Kullmann, Zum Begriff der homerischen Religion, in: Kullmann, Realität, Imagination und Theorie (wie Anm. 16), 139ff. (= Religio Graeco-Romana. Festschrift Pötscher [Grazer Beiträge, Suppl. 5], Graz-Horn 1993, 43ff.).

spendet. Es wird zwar im Vergleich zu späterer Philosophie alles menschliche Unglück aus Absichten der Götter, also final und nicht kausalmechanisch erklärt, und man könnte dies als naiv betrachten. Aber die Finalität ist letztlich nicht auf den Menschen gerichtet, und das anscheinend Zufällige wird so trotzdem als plausible Abfolge verständlich. Die Mimesis des Dichters bezieht sich auf den vom Dichter imaginierten Weltablauf. Es gibt eben für alles Erklärungsbedürftige eine allgemeinverständliche Veranlassung. Mir scheint jedenfalls, daß die homerische Götterauffassung einen systematischen Charakter hat, den man durchaus als (relativ) philosophisch bezeichnen könnte. Bei Homer führt die Erzählung zu *allgemeinen* Einsichten, so im XXIV. Buch bei der Begegnung zwischen Achill und Priamos, wo Achill sein und Peleus' Schicksal mit dem Sturz des Priamos aus früherem Glück ins Unglück vergleicht und die Fässerallegorie von den guten und schlechten Gaben des Zeus erzählt (XXIV, 527ff.). Ich glaube, daß Aristoteles etwas Ähnliches im Auge hatte, wenn er der Dichtung mehr Allgemeinheit und deshalb einen mehr philosophischen Charakter zusprach als der Geschichtsschreibung. Inhaltlich handelt es sich dabei um eine tragische Weltsicht. Im Unglück erkennt der Mensch seinen Fehler (seine ἁμαρτία), der ihm aber nicht notwendigerweise als Schuld zugerechnet wird, bzw. der Zuhörer versteht, wie es zu dem Unglück kommen konnte.

Daneben gibt es in der *Ilias* auch klar menschliche Schuld und durch sie hervorgerufenes Unglück. Paris macht sich durch den Raub der Helena schuldig: In V, 63 nennt der Dichter seine Schiffe ἀρχεκάκους. Schließt das die menschliche Tragik nicht aus? Von der Logik der Sage her betrachtet sicherlich. Troia wird schließlich wegen des Raubs der Helena zerstört. Innerhalb der *Ilias* bricht Pandaros den zwischen Achaiern und Troern geschlossenen Waffenstillstand. Als er Menelaos verwundet hat, ist Agamemnon sich dessen gewiß, daß der Tag kommen wird, an dem die heilige Ilios und Priamos und das Volk des lanzenguten Primaos zugrundegeht (IV, 163–165). Die Götter bewahren Menelaos vor dem Schlimmsten (IV, 127ff.). Die Strafe folgt, wenn auch nicht in der *Ilias* selbst geschildert, nach Meinung der Figuren der Handlung bestimmt. Pandaros' Verhalten beruht insoweit auf keinem entschuldbaren Fehler (ἁμαρτία), sondern beinhaltet schwere Schuld, ist also nicht tragisch im Sinne der „schönsten Tragödie", von der Aristoteles in Kap. 13 der *Poetik* spricht. Wenn man die Schilderung des Dichters genauer verfolgt, ergibt sich jedoch ein anderes Bild. Pandaros wird in dem Epos seinem persönlichen Eindruck nach durch den Antenoriden Laodokos zu dem Schuß auf Menelaos überredet. Der Dichter findet das aber unter dem Gesichtspunkt der Plausibilität der Handlung nicht ausreichend motiviert und erzählt, daß in Wirklichkeit Athene in Laodokos' Gestalt dem Pandaros erschienen sei. Und der Grund für ihr Wirken wird in einer olympischen Szene beschrieben, die dem vorangeht. In IV, 70–72 fordert Zeus Athene auf, dafür zu sorgen, daß die Troer als erste damit beginnen, den Waffenstillstand zu brechen. Also sogar dort, wo die Menschen scheinbar selbst an ihrem Unglück schuld sind, kommt es vor, daß ein Gott, hier Zeus, aus Gründen, die mit ihnen selbst nichts zu tun haben, sie schuldig werden läßt. Zeus hat wohl die Bestrafung des Raubs der Helena im Auge, darüber hinaus aber wohl die Vernichtung des Heroengeschlechts (vgl. *Ilias* XII, 22f.), um die Erde von der Last der Menschen zu erleichtern (*Ilias* I, 5) und die Sphären von Menschen und Göttern zu trennen (wie es von Hesiod geschildert wird). Der Dichter begründet also eine Kausalität zweiten Grades, auch menschliche Spontaneität ist noch göttlich gelenkt. Selbst menschliches Schuldigwerden ist noch tragisch und nicht selbstbestimmt, wird aber vom Dichter rational auf eine allgemeine Erwägung des Zeus zurückgeführt.

3. Platons Philosophie und das homerische Weltbild

Mit der homerischen Konzeption hat sich Platon philosophisch auseinandergesetzt. In seinem Hauptwerk, dem *Staat*, geht es unter allen möglichen Gesichtspunkten um die Gerechtigkeit, um die Gerechtigkeit im Staat und in der Seele, auf Erden und im Kosmos. Platon ist aber vor allem Moralist und sucht durch den Mund des Sokrates darzutun, daß für den Menschen Unrecht leiden besser ist als Unrecht tun. Er ist davon überzeugt, daß es ein höchstes Prinzip gibt, das sowohl Seinsprinzip wie Erkenntnisprinzip wie auch Wertprinzip ist. Ein solcher philosophischer Ansatz ist offenkundig inkompatibel mit einer multikausalen Erklärung menschlichen Schicksals durch komplexe und vom Menschen unbeeinflußbare Strukturen auf einer höheren Ebene, wie sie in der homerischen Göttergesellschaft gegeben sind.

Zunächst ein paar Worte zu Platons Homerbezug. Es ist klar, daß Platons *Staat* ein sehr vielschichtiges Werk ist, das nicht allein durch den Bezug auf Homer erklärt werden kann. Ein solcher Bezug ist aber auf jeden Fall in starkem Maße gegeben. Platon hat die Rolle Homers in der zeitgenössischen Erziehung vor Augen, und es ist gewiß sein Anliegen, diese Erziehung mittels der Dichtung durch eine Erziehung mittels der Philosophie abzulösen.

Rekapitulieren wir kurz die Auseinandersetzung. Innerhalb seines Entwurfs eines idealen Staats beschäftigt Platon sich von Buch II, 376 E 2 an mit der Erziehung der Wächter. Wichtigster Punkt der Erziehung ist, daß die musische Bildung von sorgsam ausgewählten Mythen ausgeht und daß alle von den Dichtern erzählten grausamen oder unmoralischen Geschichten vom Handeln der Götter ausgeschlossen werden. Dieses Programm richtet sich an der Kritik des vorsokratischen Philosophen Xenophanes um 500 v. Chr. am homerischen Götterbild aus, das nur das „Stehlen, Ehebrechen und einander Betrügen" der Götter zeige (fr. 21 B 11,3; 12,2 D.-K.), und versucht, daraus Maximen für die Erziehung abzuleiten. Anschließend geht Platon dazu über, positiv die Grundformen der Theologie zu entwickeln, die in den Mythen der Dichter zugrundegelegt werden soll. Wichtigster Punkt ist, daß man sagen muß, daß Gott gut ist, und daß das Gute Ursache ist für alles, was sich gut verhält in der Welt, während das Schlechte andere Ursachen hat. Im folgenden wird gegen das homerische Götterbild angekämpft. Die Götter sind nicht Urheber von Vertragsbrüchen, wie das in der *Ilias* am Beispiel des Pandaros gezeigt wird (379 E). Sie bleiben immer in derselben Gestalt und verwandeln sich nicht, und zugleich sind sie ohne jeden Trug (ψεῦδος). Anschließend, in Buch III, 386 BC, begründet Platon das Verbot für die Dichter, die Schrecken in der Unterwelt darzustellen (hier ist offensichtlich an die *Odyssee* gedacht). Er verbietet, Wehklagen von hervorragenden Männern zu schildern ebenso wie sie lachend darzustellen. Auch Unbeherrschtheit, Geldgier und Übermut großer Männer sind kein akzeptabler Gegenstand für die Dichter, ebensowenig wie sonstige Schandtaten der Götter. In 392 D geht Platon schließlich theoretisch und kritisch auf ein narratologisches Problem ein. Er unterscheidet innerhalb der Dichtung Erzählung und nachahmende Darstellung. Die letztere lehnt er ab. Nur Dichtung ohne Mimesis, d.h. hier ohne direkte Rede, wird akzeptiert (393 C 11ff.), weil direkte Rede im Munde des Sängers oder Dichters zu einer negativ zu wertenden Uneigentlichkeit verleitet (insofern sie das Hineinschlüpfen in eine unter Umständen problematische Rolle bedeutet). Mimesis muß sich bei den Wächtern auf Tapferkeit, Besonnenheit und das Gute beschränken. Im Staat ist nur die Vortragsweise zuzulassen, die für das Tugendhafte charakteristisch ist.

Wie man sofort sieht, sind gerade die für das tragische Weltbild der *Ilias* charakteristischen Stellen angesprochen, z.B. die Fässerallegorie (379 C 9ff.) und die Veranlassung des Pandaros zum Bruch des Waffenstillstands (379 E 3ff.).

Im 10. Buch folgt dann Platons grundsätzlichere ontologische Kritik. Nach ihr ist der Dichter Darsteller (μιμητής) der phänomenalen Welt, in der wir leben, die ihrerseits ein Abbild der Ideenwelt ist. Also ist seine Darstellung zwei Stufen von der Wahrheit entfernt (597 E, 602 C 2) und steht somit auf der untersten Stufe des Liniengleichnisses am Ende des VI. Buches (511 E). Sie bewirkt damit zugleich eine Bezauberung und Täuschung, unterstützt die niederen Seelenkräfte und führt zur Unordnung der Seele (602 C – 606 D). Homer wird deshalb ausdrücklich aus der Erziehung im Idealstaat verbannt (606 Eff.). Am Schluß des 10. Buchs folgt dann der Bericht des scheintoten Armeniers Er über den Lohn der Gerechtigkeit nach dem Tod im Hades.

Es ist nun das Verdienst des Philosophen Helmut Kuhn, in einer Abhandlung über die Beziehung zwischen griechischer Tragödie und Platon in grundsätzlicher Form und mit Platon als Ausgangspunkt Philosophie und Dichtung zueinander in Beziehung gesetzt zu haben.[24] Man könnte in leichter Korrektur von Kuhn auch sagen, daß der Gegensatz Platons zu Homer eigentlich stärker ist als der zur Tragödie, weil die *Ilias* die Götter rationaler sieht als in der Regel die Tragödie. Aber dies ist für das von Kuhn behandelte grundsätzliche Verhältnis unwesentlich. Denn Platon bezeichnet Homer ja als τῶν καλῶν ἁπάντων τούτων τῶν τραγικῶν πρῶτος διδάσκαλός τε καὶ ἡγεμών (595 C 1f.), was natürlich auch für Kuhn feststeht.

Maßgebend für den Titel von Kuhns Abhandlung ist die berühmte Stelle aus Platons *Nomoi* VII, 817 B, die ich etwas ausführlicher im Kontext zitieren möchte (817 A 2ff.)[25]:

τῶν δὲ σπουδαίων, ὥς φασι, τῶν περὶ τραγῳδίαν ἡμῖν ποιητῶν, ἐάν ποτέ τινες αὐτῶν ἡμᾶς ἐλθόντες ἐπανερωτήσωσιν οὑτωσί πως· „Ὦ ξένοι, πότερον

24 H. Kuhn, The True Tragedy – On the Relationship between Greek Tragedy and Plato, Harvard Studies in Classical Philology 52, 1941, 1–40; 53, 1942, 37–88; in deutscher Übersetzung erschienen unter dem Titel: Die wahre Tragödie. Platon als Nachfolger der Tragiker, in: K. Gaiser (Hrsg.), Das Platonbild. Zehn Beiträge zum Platonverständnis, Hildesheim 1969, 231ff..

25 Übersetzung von K. Schöpsdau und Hieronymus Müller, in: G. Eigler (Hrsg.), Platon. Werke in acht Bänden. Griechisch und deutsch, Darmstadt ([1]1977) [2]1990, VIII 2, 87.

φοιτῶμεν ὑμῖν εἰς τὴν πόλιν τε καὶ χώραν ἢ μή, καὶ τὴν ποίησιν φέρωμέν τε καὶ ἄγωμεν, ἢ πῶς ἡμῖν δέδοκται περὶ τὰ τοιαῦτα δρᾶν;"– τί οὖν ἂν πρὸς ταῦτα ὀρθῶς ἀποκριναίμεθα τοῖς θείοις ἀνδράσιν; ἐμοὶ μὲν γὰρ δοκεῖ τάδε· „Ὦ ἄριστοι," φάναι, „ τῶν ξένων, ἡμεῖς ἐσμὲν τραγῳδίας αὐτοὶ ποιηταὶ κατὰ δύναμιν ὅτι καλλίστης ἅμα καὶ ἀρίστης· πᾶσα οὖν ἡμῖν ἡ πολιτεία συνέστηκε μίμησις τοῦ καλλίστου καὶ ἀρίστου βίου, ὃ δή φαμεν ἡμεῖς γε ὄντως εἶναι τραγῳδίαν τὴν ἀληθεστάτην.

Was aber die ‚ernsten', wie sie sich nennen, also die mit der Tragödie befaßten Dichter bei uns anbetrifft, falls von diesen einmal einige zu uns kommen und die Frage an uns richten sollten: „Liebe Fremdlinge, sollen wir in eure Stadt und euer Land kommen oder nicht, und unsere Dichtung mitbringen und einführen, oder wie habt ihr darin zu verfahren beschlossen?" – was würden wir nun darauf den göttlichen Männern richtig erwidern? Meiner Meinung nach folgendes: „Ihr besten Fremdlinge", sollten wir sagen, „wir sind selber Dichter einer Tragödie, die, soweit wir dazu fähig sind, die denkbar schönste und zugleich beste ist. Jedenfalls ist unsere gesamte Staatsverfassung eine Darstellung des schönsten und besten Lebens, und gerade das, behaupten wir, ist in der Tat die einzig wahre Tragödie."

Es folgt die Versicherung, daß man den Tragödiendichtern nicht erlauben würde, zum ganzen Volk das Gegenteil von dem zu sagen, was man selbst sagen würde. Wenn sie wirklich glaubten, etwas Besseres zu sagen zu haben, sollten sie ihre Gesänge den Behörden zur Prüfung vorlegen.

Auch hinter diesen Ausführungen steht die ontologische Kritik. Die Mimesis des Lebens der neu zu gründenden Polis erscheint als eine Mimesis ersten Grades, weil die von Platon bzw. dem Athener geschilderte Lebensform an den Ideen bzw. der Idee des Guten ausgerichtet ist und in der Dichtung nur positive Exempla akzeptiert. Die Gründer des Idealstaats der *Nomoi* sind selbst die wahren Dichter. Die wahre Tragödie ist diejenige, die nach den Maximen des (in den *Nomoi* neu gegründeten) Idealstaats abläuft. Und zugleich ist sie anscheinend, worauf vor allem Konrad Gaiser insistiert hat, diejenige, die Platon in seinem Werk, den *Nomoi*, dargestellt hat.[26] In dem Begriff der „wahren Tragödie" schwingt deutlich eine Selbstreferenz mit. Freilich wird diese ebensowenig wie sonst in Platons Dialogen offen formuliert, da Platon als Autor nicht in Erscheinung tritt. Platon scheint sich dazu zu bekennen, auch „Dichter" zu sein, läßt sich aber nicht deutlich darauf festlegen. Im Grunde läßt sich gegen seine Konzeption allerdings dasselbe vorbringen wie gegen Homers Dichtung. Sie ist nicht Abbild der Realität, sondern einer fiktiven Realität, wie sie Platon für den Idealstaat der *Nomoi* imaginiert hat. Gegen Homer richtet Platon sowohl sein moralisches wie sein ontologisches Argument. Auch wenn

26 K. Gaiser, Platone come scrittore filosofico. Saggi sull' ermeneutica dei dialoghi platonici, Neapel 1984, 110f. Ihm vorausgegangen sind W. Jaeger, Paideia, Bd. III Berlin 1947, 337; H.-G. Gadamer, Plato und die Dichter, Frankfurt 1934, 33f.; Kuhn, Die wahre Tragödie (wie Anm. 24), 247; anders H. Görgemanns, Beiträge zur Interpretation von Platons Nomoi (Zetemata H. 25), München 1960, 66 Anm. 1. Siehe auch W. Kullmann, Die philosophische Bedeutung von Platons Nomoi (Rez. Görgemanns), Philosophische Rundschau 10, 1962, 281.

die in den *Nomoi* geschilderte Mimesis von dem moralischen Verdikt nicht betroffen ist, bedeutet dies nicht, daß das ontologische Argument, wenn es überhaupt gültig ist, mitaufgehoben ist. Dieser Widerspruch klingt im *Staat* schon an, wenn dort moralisch positive Exempla als Dichtung akzeptiert werden. Und wenn man davon ausgeht, daß Platon sich selbst mit den Tragikern bzw. mit Homer vergleichen will, so ist dazu zu sagen, daß seine „Darstellung des schönsten Lebens“ ein gewaltsames Konstrukt ist, das auf die Komplexität der menschlichen Befindlichkeit keine Rücksicht nimmt.[27]

Es liegt auf der Hand, daß Platons Vorstellungen von Dichtung Homer nicht gerecht werden. Homers Dichtung ist gewiß kein bloßes Abbild vom Abbild, wie schon die für die Motivation des Geschehens wesentliche Götterhandlung zeigt, sondern sie ist wie alle gute Dichtung, wie Aristoteles es richtig ausdrückt, eine zwar nicht an den Ideen, wohl aber auch an etwas Allgemeinerem, Typischem ausgerichtete Mimesis. Sie ist viel „philosophischer“, als es eine reine Mimesis der Mimesis wäre. Aber es geht bei Homer um eine andere Philosophie, und deshalb gefällt Platon Homers Darstellung auch nicht. Man sieht daran, wie eng Dichtung und Philosophie im Verständnis des 4. Jahrhunderts zusammenrücken.

Homer und Platon bieten beide eine metaphysische Orientierung bei ihrer Weltdeutung. Aber Homer begnügt sich mit einer deutenden Beschreibung der Welt, insbesondere der *condition humaine*, während Platon vielfach eine Änderung der menschlichen Verhältnisse zu fordern scheint. Über Platons Schwanken zwischen der Hoffnung auf Veränderung und Resignation im Lichte seiner Lebenserfahrungen berichtet er selbst im *VII. Brief*, und darüber ist in der wissenschaftlichen Literatur viel gesagt worden.[28] Am Schluß des IX. Buches des *Staates* (592 AB) bringt jedoch Sokrates zum Ausdruck, daß auch dann, wenn der Idealstaat nicht zu verwirklichen sein wird, der Philosoph sich in seinem Leben im Sinne des *himmlischen Musters* (scil. des Idealstaats) verhalten wird (ἐν οὐρανῷ … παράδειγμα). Bei Platons Konzeption bleibt nur die folgende Frage offen: Wenn die Welt von solchen Konstellationen abhängt wie den bei Homer geschilderten, welchen Sinn hat dann ein Leben nach Maßgabe der Gerechtigkeit?

Hier empfiehlt es sich, wiederum an Kuhn anzuschließen.[29] Er verweist darauf, daß in Platons *Staat* nach der Behauptung der falschen Einschätzung des menschlichen Schicksals durch die Dichter in III, 392 BC „das Problem der angemessenen dichterischen Darstellung des menschlichen Lebens“ aufgeworfen wird und von Sokrates festgestellt wird, daß noch letzte Klarheit darüber geschaffen werden muß, ob das gerechte Leben wirklich durch sich selbst glücklich ist.[30] Kuhn sieht die

27 Dies gilt unseres Erachtens auch dann, wenn man der Platonstelle, wie S. Halliwell, The Aesthetics of Mimesis. Ancient Texts and Modern Problems, Princeton and Oxford 2002, 106 es vorschlägt, entnehmen zu können glaubt, daß Platons Kritik an der Tragödie eine Anerkennung bestimmter wesentlicher Werte impliziert, deren Verlust beklagt wird (Halliwell formuliert: „… philosophy perceives tragedy as inescapably committed to the affirmation of certain essential values precisely in virtue of what it incites its audience to mourn and grieve over.“).

28 Vgl. W. Kullmann, Aristoteles und die moderne Wissenschaft (wie Anm. 13), 408f.

29 Kuhn, Die wahre Tragödie (wie Anm. 24), 281.

30 392 C 1–4: οὐκοῦν περί γε ἀνθρώπων ὅτι τοιούτους δεῖ λόγους λέγεσθαι, τότε διομολογησό-

Einlösung des Versprechens zur Klärung in dem mythischen Bericht des Er von seinem Scheintod und seinem Aufenthalt im Jenseits (613 Eff.), also in dem Bericht von der Bestrafung der Ungerechten und von der freien Lebenswahl für das künftige Leben in der Wiedereinkörperung.[31] Nach seiner Auffassung entspricht diesem thematischen Wechsel ein Übergang von der dialektischen zur poetischen Behandlung.[32] Man wird ihm hierin recht geben müssen. Platons Werk ist nicht nur in der inhaltlichen Kritik an der Tragödie und an Homer, sondern umrißhaft auch formal wie eine Anti-Tragödie oder eine Anti-Ilias aufgebaut.[33] Wie viele Tragödien und wie Homers *Ilias* inhaltlich eine metaphysische Seite haben, so hat Platons Dialog eine dichterische. Diese Deutung wird durch die versteckte Selbstreferenz im VII. Buch der *Nomoi* bestätigt.

Es bleibt offen, welches Modell das Konsequentere und Überzeugendere ist. Kann Platon mit seiner monokausalen Erklärung der Welt aus der Idee des Guten überzeugen? Beruhigt der poetische Bericht über die Belohnungen im Jenseits uns dort, wo die *Ilias* mit ihrem Raisonnement über die Hinfälligkeit des Menschen, dargestellt unter anderem an Peleus, Achill und Priamos im XXIV. Buch, uns in Unruhe versetzt? Oder enttäuscht die *Ilias* durch ihre Leugnung menschlichen Glücks?

4. Aristoteles' Position zwischen Homer und Platon

Was Aristoteles' Auffassung des menschlichen Glücks betrifft, so bezieht er eine mittlere Position zwischen Homer und Platon. Er lehrt in seiner *Nikomachischen Ethik*, daß man mit seinen geistigen und ethischen Tugenden sowie durch Lernen und Übung zum Glück gelangen (*E. N.* I 6; I 8) und, einmal dort angelangt, nicht mehr ganz unglücklich (ἄθλιος) werden kann; jedoch macht er eine Ausnahme, wenn nämlich einen Schicksalsschläge treffen von der Art, wie sie Priamos trafen (Πριαμικαὶ τύχαι, I 11.1101 a 8). Allerdings ist für ihn auch der Weg zum Glück hin nicht ungefährdet. Auch körperliche und äußere Güter (ἐν σώματι ἀγαθά und ἐκτὸς ἀγαθά, ἐκτὸς χορηγία) und günstige Umstände (τύχη) sind zum vollen Glück erforderlich, wenngleich sie nicht von zentraler Bedeutung sind (VII 14.1153 b 17ff., X 8.1178 a 24 u.ö.). Immerhin ist das Glück, wie Aristoteles in scharfem Gegensatz zu Platon formuliert, für einen breiten Kreis von Menschen im Diesseits erreichbar (πολύκοινον, I 10.1099 b 18; vgl. auch *E. E.* I 3.1215 a 16ff.).[34] In sorgfältigen

μεθα, ὅταν εὕρωμεν οἷόν ἐστιν δικαιοσύνη καὶ ὡς φύσει λυσιτελοῦν τῷ ἔχοντι, ἐάντε δοκῇ ἐάντε μὴ τοιοῦτος εἶναι;

31 Zur Interpretation vgl. Kuhn, Die wahre Tragödie (wie Anm. 24), 281–285; P. Friedländer, Platon, Bd. III Berlin [2]1960, 123–126.; H. Gundert, Dialog und Dialektik. Zur Struktur des platonischen Dialogs (Studien zur antiken Philosophie Bd. 1), Amsterdam 1971, 89ff.; S. Halliwell, Plato: Republic 10 with transl. and comm., Warminster 1988, 169ff.

32 Zu dieser Auffassung vgl. auch Gaiser, Platone come scrittore filosofico (wie Anm. 26), 119.

33 Etwas anders J. Adam, The Republic of Plato. Ed. with critical notes, commentary and appendices ([1]1902), repr. Cambridge 1965, II 433, der in dem Er-Mythos einen Bezug zur *Odyssee* sieht, wenn er von der „Νέκυια of the Republic" spricht.

34 Vgl. zu dem Argument im einzelnen J.A. Stewart, Notes on the Nicomachean Ethics, Oxford 1892, I 132f.

Analysen, wenn auch in allgemeiner Form, berücksichtigt Aristoteles die materiellen und sozialen Bedingungen des Menschen. Rein statistisch gesehen hat man sozusagen nach Aristoteles als Mensch, wenn man Vernunft walten läßt, recht gute Karten in der Hand, um zum Glück zu gelangen, aber mehr auch nicht.

Wie der Hinweis in der *Poetik* auf das philosophische Element in der Dichtung und die Erwähnung der Πριαμικαὶ τύχαι in der *Nikomachischen Ethik* zeigen, setzt auch Aristoteles das Gespräch mit der Dichtung fort. Das ontologische Moment spielt bei ihm, der die platonische Ideenlehre ablehnt, keine Rolle. Auch die Dichtung Homers und der Tragödie ist seiner Auffassung nach imstande, bis zu einem gewissen Grade das Allgemeine (καθόλου) zu erfassen. Als Ethiker folgt er Platon insoweit, als auch er als Philosoph die Verpflichtung empfindet zu zeigen, wie tugendhaftes Verhalten zum Glück führt. Auch in der literarischen Durchführung seiner Argumentation könnte es sein, daß er Homer und Platon mitberücksichtigt. Jedenfalls steht am Schluß, im 10. Buch der *E. N.*, das Glück des Menschen im Vordergrund. Aristoteles sieht den Menschen als solchen, nicht nur eine elitäre Gruppe, in der Regel mit einer „natürlichen Tugend“ begabt (VI 13.1144 b 3), die zur wahren Tugend entwickelt werden kann,[35] welch letztere die Voraussetzung für das Glück des Menschen (εὐδαιμονία) ist.[36] Er schließt jedoch, auch wenn er dem Zufall (τύχη) keinen beherrschenden Einfluß zuerkennt (I 10.1099 b 24f.), menschliche Tragik nicht aus, wenn Hindernisse den Weg zum vollen Glück verbauen, oder, wie er mit Rückgriff auf Homer sagt, wenn Schicksalsschläge, wie die, die Priamos trafen, einen das erreichte Glück wieder verlieren lassen.

Ich breche hier ab. Das Gespräch der Philosophie mit der Dichtung reißt während der ganzen Antike nicht ab. Auch in der philosophischen Theologie des Augustinus lebt die platonische Dichterkritik noch fort, der Homer *dulcissime vanus* nennt (*Conf.* I 14).[37]

35 Vgl. Kullmann, Aristoteles und die moderne Wissenschaft (wie Anm. 13), 388f.
36 Vgl. Kullmann, Aristoteles und die moderne Wissenschaft (wie Anm. 13), 401ff.
37 Vgl. Kullmann, Homerische Motive (wie Anm. 21), 353.

Oliver Hellmann (Trier)

Aristoteles und Achilleus: Der poetische Held aus der Sicht des Philosophen*

I.

Achilleus, der Protagonist der *Ilias*, der „Beste der Achaier", ist fraglich geworden. Nichts scheint dies deutlicher zu belegen als Christa Wolfs viel zitierte Formel: „Achill, das Vieh"[1]. Man hat Christa Wolfs Sichtweise als äußersten Punkt auf einem Weg zunehmender Vergessenheit interpretiert, eine „Wandlung", die dem homerischen Helden nicht gerecht werde.[2] Jüngst hat ein amerikanischer Psychologe Achilleus' Verhalten nach dem Tod des Patroklos mit posttraumatischen Persönlichkeitsstörungen von Vietnamkämpfern verglichen.[3] Handelt es sich also um ein spezifisches Phänomen der Neuzeit, das zudem nicht in erster Linie die Altertumswissenschaften selbst betrifft? – Ein Blick auf die neuere Homerforschung widerlegt diese Hypothese:

> Es muß für die zeitgenössischen Hörer faszinierend und zugleich beunruhigend gewesen sein, wie ein Held (i.e. Achill), der ihre eigenen Wertmaßstäbe in seinem Handeln so mustergültig repräsentiert, sich durch das unbedingte Verfolgen eben dieser Maßstäbe ins Abseits manövriert, in eine ausweg- und heillose, ja schuldverstrickte Situation, …

so, als Beispiel, Bernd Effe.[4] Neuere Arbeiten der Rezeptionsforschung konnten zeigen, dass eine Reduktion auf den martialischen Helden in der Antike bereits sehr früh einsetzt,[5] der Achill Christa Wolfs, hat Uvo Hölscher pointiert formuliert, „ist bereits der Achill des Euripides gewesen."[6]

* Wertvolle Anregungen verdanke ich Dr. B. Herzhoff, Prof. G. Wöhrle (beide Trier), Prof. W. Kullmann (Freiburg) sowie allen Teilnehmern der Tagung. Für eine Durchsicht des Manuskripts danke ich M. Siede (Trier).

1 Christa Wolf, Kassandra, Erzählung, Darmstadt und Neuwied 1983, 98.

2 J. Latacz, Achilleus. Wandlungen eines europäischen Heldenbildes, Stuttgart und Leipzig 1995. Vgl. auch U. Hölscher, Gegen den Verlust der Bilder. Ein Plädoyer für Achill, in: U. Hölscher, Das nächste Fremde. Von Texten der griechischen Frühzeit und ihrem Reflex in der Moderne, hg. v. J. Latacz und M. Kraus, München 1994, 383–393 (ursprünglich: Bayerische Akademie der Schönen Künste, Jahrbuch 4, 1990, 37–50).

3 J. Shay, Achill in Vietnam. Kampftrauma und Persönlichkeitsverlust, mit einem Vorwort von J. Ph. Reemtsma, aus dem Amerikanischen von K. Kochmann, Hamburg 1998 (Originaltitel: Achilles in Vietnam. Combat Trauma and the Undoing of Character, New York 1995).

4 B. Effe, Der Homerische Achilleus. Zur gesellschaftlichen Funktion eines literarischen Helden, Gymnasium 95, 1988, 1–16, Zitat: 9.

5 Siehe K.C. King, Achilles. Paradigms of the War Hero from Homer to the Middle Ages, Berkeley/Los Angeles/London 1987, insb. 50–104. Zur Rezeption vgl. auch R. Lamberton/J.J. Keaney (Hrsg.), Homer's Ancient Readers. The Hermeneutics of Greek Epic's Earliest Exegetes,

Es ist vor allem das Verhalten nach Patroklos' Tod, welches die Hörer und Leser des Epos zu allen Zeiten irritiert und Anstoß zu kritischer Distanzierung oder moralischer Verurteilung gegeben hat:[7] Die Tötung des bittflehenden Lykaon (*Il.* 21, 34–135), die Opferung 12 junger Troer am Grab des Freundes (*Il.* 23, 22–23 und 75–76), die Schleifung der Leiche Hektors mit dem Wagen (*Il.* 22, 395–404 und 24, 14–22).

Platons Antwort war rigoros (*Res publica* III, 391 B 5-C 6):

> τάς τε αὖ Ἕκτορος ἕλξεις περὶ τὸ σῆμα τὸ Πατρόκλου καὶ τὰς τῶν ζωγρηθέντων σφαγὰς εἰς τὴν πυράν, σύμπαντα ταῦτα οὐ φήσομεν ἀληθῆ εἰρῆσθαι, οὐδ' ἐάσομεν πείθεσθαι τοὺς ἡμετέρους ὡς Ἀχιλλεύς, θεᾶς ὢν παῖς καὶ Πηλέως, σωφρονεστάτου τε καὶ τρίτου ἀπὸ Διός, καὶ ὑπὸ τῷ σοφωτάτῳ Χείρωνι τεθραμμένος, τοσαύτης ἦν ταραχῆς πλέως, ὥστ' ἔχειν ἐν αὑτῷ νοσήματε δύο ἐναντίω ἀλλήλοιν, ἀνελευθερίαν μετὰ φιλοχρηματίας καὶ αὖ ὑπερηφανίαν θεῶν τε καὶ ἀνθρώπων.
>
> ... die Schleifungen Hektors um das Grabmahl des Patroklos und die Opfer der Gefangenen auf dem Scheiterhaufen, dies alles, werden wird sagen, wurde nicht wahrheitsgemäß erzählt, und wir werden es nicht zulassen, dass die Unsrigen überzeugt werden, dass Achilleus, der Sohn einer Göttin und des höchst verständigen Peleus, des Nachkommen des Zeus in der dritten Generation, und der Zögling des überaus weisen Cheiron, so voll Verwirrung war, dass er in sich selbst zwei einander entgegengesetzte Krankheiten hatte, niedere Gesinnung mit Habsucht und Übermut gegenüber Göttern und Menschen.

Grundlage für dieses „Verdammungsurteil" im dritten Buch des *Staates* ist nicht die mangelnde künstlerische Qualität der Dichtung, sondern ihr angenommener negativer Einfluss auf die Rezipienten (*Res publ.* III, 387 B 1–5)[8]:

> ταῦτα καὶ τὰ τοιαῦτα πάντα παραιτησόμεθα Ὅμηρόν τε καὶ τοὺς ἄλλους ποιητὰς μὴ χαλεπαίνειν ἂν διαγράφωμεν, οὐχ ὡς οὐ ποιητικὰ καὶ ἡδέα τοῖς πολλοῖς ἀκούειν, ἀλλ' ὅσῳ ποιητικώτερα, τοσούτῳ ἧττον ἀκουστέον παισὶ καὶ ἀνδράσιν οὓς δεῖ ἐλευθέρους εἶναι, δουλείαν θανάτου μᾶλλον πεφοβημένους.
>
> Bei diesem und allem dergleichen wollen wir den Homeros und die anderen Dichter bitten, uns nicht zu zürnen, wenn wir es ausstreichen, nicht als ob es nicht dichterisch wäre und dem Volk angenehm zu hören, sondern weil es, je dichterischer, um desto weniger gehört werden darf von Knaben und Männern, welche frei gesinnt sein sollen und die Knechtschaft mehr scheuen als den Tod.

Ich möchte im folgenden Aristoteles' Blick auf den Protagonisten der *Ilias* nachgehen. Ich werde mich dabei im Wesentlichen auf diejenigen Stellen im *Corpus Ari-*

Princeton, New Jersey 1992, B. Graziosi, Inventing Homer, The Early Reception of Epic, Cambridge 2002 und P. Michelakis, Achilles in Greek Tragedy, Cambridge 2002.

6 Hölscher, Gegen den Verlust der Bilder (wie Anm. 2), 388.

7 Einige beispielhafte Formulierungen aus der Forschung: C.M. Bowra, Tradition and Design in the Iliad, Oxford [5]1968, 17: „He has fallen from heroic standards of virtue"; Ch. Segal, The Theme of the Mutilation of the Corpse in the Iliad, Leiden 1971, 13: „... the fact that the exposure and mutilation of a dead warrior's corpse does indeed arouse in Homer repugnance and even some measure of moral outrage"; J.M. Redfield, Nature and Culture in the Iliad, Chicago, London 1975, 204: „Homer's hero, Achilles, however, has in the course of the action departed from the sphere of culture."; King, Achilles (wie Anm. 5), 28: „Achilles, divine and bestial at the same time, virtually embodies ‚that total savagery of which man may be capable.'"

8 Daher lehnt Platon auch den Gebrauch der homerischen Epen als „Schulbuch" ab (*Res publ.* II, 383 C 1–3).

stotelicum konzentrieren, an denen Achilleus namentlich genannt ist oder der Bezug auf seine Person aus dem Kontext eindeutig erschlossen werden kann.[9] Allgemeine ethische oder poetologische Konzeptionen des Aristoteles werde ich nur insoweit heranziehen, als ein Bezug auf die homerische Gestalt von Aristoteles selbst hergestellt wurde.[10]

Aristoteles hatte, wie Ingemar Düring lapidar formuliert, „umfassende Kenntnis der älteren und zeitgenössischen Dichtung".[11] Dass er sich auch wissenschaftlich mit den homerischen Epen befasste, belegen neben der *Poetik* die *Aporemata Homerica*,[12] eine heute zum größten Teil verlorene Schrift, die 6 Bücher umfasste[13] und sich, wie die überlieferten Fragmente zeigen,[14] mit ganz unterschiedlichen Themen befasste: Komposition des Werks, Textkritik, Etymologien, Lösung von Widersprüchen, Erklärung schwieriger Stellen.

Dabei ging Aristoteles' Textcorpus natürlich weit über die uns tradierten Werke hinaus. Der berühmte Vergleich der kyklischen Epen mit *Ilias* und *Odyssee* in der *Poetik*, in dem Aristoteles die besonderen erzählerischen Qualitäten der beiden homerischen Werke herausstellt, zeigt, dass er mit dem epischen Kyklos gut vertraut war,[15] und sicherlich hatte er auch Darstellungen des Achilleus in dramatischen Werken und der bildenden Kunst vor Augen, die für uns heute verloren sind.[16]

Hinweise auf zwei konkrete Episoden aus dem voriliadischen Sagenstoff finden sich in *Rhetorik* II 22. Aristoteles erläutert dort die Verwendung von Argumentationen, die Allgemeines und Individuelles enthalten. Er gibt dabei auch eine Definition der beiden zentralen Begriffe (*Rhet.* II 22. 1396 b 12–20):

9 Vgl. zum Thema vor allem N.J. Richardson, Aristotle's Reading of Homer and its Background, in: Homers Ancient Readers (wie Anm. 5), 30–40. King, Achilles (wie Anm. 5), behandelt zwar die Rezeption Platons in einem eigenen Kapitel (104–109), erwähnt Aristoteles jedoch nur beiläufig (104 und 150). Die Arbeiten von A. Römer, Die Homercitate und die Homerischen Fragen des Aristoteles, Sitzungsberichte der königlich bayerischen Akademie der Wissenschaften 1884, 264–314, G.E. Howes, Homeric Quotations in Plato and Aristotle, Harvard Studies in Classical Philology 6, 1895, 153–237 und M. Sanz Morales, El Homero de Aristóteles, Amsterdam 1994, befassen sich in erster Linie mit der Zitationspraxis und der Textüberlieferung des Homertextes.

10 Weiter gehen in dieser Richtung die Arbeiten von M. Lossau, Achills Rache und aristotelische Ethik, Antike und Abendland 25, 1979, 120–129 und J.C. Hogan, Aristotle's Criticism of Homer in the *Poetics*, Classical Philology 68, 1973, 95–108, insb. 104–105 zur *Hamartia*.

11 I. Düring, Aristoteles. Darstellung und Interpretation seines Denkens, Heidelberg 1966, 166.

12 Vgl. Römer, Homercitate (wie Anm. 9), 285–314; H. Hintenlang, Untersuchungen zu den Homer-Aporien des Aristoteles, Heidelberg 1961; G.L. Huxley, Historical Criticism in Aristotle's *Homeric Questions*, Proceedings of the Royal Irish Academy 79, 1979, 73–81.

13 So die Werkliste des Diogenes Laertios (Nr. 118), ebenso die Vita Hesychii (Nr. 106). Die Liste des Ptolemaios gibt dagegen den Umfang des Werks mit 10 Büchern an; vgl. [3]Rose, p. 7, 14, 22.

14 *Frgm.* 142–179 [3]Rose, 366–404 Gigon.

15 *Poet.* 23. 1459 a 30–1459 b 7.

16 Ein Hinweis darauf könnte in *Poet.* 15. 1454 b 14 vorliegen, wenn wir an dieser umstrittenen Stelle den Namen des Tragödiendichters Agathon zu lesen haben, wie die Herausgeber Vahlen und Hardy glauben. Vgl. unten Anm. 59. Siehe auch *Poet.* 24. 1458 b 31–1459 a 1 und Anm. 23.

λέγω δὲ κοινὰ μὲν τὸ ἐπαινεῖν τὸν Ἀχιλλέα ὅτι ἄνθρωπος καὶ ὅτι τῶν ἡμιθέων καὶ ὅτι ἐπὶ τὸ Ἴλιον ἐστρατεύσατο· ταῦτα γὰρ καὶ ἄλλοις ὑπάρχει πολλοῖς, ὥστε οὐδὲν μᾶλλον ὁ τοιοῦτος τὸν Ἀχιλλέα ἐπαινεῖ ἢ Διομήδην· ἴδια δὲ ἃ μηδενὶ ἄλλῳ συμβέβηκεν ἢ τῷ Ἀχιλλεῖ, οἷον τὸ ἀποκτεῖναι τὸν Ἕκτορα τὸν ἄριστον τῶν Τρώων καὶ τὸν Κύκνον, ὃς ἐκώλυσεν ἅπαντας ἀποβαίνειν ἄτρωτος ὤν, καὶ ὅτι νεώτατος καὶ οὐκ ἔνορκος ὢν ἐστράτευσεν, καὶ ὅσα ἄλλα τοιαῦτα.

Ich nenne „allgemein“, wenn man Achilleus lobt, weil er ein Mensch ist, weil er zu den Halbgöttern gehört und weil er gegen Ilion zu Feld zog. Denn dies kommt auch vielen anderen zu, so dass derjenige, der dies tut, Achilleus nicht mehr lobt als Diomedes. „Individuell“ aber (nenne ich all das), was keinem anderen zuteil wird außer Achilleus, z.B. dass er Hektor, den Besten der Troer, tötete und Kyknos, der aufgrund seiner Unverwundbarkeit alle an der Landung hinderte, und dass er als jüngster und nicht durch Eid gebunden zu Feld zog, und was es dergleichen mehr gibt.

Vom Kampf des Kyknos mit Achilleus erzählten die *Kyprien*.[17] Allerdings spricht Proklos nicht von der hier erwähnten Unverwundbarkeit. Der älteste Beleg für dieses Detail der Geschichte ist Aristoteles.[18]

Der zweite Fall betrifft die tyndarischen Eide. Sie sind auch dem Iliasdichter bekannt, er spielt im zweiten Gesang auf sie an.[19] Die diesbezügliche Sonderstellung des Achilleus ist sogar für das Epos von entscheidender Bedeutung; sie ist, wie Wolfgang Kullmann deutlich gemacht hat,[20] eine Grundlage seiner selbstbewussten Haltung Agamemnon gegenüber. Eine erste ausführliche Darstellung des Sagenstoffs liefern Hesiods *Ehoien*.[21] Als Grund für das Fehlen des Achilleus nennt Hesiod wie Aristoteles dessen jugendliches Alter.[22]

Eine weitere voriliadische Episode folgt in *Rhetorik* II 24. Aristoteles behandelt dort die topische Verwendung von Akzidentien und benutzt unter anderen das Beispiel (1401 b 16–18):

ἢ εἴ τις φαίη τὸ ἐπὶ δεῖπνον κληθῆναι τιμιώτατον· διὰ γὰρ τὸ μὴ κληθῆναι ὁ Ἀχιλλεὺς ἐμήνισε τοῖς Ἀχαιοῖς ἐν Τενέδῳ·

Oder wenn jemand sagen sollte, zum Mahl geladen zu werden sei das Ehrenwerteste. Denn weil er nicht zum Mahl geladen worden sei, zürnte Achilleus den Achaiern auf Tenedos.

Aristoteles weist diese Argumentation zurück (1401 b 19–20):

17 Proklos § 35–37 (Kullmann): (35) ἔπειτα ἀποβαίνοντας αὐτοὺς εἰς Ἴλιον εἴργουσιν | οἱ Τρῶες, (36) καὶ θνήσκει Πρωτεσίλαος ὑφ' Ἕκτορος. (37) ἔπειτα | Ἀχιλλεὺς αὐτοὺς τρέπεται ἀνελὼν Κύκνον τὸν Ποσειδῶνος, | καὶ τοὺς νεκροὺς ἀναιροῦνται· Nach W. Kullmann, Die Quellen der Ilias (Troischer Sagenkreis) (Hermes Einzelschriften 14), Wiesbaden 1960, 274, „scheint diese ganze Begebenheit in der Ilias ohne eindeutige Belege“. Vgl. auch Pindar, *Olymp.* II 79, *Isthm.* V 39 und Apollodor *Epitome* 3, 31.

18 Vgl. P. Ovidius Naso, Metamorphosen. Kommentar von F. Bömer, Buch XII–XIII, Heidelberg 1982, 32 (zu *Met.* 12, 64–145). Bei Ovid (*Met.* 12, 64–167) erscheint die Geschichte reich ausgestaltet. Zentrales Motiv der Episode ist die Unverwundbarkeit.

19 *Ilias* II, 339–341. Vgl. dazu Kullmann, Quellen der Ilias (wie Anm. 17), 137ff.

20 Kullmann, Quellen der Ilias (wie Anm. 17), 153 Anm. 1 mit Verweis auf Pausanias III 24, 11 und *Ilias* I, 158ff.

21 *Frgm.* 204, 78–93 (40–55). Vgl. Euripides *Iphig. Aulid.* 49–65 und Apollodor 3, 129–132.

22 *Frgm.* 204, 87–89 (49–51).

ὁ δ' ὡς ἀτιμαζόμενος ἐμήνισεν, συνέβη δὲ τοῦτο διὰ τὸ μὴ κληθῆναι.

Er aber zürnte, da er (seiner Meinung nach) entehrt wurde, dies geschah jedoch, weil er nicht geladen wurde.

Auch dieser Streit war Gegenstand der *Kyprien*.[23] Er fand wahrscheinlich bei dem Mahl statt, an dem Philoktet gebissen wurde.[24]

Schließlich könnte sich ein direktes Zitat aus den kyklischen Epen hinter einem Vers verbergen, der in den *Sophistischen Widerlegungen* erscheint. Aristoteles behandelt dort Probleme der Abgrenzung von Wörtern bzw. Wortgruppen und präsentiert als Beispiel folgenden Vers (*Soph. Elench.* 4. 166 a 37–38)[25]:

πεντήκοντ' ἀνδρῶν ἑκατὸν λίπε δῖος Ἀχιλλεύς.

Foster, der Herausgeber der Loeb-Edition, vermutet ein kyklisches Epos als Quelle,[26] und diese Annahme erscheint durchaus plausibel.

Diese Stellen zeigen, dass Aristoteles' Achilleus-Bild vielschichtiger ist, als wir – geprägt durch die Lektüre von *Ilias* und *Odyssee* – wohl zunächst vermuten. Ein Bezug auf andere Quellen muss stets erwogen werden. Gleichwohl hatten *Ilias* und *Odyssee* durch ihre Verwendung als Schul- und Lehrbuch[27] eine derartige Ausnahmestellung inne, dass bei Episoden, die in ihnen erzählt wurden, wohl bereits die zeitgenössischen Hörer bzw. Leser, ebenso wie wir, ihre Version vor Augen hatten.

II.

Dies gilt sicherlich auch für die Schleifung Hektors, zu der ich nun zurückkomme. Glücklicherweise ist eine auf Aristoteles zurückgehende Behandlung dieses „Problems" in den Scholien zum 24. Buch der Ilias enthalten (*Frgm.* 166 ^{3}Rose = 389 Gigon = Schol. ad. Il. 24, 15 [= Porph. Quaest. hom. ed. Schrader II p. 267, 1–268, 3]). Sie entstammt nach aller Wahrscheinlichkeit den *Aporemata Homerica*.[28] Die Ausgangsfrage ist folgende:

23 Proklos 34: καὶ Ἀχιλλεὺς ὕστερος κληθεὶς δια|φέρεται πρὸς Ἀγαμέμνονα. Vgl. Fr. inc. 9 B 2 Bethe ^{2}1929 = XVI Allen und Fr. inc. sed. 10 Kinkel. Möglich erscheint auch ein Bezug auf Sophokles' Σύνδειπνοι, vgl. Michelakis, Achilles in Greek Tragedy (wie Anm. 5), 180–181.

24 Vgl. Kullmann, Quellen der Ilias (wie Anm. 17), 270, der zudem anmerkt, dass dieser Streit dem Iliasdichter als Vorbild oder Anregung gedient haben könnte.

25 Derselbe Vers auch bei Galen *Sophis.* 4 (XIV, 595 K.) = Chrysipp SVF II 153. Er lässt sich auf folgende Weisen übersetzen: „Achilleus ließ 50 der 100 Männer zurück" (I) oder „Achilleus ließ von den 50 Männern 100 zurück." Vgl. R.B. Edlow (Hrsg.): Galen on Language and Ambiguity, Leiden 1977, 119–120, der zur zweiten Übersetzung bemerkt: „Admittedly the second sense of the example is arithmetically impossible, but Aristotle tolerates cases of ambiguity in which one of the senses is absurd; e.g., ‚ἐπίσταται γράμματα' (‚he has knowledge of letters.' ‚letters have knowledge'), at *Soph. El.* 4. 166^{a}18–21."

26 Aristotle, On Sophistical Refutations by E.S. Foster, Cambridge, Mass./London 1978, 23 Anm. e.

27 Siehe Xenophanes 21 B 10 Diels/Kranz; Platon, *Res. publ.* 10, 606 E. Vgl. allgemein W. Jaeger, Paideia. Die Formung des griechischen Menschen, Bd. I Berlin/New York ^{5}1973 (=^{2}1936), 63–88.

28 Rose und Gigon weisen das Fragment übereinstimmend den *Aporemata Homerica* zu. Auch R.

διὰ τί ὁ Ἀχιλλεὺς τὸν Ἕκτορα εἷλκε περὶ τὸν τάφον τοῦ Πατρόκλου, παρὰ τὰ νενομισμένα ποιῶν εἰς τὸν νεκρόν;

Warum zog Achilleus Hektor um das Grab des Patroklos und handelte damit gegen die Sitten gegenüber einem Leichnam?

Hierauf wird zunächst mit Hilfe mehrerer Iliaszitate deutlich gemacht, dass zuvor bereits Hektor beabsichtigte, die Leiche des Patroklos zu misshandeln, also er der eigentliche Übeltäter sei, der nur das zurückbekomme, was er getan habe.[29] Am Schluss steht eine aristotelische Lösung des Problems:

ἔστι δὲ λύειν, φησὶ Ἀριστοτέλης, καὶ εἰς τὰ ὑπάρχοντα ἀνάγοντα ἔθη, ὅτι τοιαῦτα ἦν, ἐπεὶ καὶ νῦν ἐν τῇ Θετταλίᾳ περιέλκουσι περὶ τοὺς τάφους.

Es gibt auch die Lösung, sagt Aristoteles, dass man auf die bestehenden Sitten zurückgeht, die dergestalt waren, weil sie auch jetzt in Thessalien [die Mörder] um die Gräber ziehen.[30]

Pfeiffer, Geschichte der klassischen Philologie. Von den Anfängen bis zum Ende des Hellenismus, München ²1978, 95 (Original: History of Classical Scholarship, Oxford 1968) stimmt zu: „Die Form des Zitats διὰ τί … ἔστι δὲ λύσις läßt keinen Zweifel daran, daß es dem Werk über *Homerische Probleme* entnommen ist; aber Aristoteles könnte den thessalischen Brauch auch in seiner Θεσσαλῶν πολιτεία (fr. 495–500 Rose) erwähnt haben.“ Zu Einflüssen der *Poetik* auf die Homerscholien vgl. F. Montanari, Termini e concetti della *Poetica* di Aristotele in uno scolio a *Odissea* IV 69, in: F. Montanari, Studi di filologia omerica antica II, Pisa 1995, 21–25 (mit weiterer Literatur).

29 ἢ παρανομοῦσι τὰ αὐτὰ οὐχ οἱ ἀμυνόμενοι, ἀλλ᾽ οἱ ἄρχοντες, ὁ δὲ Ἕκτωρ πρότερος ἐνεχείρησε λωβήσασθαι τὸν Πάτροκλον τοιαῦτα· τίς γὰρ ἡ γνώμη Ἕκτορος περὶ Πατρόκλου; „μάλιστα δὲ φαίδιμος Ἕκτωρ / ἑλκέμεναι μέμονεν· κεφαλὴν δέ ἑ θυμὸς ἀνώγει / πῆξαι ἀνὰ σκολόπεσσι ταμόνθ᾽ ἁπαλῆς ἀπὸ δειρῆς.“ (*Il.* 18, 175–7). εἵλκυσταί τε πρότερος Πάτροκλος διὰ τὴν τῶν Τρώων περὶ τὸν νεκρὸν προθυμίαν· „ὡς δ᾽ ὅτ᾽ ἀνὴρ ταύροιο βοὸς μεγάλοιο βοείην / λαοῖσιν δοίη (δώῃ Hom.) τανύειν μεθύουσαν ἀλοιφῇ / δεξάμενοι δ᾽ ἄρα τοίγε διαστάντες τανύουσι / κυκλόσ᾽, ἄφαρ δέ τε ἰκμὰς ἔβη, δύνει δέ τ᾽ ἀλοιφὴ / πολλῶν ἑλκόντων, τάνυται δέ τε πᾶσα διαπρό·/ ὣς οἵ γ᾽ ἔνθα καὶ ἔνθα νέκυν ὀλίγῃ ἐνὶ χώρῃ / εἷλκον ἀμφότεροι·“ (*Ilias* 17, 389–395). καὶ πάλιν· „Ἕκτωρ μὲν Πάτροκλον, ἐπεὶ κλυτὰ τεύχε᾽ ἀπηύρα, / ἕλχ᾽ ἵν᾽ ἀπ᾽ ὤμοιϊν κεφαλὴν τάμοι“ (*Ilias* 17, 125–6). ἐκείνων οὖν λελυκότων τὸν νόμον, οὕτως ἐχρήσατο αὐτοῖς Ἀχιλλεύς· ὅταν γὰρ βουλόμενός τις κωλυθῇ, ἐκεῖνος μὲν πεποίηκεν, ἀλλ᾽ ὁ πάσχων οὐδὲν πέπονθε. Πάτροκλος δὲ φθάσας περιείλκυσται γυμνὸς ἐν τῷ πεδίῳ διὰ πρόφασιν τῶν προθεμένων αἰκίσασθαι τὸ σῶμα, ὥστ᾽ ἀπολαμβάνοντι ἔοικεν ὁ Ἕκτωρ ἃ δέδρακεν, οὐ μὴ πάσχοντι τὰ παράνομα. καὶ φιλανθρωπότερόν γε, ὅτι μόνον ἃ δρᾶσαι δεδύνηται πέπονθεν, οὐχ ὅσα δὲ δρᾶσαι διενοήθη.
Eine ähnliche Argumentation findet sich auch in *Rhet.* II 23. 1397 b 20–23: … εἰ μηδὲ Θησεὺς ἠδίκησεν, οὐδ᾽ Ἀλέξανδρος, καὶ εἰ μηδ᾽ οἱ Τυνδαρίδαι οὐδ᾽ Ἀλέξανδρος, καὶ εἰ Πάτροκλον Ἕκτωρ, καὶ Ἀχιλλέα Ἀλέξανδρος.

30 Auf die Schleifung der Leiche Hektors nimmt Aristoteles auch *Rhet.* II 3. 1380 b 27–29 Bezug. Im Zusammenhang der Erörterung des Zorns und dessen Besänftigung führt er dort allgemein aus, man zürne nicht gegen Menschen, die keine Empfindung hätten, oder gegen Tote, da diese schon das Äußerste erlitten hätten und weder Schmerz noch sonst eine Empfindung wahrnähmen. Deshalb habe auch der Dichter, in der Absicht, Achilleus von seinem Zorn gegen den Toten abzubringen, gut formuliert: „Denn die stumme Erde misshandelt er zürnend.“ (*Ilias* 24, 54, von Apollon gesprochen! Vgl. The Rhetoric of Aristotle, with a Commentary by E.M. Cope, revised and edited by J.E. Sandys, Hildesheim/New York 1970 [Nachdruck der Ausgabe Cambridge 1877], 41.) Eine moralische Beurteilung des Handelns durch Aristoteles lässt sich daraus kaum ablesen. Dies entspräche auch nicht dem Kontext.

Eine ethnische Besonderheit aus der Gegenwart, ein Ritus aus Thessalien[31] – der Heimat des Achilleus! –, soll das Verhalten im Epos analogisch erklären: So wie es jetzt in Thessalien ist, wird es vielleicht auch damals in Thessalien gewesen sein. Man könnte die Argumentation also einerseits ethnologisch, andererseits historisch nennen, denn Aristoteles sagt eben nicht nur, „so ist es in Thessalien“, sondern seine Formulierung „auch jetzt“ (καὶ νῦν) impliziert, dass er das Epos in einem historischen Kontext lokalisiert. – Diesem Erklärungsansatz des Aristoteles ist auch die moderne Forschung nachgegangen. Zuletzt hat Jaqueline de Romilly Achilleus' Verhalten als rituelle Handlung gedeutet.[32]

Es spricht einiges dafür, dass Aristoteles hier eine „Antwort“ auf Platons moralische Kritik geben wollte.[33] Bei einer gegenüberstellenden Betrachtung ist natürlich der literarische und thematische Rahmen zu berücksichtigen. Platon äußert sich im Rahmen eines philosophischen Entwurfs und leitet sein Urteil aus der angenommenen psychologischen Wirkung dichterischer Werke ab.[34] Aristoteles behandelt ein spezifisches Problem in einer „philologischen Abhandlung“. Die Verlagerung der Urteilsgrundlage verdient dennoch besondere Beachtung: Maßgeblich sind für Aristoteles nicht eigene moralische Überzeugungen oder zeitgenössische ethische Maximen, sondern der angenommene historisch-geographische Kontext der Dichtung.[35] Das Epos wird als literarisches Kunstwerk betrachtet.

Aristoteles billigt dem epischen Dichter in der *Poetik* ausdrücklich unrealistische „Kunstgriffe“ zu, wie beispielsweise bei der Darstellung der Verfolgung Hektors. Diese ist seiner Meinung nach unrealistisch, da die Griechen zwar anwesend sind, aber nicht in den Kampf eingreifen (*Poet.* 25. 1460 b 23–26):[36]

ἀδύνατα πεποίηται, ἡμάρτηται· ἀλλ' ὀρθῶς ἔχει, εἰ τυγχάνει τοῦ τέλους τοῦ αὐτῆς (τὸ γὰρ τέλος εἴρηται), εἰ οὕτως ἐκπληκτικώτερον ἢ αὐτὸ ἢ ἄλλο ποιεῖ μέρος. Παράδειγμα ἡ τοῦ Ἕκτορος δίωξις.

31 Zum Ritus vgl. Kallimachos *Frgm.* 588 Pfeiffer (πάλαι δ' ἔτι Θεσσαλὸς ἀνήρ | ῥυστάζει φθιμένων ἀμφὶ τάφον φονέας) und D.C. Kurtz/J. Boardman, Greek Burial Customs, London 1971, 202.

32 J. de Romilly, Achill und die Leiche Hektors (Zur Humanität Homers), Wiener Humanistische Blätter 23, 1981, 1–4; vgl. auch W. Schadewaldt, Hektors Tod, in: W. Schadewaldt, Von Homers Welt und Werk. Aufsätze und Auslegungen zur Homerischen Frage, Stuttgart [4]1965, 268–351, hier: 333 mit Anm. 4 (Verweis auf S.E. Bassett, Achilles' Treatment of Hector's Body, Transactions and Proceedings of the American Philological Association 64, 1933, 41–65 und Huxley, Historical Criticism [wie Anm. 12] mit weiteren Beispielen historischer Erklärungen). Vgl. auch die etymologische Erklärung *Frgm.* 519 [3]Rose = 534 Gigon. Zur künstlerischen Darstellung der Szene: E.T. Vermeule, The Vengeance of Achilles. The Dragging of Hector at Troy, Bulletin of the Museum of Fine Arts, Boston 63, 1965, 34–52.

33 Vgl. Römer, Homercitate (wie Anm. 9), 286; Hintenlang, Untersuchungen zu den Homer-Aporien (wie Anm. 12), 23; Huxley, Historical Criticism (wie Anm. 12), 75.

34 Vgl. oben S. 28.

35 Dies haben Pfeiffer, Geschichte der klassischen Philologie (wie Anm. 28), 95–96 und Richardson, Aristotle's Reading of Homer (wie Anm. 9), zu Recht deutlich herausgestellt.

36 Siehe *Poet.* 24. 1460 a 11–18.

Wenn Unmögliches dichterisch dargestellt wird, ist dies ein Fehler. Aber es verhält sich (gleichwohl) richtig so, wenn (die Dichtung) ihr Ziel erreicht (...), wenn sie so diesen Teil oder einen anderen erschütternder macht. Ein Beispiel hierfür ist die Verfolgung Hektors.[37]

Ein solches Verständnis des Epos war alles andere als selbstverständlich. Achilleus war für die Zeitgenossen des Aristoteles ein geläufiges Paradigma, auf das man in der Argumentation zurückgriff und das man an den eigenen Wertmaßstäben maß. Die Kritik, wie wir sie bei Platon gesehen haben, wird ja nur dadurch voll verständlich, dass Achilleus als moralisches Vorbild etabliert war. Auf einen derartigen Umgang mit dem epischen Helden verweist auch Aristoteles, insbesondere in der *Rhetorik* (*Rhet.* I 3. 1358 b 38–1359 a 6):

ὁμοίως δὲ καὶ οἱ ἐπαινοῦντες καὶ οἱ ψέγοντες οὐ σκοποῦσιν εἰ συμφέροντα ἔπραξεν ἢ βλαβερά, ἀλλὰ καὶ ἐν ἐπαίνῳ πολλάκις τιθέασιν ὅτι ὀλιγωρήσας τοῦ αὑτῷ λυσιτελοῦντος ἔπραξεν ὅ τι καλόν, οἷον Ἀχιλλέα ἐπαινοῦσιν ὅτι ἐβοήθησε τῷ ἑταίρῳ Πατρόκλῳ εἰδὼς ὅτι δεῖ αὐτὸν ἀποθανεῖν ἐξὸν ζῆν. τούτῳ δὲ ὁ μὲν τοιοῦτος θάνατος κάλλιον, τὸ δὲ ζῆν συμφέρον.

Und ebenso sehen (die Redner), die loben oder tadeln, nicht darauf, ob jemand Nützliches oder Schädliches getan hat, sondern sie rechnen es sogar vielfach als Lob an, dass jemand das für ihn selbst Nützliche geringschätzend das getan hat, was schön ist. So loben sie z.B. Achilleus, weil er seinem Gefährten Patroklos zu Hilfe geeilt ist in dem Wissen sterben zu müssen, obwohl er hätte leben können. Für ihn war ein derartiger Tod schöner, zu leben aber nützlicher.

Die „Fakten" waren dabei allgemein bekannt, wie eine beiläufige Bemerkung innerhalb der Behandlung der *narratio* deutlich macht (*Rhet.* III 16. 1416 b 25–28):[38]

δεῖ δὲ τὰς μὲν γνωρίμους ἀναμιμνήσκειν· διὸ οἱ πολλοὶ οὐδὲν δέονται διηγήσεως, οἷον εἰ θέλεις Ἀχιλλέα ἐπαινεῖν (ἴσασι γὰρ πάντες τὰς πράξεις), ἀλλὰ χρῆσθαι αὐταῖς δεῖ.

Die bekannten Taten muss man (nur) in Erinnerung bringen. Deshalb bedarf die Menge[39] keiner *narratio*, z.B. wenn du Achilleus loben willst. Denn alle kennen seine Taten, man muss sie nur nutzen.

Offenbar war es keine Seltenheit, dass in den Rednerschulen Lobreden auf Achilleus gehalten wurden. Aristoteles bestätigt dies explizit für Gorgias (*Rhet.* III 17. 1418 a 32–37):[40]

ἐν δὲ τοῖς ἐπιδεικτικοῖς δεῖ τὸν λόγον ἐπεισοδιοῦν ἐπαίνοις, οἷον Ἰσοκράτης ποιεῖ· ἀεὶ γάρ τινα εἰσάγει. καὶ ὃ ἔλεγεν Γοργίας, ὅτι οὐχ ὑπολείπει αὐτὸν ὁ λόγος, ταὐτό ἐστι· εἰ γὰρ Ἀχιλλέα λέγει Πηλέα ἐπαινεῖ, εἶτα Αἰακόν, εἶτα τὸν θεόν, ὁμοίως δὲ καὶ ἀνδρείαν, ἢ τὰ καὶ τὰ ποιεῖ ἢ τοιόνδε ἐστίν.

37 Richardson, Aristotle's Reading of Homer (wie Anm. 9), 39, vermutet, dass Aristoteles hier der Kritik früherer Leser (Pindar, Thukydides etc.) entgegentritt.

38 Vgl. auch die oben bereits zitierte Stelle *Rhet.* II 22. 1396 b 12–20 sowie *Top.* III 2. 117 b 10–27.

39 Gemeint sind die „meisten Menschen" (οἱ πολλοί), vgl. The Rhetoric of Aristotle, with a Commentary by E.M. Cope, revised and edited by J. E. Sandys, Vol. III Cambridge 1877 (Nachdruck Hildesheim/New York 1970), 188: „most people (i.e. men of ordinary education)".

40 Vgl. Richardson, Aristotle's Reading of Homer (wie Anm. 9), 33–34: „Many of the major sophists, on the other hand, are known to have used Homeric themes and characters as vehicles for the expression of their own ethical or rhetorical ideas. We see this clearly in the debate between Socrates and Hippias over the relative merits of Achilles' and Odysseus's characters (Plato *Hippias Minor*)".

Bei den epideiktischen Reden muss man in die Rede lobende Bemerkungen einschieben, wie dies z.B. Isokrates macht. Denn immer schiebt er irgendjemanden ein. Und was Gorgias gesagt hat, ihm gehe das Wort nicht aus, ist dasselbe. Denn wenn er über Achilleus redet, lobt er Peleus, ferner Ajax, ferner den Gott, ebenso aber auch die Tapferkeit, die dies und jenes macht oder so beschaffen ist.

Natürlich dient Achilleus auch Aristoteles ganz selbstverständlich als Beispiel, etwa in der *Metaphysik* (Λ 5. 1071 a 20–23):

ἀρχὴ γὰρ τὸ καθ' ἕκαστον τῶν καθ' ἕκαστον· ἄνθρωπος μὲν γὰρ ἀνθρώπου καθόλου, ἀλλ' οὐκ ἔστιν οὐδείς, ἀλλὰ Πηλεὺς Ἀχιλλέως σοῦ δὲ ὁ πατήρ, καὶ τοδὶ τὸ Β τουδὶ τοῦ ΒΑ,...

Der Ursprung der einzelnen Dinge ist das einzelne Ding. Denn der Mensch ist zwar allgemein Urspung des Menschen, aber es gibt keinen (allgemeinen Menschen). Sondern Peleus ist Ursprung des Achilleus, dein Ursprung ist dein Vater, und dieses B ist Ursprung dieses BA, ...

Das allgemeine Wissen wird geschickt zur Explikation komplexer Sachverhalte genutzt. An erster Stelle genannt, scheinen Peleus und Achilleus das nächstliegende Paradigma einer Vater-Sohn-Beziehung zu sein.[41]

III.

Neben derartigen Erwähnungen in paradigmatischer Funktion in verschiedensten Zusammenhängen gibt es einige Stellen, die eine weitere Interpretation erlauben, da der Charakterisierung des Achilleus hier eine tiefere Reflexion der Gestalt zugrunde zu liegen scheint. Ihnen möchte ich mich nun näher zuwenden. Die erste stammt aus den *Analytica posteriora* Buch II Kapitel 13. Es geht dort um ein Verfahren, welches „das Ziel hat zu klären, ob ein gegebenes Definiendum „ein einziges Ding", d.h. von einer einzigen Art ist oder sich auf verschiedene Dinge mit verschiedenen Arten bezieht."[42] Aristoteles erläutert dieses Verfahren zunächst abstrakt, dann mit einem Beispiel (*APo*. II 13. 97 b 15–25[43]):

οἷον λέγω, εἰ τί ἐστι μεγαλοψυχία ζητοῖμεν, σκεπτέον ἐπί τινων μεγαλοψύχων, οὓς ἴσμεν, τί ἔχουσιν ἓν πάντες ᾗ τοιοῦτοι. οἷον εἰ Ἀλκιβιάδης μεγαλόψυχος ἢ ὁ Ἀχιλλεὺς καὶ ὁ Αἴας, τί ἓν ἅπαντες; τὸ μὴ ἀνέχεσθαι ὑβριζόμενοι· ὁ μὲν γὰρ ἐπολέμησεν, ὁ δ' ἐμήνισεν, ὁ δ' ἀπέκτεινεν ἑαυτόν. πάλιν ἐφ' ἑτέρων, οἷον Λυσάνδρου ἢ Σωκράτους. εἰ δὴ τὸ ἀδιάφοροι εἶναι εὐτυχοῦντες καὶ ἀτυχοῦντες, ταῦτα δύο λαβὼν σκοπῶ τί τὸ αὐτὸ ἔχουσιν ἥ τε ἀπάθεια ἡ περὶ τὰς τύχας καὶ ἡ μὴ ὑπομονὴ ἀτιμαζομένων. εἰ δὲ μηδέν, δύο εἴδη ἂν εἴη τῆς μεγαλοψυχίας.

Ich meine z.B., wenn wir untersuchen würden, was die Hochherzigkeit ist, so müssten wir bei hochherzigen Menschen, die wir kennen, betrachten, was sie als so beschaffene alle Eines ha-

41 Zu Vater-Sohn-Beziehungen in den homerischen Epen vgl. G. Wöhrle, Telemachs Reise. Väter und Söhne in Ilias und Odyssee oder ein Beitrag zur Erforschung der Männlichkeitsideologie in der homerischen Welt, Göttingen 1999.

42 Aristoteles. Analytica Posteriora, übersetzt und erläutert von W. Detel, Zweiter Halbband, Berlin 1993 (= Aristoteles Werke in deutscher Übersetzung, begründet von E. Grumach, hg. von H. Flashar, Band 3 Teil II), 776.

43 Zu den beiden unterschiedlichen hier gegebenen Bedeutungen der μεγαλοψυχία vgl. J. Procopé, Art. Hochherzigkeit (μεγαλοψυχία), Reallex. f. Antike und Christent. 15 (1991), 765–795, hier: 766–767.

ben; z.B. wenn Alkibiades hochherzig ist oder Achilleus und Aias, was (haben) sie alle als Eines? Es nicht zu ertragen, übermütig behandelt zu werden. Denn der eine zog zu Felde, der andere geriet in Zorn, der dritte tötete sich selbst. Und wiederum bei anderen, wie z.B. Lysander oder Sokrates. Wenn indifferent zu sein im Glück und Unglück, so nehme ich diese beiden und betrachte, was als Identisches die Unbewegtheit in Bezug auf das Glück und das Nicht-Ertragen von Entehrungen haben. Wenn aber nichts, so dürfte es wohl zwei Arten der Hochherzigkeit geben.

Achilleus ist also μεγαλόψυχος, hier übersetzt mit „hochherzig"; andere Übersetzungen dieses schwer zu fassenden Begriffs lauten „stolz", „hochgemut", „hochsinnig".[44] Diese Charakterisierung scheint kein zufällig gewähltes Attribut zu sein, denn es geht ja darum, mit Hilfe von typischen Beispielen eine Begriffsdefinition zu untersuchen. Grundlage für Achilleus' μεγαλοψυχία ist, so Aristoteles, dass er die Hybris – zweifellos des Agamemnon, da von μῆνις die Rede ist – nicht duldete,[45] wie sein „Zorn" beweise.

Eine ausführliche Behandlung der μεγαλοψυχία findet sich in der *Nikomachischen Ethik* (*Eth. Nicom.* IV 7–9).[46] Innerhalb seiner Behandlung der Tugenden definiert Aristoteles dort den Begriff wie folgt (*Eth. Nicom.* IV 7. 1123 b 1–2):

δοκεῖ δὴ μεγαλόψυχος εἶναι ὁ μεγάλων αὑτὸν ἀξιῶν ἄξιος ὤν.

Hochherzig zu sein scheint, wer sich großer Dinge für wert hält und ihrer auch wirklich wert ist.

Es geht also zunächst um eine Selbsteinschätzung, die zwar hoch, aber dennoch voll gerechtfertigt ist. Sie ist kein Extremzustand, wie man zunächst denken würde, vielmehr eine μεσότης in Hinsicht auf Ehre und Unehre (*Eth. Nicom.* II. 1107 b 22; vgl. IV 7. 1123 b 13–15) und steht zwischen „Aufgeblasenheit" (χαυνότης) einerseits und „Engsinn" (μικροψυχία) andererseits (*Eth. Eud.* II 3. 1221 a 10). Grundlage für die hohe Einschätzung ist die eigene Leistung (*Eth. Nicom.* IV 7. 1123 b 26–30):

ὁ δὲ μεγαλόψυχος, εἴπερ τῶν μεγίστων ἄξιος, ἄριστος ἂν εἴη· μείζονος γὰρ ἀεὶ ὁ βελτίων ἄξιος, καὶ μεγίστων ὁ ἄριστος. τὸν ὡς ἀληθῶς ἄρα μεγαλόψυχον δεῖ ἀγαθὸν εἶναι. καὶ δόξειεν <ἂν> εἶναι μεγαλοψύχου τὸ ἐν ἑκάστῃ ἀρετῇ μέγα.

44 Zum Problem der Übersetzung des Begriffs vgl. J. Procopé, Art. Hochherzigkeit (wie Anm. 43), 766; Aristoteles, Nikomachische Ethik, übersetzt und kommentiert von F. Dirlmeier, Berlin [10]1999 (= Aristoteles. Werke in deutscher Übersetzung, begründet von E. Grumach, hg. von H. Flashar, Bd. 6), 370 Anm. 79, 6.

45 Von Hybris in diesem Zusammenhang spricht Aristoteles auch *Rhet.* II 2. 1378 b 29–34.

46 Vgl. auch *Eth. Eud.* III 5 und *Magna Moralia* I 26. Auf die Unterschiede zwischen diesen drei Darstellungen kann hier nicht näher eingegangen werden. Zu diesem Problem und zur μεγαλοψυχία allgemein vgl. R.-A. Gauthier, Magnanimité. L'idéal de la grandeur dans la philosophie païenne et dans la théologie chrétienne, Paris 1951; E. A. Schmidt, Ehre und Tugend. Zur Megalopsychia der aristotelischen Ethik, Archiv für Geschichte der Philosophie 49, 1967, 149–169; D.A. Rees, ‚Magnanimity' in the Eudemian and Nicomachean Ethics, in: Untersuchungen zur Eudemischen Ethik, Peripatoi I, hrsg. v. P. Moraux and D. Harlfinger, Berlin 1970, 231–243; W.F.R. Hardie, ‚Magnanimity' in Aristotle's Ethics, Phronesis 23, 1978, 63–69; J. Procopé, Art. Hochherzigkeit (wie Anm. 43); E. Schütrumpf, Magnanimity, Μεγαλοψυχία, and the System of Aristotle's *Nicomachean Ethics*, Archiv für Geschichte der Philosophie 71, 1989, 10–22.

Wenn der Hochherzige wirklich der größten Dinge wert ist, so dürfte er wohl ἄριστος sein. Denn immer ist der Bessere eines größeren wert, und der Beste der größten Dinge. Der wahrhaftig Hochherzige muss also ἄριστος sein. Und es dürfte wohl ein Merkmal des Hochherzigen sein, in jeder Tugend groß zu sein.

Durch den Besitz aller anderen Tugenden ist der μεγαλόψυχος somit ein ethisches Ideal.[47]

Nimmt man Aristoteles' Charakterisierung beim Wort, erscheint Achilleus' Haltung im Ehrkonflikt mit Agamemnon keineswegs überzogen, „In Bezug auf Ehre und Unehre verhält sich der Hochherzige so, wie es sein muss", formuliert Aristoteles (*Eth. Nicom.* IV 7. 1123 b 21–22).[48] Er geht sogar noch weiter: „Auf keine Weise würde es zu einem Hochherzigen passen … Unrecht zu begehen" (*Eth. Nicom.* IV 7. 1123 b 31–32).[49]

Interessant ist nun, dass uns die *Nikomachische Ethik* am Ende eine umfassende Charakterskizze des μεγαλόψυχος liefert (*Eth. Nicom.* IV 8), die es sich lohnt, im Hinblick auf Achilleus näher zu betrachten: Der μεγαλόψυχος ist kein Heißsporn oder Draufgänger (*Eth. Nicom.* 1124 b 24-25):

καὶ ἀργὸν εἶναι καὶ μελλητὴν ἀλλ' ἢ ὅπου τιμὴ μεγάλη ἢ ἔργον, ….(μεγαλοψύχου ἐστίν).

Nicht schnell zu handeln und abzuwarten (ist Sache des Hochherzigen), es sei denn, es geht um große Ehre oder eine (große) Tat.

Wenn es aber darauf ankommt, ist er zum Handeln bereit (1124 b 7–9):

οὐκ ἔστι δὲ μικροκίνδυνος οὐδὲ φιλοκίνδυνος διὰ τὸ ὀλίγα τιμᾶν, μεγαλοκίνδυνος δέ, καὶ ὅταν κινδυνεύῃ, ἀφειδὴς τοῦ βίου ὡς οὐκ ἄξιον ὂν πάντως ζῆν.

Er begibt sich nicht in Gefahr wegen Kleinigkeiten, noch liebt er die Gefahr, da er Weniges ehrt, für Großes aber nimmt er Gefahren auf sich, und wenn er dies tut, schont er sein Leben nicht, da es (seiner Meinung nach) nicht wert ist, unbedingt zu leben.

Eben diese Bereitschaft, unter Einsatz des Lebens für ein Ziel einzustehen, wird im *Hymnus auf die Tugend* an Achilleus glorifiziert[50] (*Frgm.* 675 ³R = T 1 Gigon, Vers 1–2, 13–4 [Poet. Mel. Graec. ed. Page, 842]):

Ἀρετὰ πολύμοχθε γένει βροτείωι,
 θήραμα κάλλιστον βίωι,
…
σοῖς τε πόθοις Ἀχιλεὺς Αἴ-
 ας τ' Ἀίδαο δόμους ἦλθον.

Tugend, mit viel Mühe verbunden dem sterblichen Geschlecht,
 Schönste Beute im Leben,
…
Aus Sehnsucht nach Dir kamen Achilleus
 Und Aias in das Haus des Hades.

47 Gut herausgestellt von Schütrumpf, Magnanimity (wie Anm. 46), 12 und 19. Vgl. insb. *Eth. Nicom.* IV 7.1124 a 1–2: ἔοικε μὲν οὖν ἡ μεγαλοψυχία οἷον κόσμος τις εἶναι τῶν ἀρετῶν.

48 περὶ τιμὰς δὴ καὶ ἀτιμίας ὁ μεγαλόψυχός ἐστιν ὡς δεῖ.

49 οὐδαμῶς τ' ἂν ἁρμόζοι μεγαλοψύχῳ φεύγειν παρασείσαντι, οὐδ' ἀδικεῖν· Entsprechend hat M. Lossau, Achills Rache (wie Anm. 10), 127, dargelegt, dass bei Aristoteles „Sympathie für den Zorn des Peliden aufleuchtet."

50 In der *Apologie* dient Achilleus Platon in dieser Hinsicht als Vorbild für Sokrates (28 B-D).

Seine selbstbewusste Haltung bringt der μεγαλόψυχος deutlich zum Ausdruck (1124 b 18–20):

καὶ πρὸς μὲν τοὺς ἐν ἀξιώματι καὶ εὐτυχίαις μέγαν εἶναι, πρὸς δὲ τοὺς μέσους μέτριον.

Und gegenüber Würdenträgern und Wohlhabenden ist er (der μεγαλόψυχος) groß, gegenüber einfacheren Leuten maßvoll.

Dies wird man im Hinblick auf Achilleus' Verhalten gegenüber Agamemnon durchaus bestätigen können.

Besonders hervorgehoben werden auch Offenheit und Ehrlichkeit: „Er redet und handelt ganz offen. (1124 b 28–29)"[51], sagt Aristoteles. Gerade diese Charaktermerkmale wurden in der neueren Homerforschung an Achilleus besonders herausgestellt, ebenso wie seine Kompromisslosigkeit,[52] die nach Aristoteles den μεγαλόψυχος auszeichnet.[53] Wenn es freilich heißt, der μεγαλόψυχος sei in keiner Weise nachtragend, so wird man zumindest zweifeln, ob der „Beste der Achaier" über die Tugend der μεγαλοψυχία wirklich in vollem Umfang verfügt.

Auch die moderne Forschung hat den Begriff der μεγαλοψυχία in der englischen Übersetzung *magnanimity* zur Charakterisierung des Achilleus aufgegriffen. Er dient hier zur Beschreibung der Geisteshaltung im 24. Gesang, die von derjenigen in den übrigen Teilen des Werks deutlich abgegrenzt wird.[54] Bei Aristoteles gibt es jedoch keinerlei Anzeichen für eine derartige Einschränkung.

Zweifellos ist mit der Charakterisierung als μεγαλόψυχος eine positive Evaluation verbunden, und für eine allgemein positive Bewertung lassen sich weitere Beispiele aus dem *Corpus Aristotelicum* anführen, etwa eine kurze Bemerkung aus der *Rhetorik* im Rahmen einer Bestimmung des Guten (*Rhet.* I 6. 1363 a 16–19):

καὶ (ἀγαθὸν) ὃ τῶν φρονίμων τις ἢ τῶν ἀγαθῶν ἀνδρῶν ἢ γυναικῶν προέκρινεν, οἷον Ὀδυσσέα Ἀθηνᾶ καὶ Ἑλένην Θησεὺς καὶ Ἀλέξανδρον αἱ θεαὶ καὶ Ἀχιλλέα Ὅμηρος.

Ferner (ist gut), was einer der Einsichtigen, sei es der guten Männer, sei es der Frauen, vorzog, wie Athene Odysseus, Theseus Helena, die Göttinnen Alexandros, Homer Achilleus.

Achilleus wird ohne nähere Bestimmung als ἀγαθός charakterisiert, wobei sich Aristoteles allein auf die Autorität Homers beruft, die auch zu seiner Zeit fast uneingeschränkte Geltung hatte.[55]

Ganz so einfach scheint die Sache aber für Aristoteles nicht zu sein. Darauf lassen zwei Stellen schließen, die ich abschließend betrachten möchte. Die erste betrifft Achilleus' Verhalten gegenüber Priamos im 24. Gesang. Nachdem der Troer-

51 ... καὶ λέγειν καὶ πράττειν φανερῶς ...

52 Siehe Latacz, Achilleus (wie Anm. 2), 9: „... dieser jäh auffahrende, unverhüllt die Wahrheit sagende, jedem Kompromiß von vornherein abholde, grausam ehrliche Sanguiniker Achilleus".

53 Es wäre ihm auch unmöglich, die Form seines Lebens nach der eines anderen Menschen zu richten. (*Eth. Nicom.* IV 8. 1124 b 31).

54 Siehe G. Zanker, The Heart of Achilles. Characterization and Personal Ethics in the *Iliad*, Ann Arbor 1994, 127–154 (mit direktem Bezug auf Aristoteles 132–134); vgl. auch Segal, Theme of the Mutilation of the Corpse (wie Anm. 7), 64.

55 Vgl. D. Moraitou, Aristoteles über Dichtung und Dichter, Stuttgart/Leipzig 1994, 64–82: „Die Autorität des Dichters".

könig zu Achilleus gelangt ist und seine Bitte um Auslösung des Leichnams des Sohnes vorgebracht hat, beklagen beide gemeinsam ihr Leid. Als aber Priamos Achilleus' Aufforderung, sich zu setzen, nicht entsprechen will und auf eine sofortige Herausgabe des Leichnams dringt, sagt Achilleus zwar die Herausgabe zu, spricht jedoch zugleich eine Drohung aus (*Ilias* 24, 568–70; Übersetzung W. Schadewaldt):

τῶ νῦν μή μοι μᾶλλον ἐν ἄλγεσι θυμὸν ὀρίνῃς,
μή σε, γέρον, οὐδ' αὐτὸν ἐνὶ κλισίῃσιν ἐάσω
καὶ ἱκέτην περ ἐόντα, Διὸς δ' ἀλίτωμαι ἐφετμάς.

Darum errege mir jetzt nicht noch mehr den Mut in Schmerzen!
Daß ich nicht, Alter, auch dich selbst nicht in der Hütte verschone,
Bist du auch ein Schutzsuchender, und frevle gegen des Zeus Gebote!

Dieses plötzliche „Aufbrausen" ist auffällig, zumal im 24. Gesang, dessen „neuem Geist" des „Mitleids" und der „Humanität" in zahlreichen neueren Arbeiten besondere Bedeutung zugemessen wird.[56]

Eine Erklärung für das Verhalten wird seit langem gesucht, in den Iliasscholien zu Vers 569 findet sich folgende Anmerkung (Arist. *Frgm.* 168 ^{3}Rose = 391 Gigon [= Schol. ad *Il.* 24, 569, vgl. Eustat. p. 1365, ed. Van der Valk IV p. 956]):

Ἀριστοτέλης φησὶν ἀνώμαλον εἶναι τὸ Ἀχιλλέως ἦθος. οἱ δέ φασιν ὅτι ἵνα ἀποστήσῃ αὐτὸν τοῦ ἐφ' Ἕκτορι θρήνου, διὰ τοῦτο δειδίσσει.

Aristoteles sagt, der Charakter des Achilleus sei sprunghaft. Andere meinen, um ihn abzulenken von der Klage um Hektor, schüchtere er ihn ein.

Aristoteles versucht hier anscheinend, das aktuelle Verhalten durch einen allgemeinen Charakterzug verständlich zu machen. Dass hierbei die „Sprunghaftigkeit" negativ zu bewerten ist, scheint vor dem Hintergrund der *Mesotes*-Lehre nahe zu liegen. Allerdings wertet Aristoteles die „Sprunghaftigkeit" in der *Eudemischen Ethik* nicht generell negativ, er unterscheidet vielmehr zwei Arten (*Eth. Eud.* 1234 a 34-b 6):

ἔστι δ' ἐναντιώτερον τοῖς ἄκροις τὸ μέσον ἢ ἐκεῖνα ἀλλήλοις, διότι τὸ μὲν μετ' οὐδετέρου γίνεται αὐτῶν, τὰ δὲ πολλάκις μετ' ἀλλήλων, καί εἰσιν ἐνίοτε οἱ αὐτοὶ θρασύδειλοι, καὶ τὰ μὲν ἄσωτοι τὰ δὲ ἀνελεύθεροι, καὶ ὅλως ἀνώμαλοι κακῶς. ὅταν μὲν γὰρ καλῶς ἀνώμαλοι ὦσιν, οἱ μέσοι γίνονται; ἐν τῷ μέσῳ γὰρ ἐστί πως τὰ ἄκρα.

Das Mittlere ist den Extremen stärker entgegengesetzt als jene einander. Deshalb, weil das Mittlere mit keinem von beiden vorkommt, jene aber häufig miteinander, und bisweilen sind dieselben dreist und feige zusammen, und einerseits ausschweifend freigiebig, andererseits knauserig, und insgesamt auf üble Weise sprunghaft. Denn wenn sie auf schöne Weise sprunghaft sind, dann werden sie zu Menschen, welche das Mittlere besitzen. Denn im Mittleren sind auf gewisse Weise die Extreme anwesend.

Es lässt sich sicher nicht endgültig beweisen, doch nehme ich an, dass Aristoteles Achilleus' Charakter eher im schlechten Sinne als „sprunghaft" ansieht. In der *Poetik* wird als eines von vier Merkmalen des Charakters „das Gleichmäßige" (τὸ ὁμαλόν) gefordert (*Poet.* 15. 1454 a 26–28):

56 Vgl. hierzu O. Hellmann, Die Schlachtszenen der Ilias. Das Bild des Dichters vom Kampf in der Heroenzeit, Stuttgart 2000, 80 (mit Nachweisen).

Τέταρτον δὲ τὸ ὁμαλόν· κἂν γὰρ ἀνώμαλός τις ᾖ ὁ τὴν μίμησιν παρέχων καὶ τοιοῦτον ἦθος ὑποτεθῇ, ὅμως ὁμαλῶς ἀνώμαλον δεῖ εἶναι.

Das vierte ist das Gleichmäßige. Und wenn jemand, der nachgeahmt werden soll, sprunghaft ist und ein solcher Charakter vorgegeben ist, dann muss er auf gleichmäßige Weise sprunghaft sein.

Gut möglich, dass Aristoteles' Anmerkung zu Achilleus genau dies impliziert. Leider finden sich in den ethischen Schriften keine weiteren allgemeinen Ausführungen zum „schwankenden Charakter".[57]

Eine „Härte", wie wir sie in Achilleus' Verhalten gegenüber Priamos gesehen haben, wird Achilleus in der *Poetik* ganz allgemein zugeschrieben – sofern wir jedenfalls der Textversion von Lobel und Fuhrmann[58] folgen, die den überlieferten Text durch eine Änderung der Wortstellung zu heilen versucht. Die Formulierung entstammt der berühmten Charakterisierung der Tragödie als „Nachahmung besserer Menschen" (*Poet.* 15. 1454 b 8–14)[59]:

Ἐπεὶ δὲ μίμησίς ἐστιν ἡ τραγῳδία βελτιόνων ἢ ἡμεῖς, δεῖ μιμεῖσθαι τοὺς ἀγαθοὺς εἰκονογράφους· καὶ γὰρ ἐκεῖνοι ἀποδιδόντες τὴν ἰδίαν μορφὴν ὁμοίους ποιοῦντες καλλίους γράφουσιν. Οὕτω καὶ τὸν ποιητὴν μιμούμενον καὶ ὀργίλους καὶ ῥᾳθύμους καὶ τἆλλα τὰ τοιαῦτα ἔχοντας ἐπὶ τῶν ἠθῶν τοιούτους ὄντας ἐπιεικεῖς ποιεῖν, οἷον τὸν Ἀχιλλέα παράδειγμα σκληρότητος καὶ ἀγαθὸν Ὅμηρος.

Da die Tragödie eine Nachahmung von Menschen ist, die besser sind als wir, muss man die guten Porträtmaler nachahmen. Denn auch jene geben die eigentümliche Gestalt wieder, stellen ähnliche (Menschen) dar und malen doch schönere. Ebenso muss auch der Dichter, wenn er zornige, leichtsinnige und andere (Menschen) mit derartigen Charaktereigenschaften nachahmt, diese so, wie sie sind, (und zugleich) rechtschaffen darstellen, wie Homer den Achill als Muster der Härte und (zugleich) tüchtig (darstellt).

57 Vgl. Aristoteles, Eudemische Ethik, übersetzt und kommentiert von F. Dirlmeier, Darmstadt ²1969 (= Aristoteles Werke in deutscher Übersetzung herausgegeben von Ernst Grumach, Bd. 7), 360 Kommentar zu 61, 23 (= 34 b 4), der darauf hinweist, „daß sich das Wort (i.e. „ungleichmäßig") in den anderen Ethiken nicht findet." In den pseudo-aristotelischen *Problemata* erscheint das Wort als Eigenschaft des Melancholikers (vgl. XXX 1. 954 b 9 und 955 a 30).

58 E. Lobel, A Crux in the Poetics, Classical Quarterly 23, 1929, 75–78 sowie Aristoteles, Poetik, Griechisch/Deutsch, übersetzt und herausgegeben von M. Fuhrmann, Stuttgart 1982, 48, vgl. auch 100. Mit anderer Wortstellung, doch inhaltlich identisch S. Halliwell, Aristotle's Poetics, edited and translated by S. H., Cambridge, Mass./London, 1995: οἷον τὸν Ἀχιλλέα ἀγαθὸν καὶ παράδειγμα σκληρότητος Ὅμηρος.

59 Der überlieferte Text ist offensichtlich verderbt: τοιούτους ὄντας ἐπιεικεῖς ποιεῖν παράδειγμα σκληρότητος οἷον τὸν Ἀχιλλέα μὲν ἀγαθὸν καὶ Ὅμηρος (Hs. A); … οἷον τὸν Ἀχιλλέα Ἀγαθῶν καὶ Ὅμηρος (Hs. B). R. Kassel, Aristotelis de arte poetica liber, Oxford 1965, hält die Stelle für nicht heilbar und druckt τοιούτους ὄντας ἐπιεικεῖς ποιεῖν †παράδειγμα σκληρότητος οἷον τὸν Ἀχιλλέα ἀγαθὸν καὶ Ὅμηρος†, ebenso D.W. Lucas, Aristotle Poetics. Introduction, Commentary and Appendixes by D.W. L., Oxford 1968, der jedoch im Kommentar zu 1454 b 14 anmerkt: „Lobel's τὸν Ἀχιλλέα παράδειγμα σκληρότητος καὶ ἀγαθὸν Ὅμηρος gives good sense. J. Hardy, Aristote, Poétique, texte établi et traduit par J. Hardy, Paris 1969, tilgt παράδειγμα σκληρότητος und liest Ἀγάθων: … ἐπιεικεῖς ποεῖν [παράδειγμα σκληρότητος], οἷον τὸν Ἀχιλλέα Ἀγάθων καὶ Ὅμηρος. Vgl. zur Stelle auch I. Vahlen, Beiträge zu Aristoteles' Poetik, Berlin 1914, 65–66.

Achilleus erfüllt Aristoteles' Anforderungen an einen dramatischen Charakter[60], er hat „Fehler", ja er ist ein „Muster der Härte",[61] dennoch ist er zweifellos „besser als wir" – gemeint sind natürlich seine Zeitgenossen. Diese „Einschätzung" gilt für die epischen Charaktere im Allgemeinen, denn schon zu Beginn der *Poetik* hatte Aristoteles konstatiert, dass Homer wie Sophokles ehrenwerte Personen darstelle.[62]

Um kurz zusammenfassen: Aristoteles greift an zahlreichen Stellen seiner Werke auf das geläufige Paradigma „Achilleus" zurück.[63] Er nützt das durch Homer vermittelte „allgemeine Bildungsgut" zur Explikation verschiedenster Sachverhalte. Lässt sich aus den Äußerungen eine Wertung ableiten, so ist diese in den meisten Fällen positiv. Aristoteles entspricht damit der zeitgenössischen *communis opinio* – Achilleus war positives Vorbild, Homer eine Autorität; Platons Kritik blieb eher eine Ausnahme, die sich, wie Katherine King gezeigt hat, in der Folgezeit auch nicht durchzusetzen vermochte.[64] In den poetologisch-philologischen Fachschriften ist das Bild differenzierter, hier werden Spannungsfelder im poetischen Charakter herausgestellt. „Lösungen" für schwierige Probleme liefern Interpretationsansätze, die den ethnischen und historischen Kontext der Epen berücksichtigen – eine Perspektive, die aus moderner Sicht keiner besonderen Hervorhebung bedürfte, in der Antike jedoch keineswegs selbstverständlich war. All dies würde sicherlich noch klarer, wenn wir mehr von Aristoteles' *Aporemata Homerica* zur Verfügung hätten. Soviel indes dürfte deutlich geworden sein: ‚fraglich' war Achilleus bereits für Aristoteles.

60 Latacz, Achilleus (wie Anm. 2), 60, betont zu Recht, dass es sich bei Achilleus um einen Charakter auch im modernen Sinn handelt.

61 Vgl. Hogan, Aristotle's Criticism of Homer (wie Anm. 10), 105.

62 *Poet.* 3. 1448 a 25–27: ὥστε τῇ μὲν ὁ αὐτὸς ἂν εἴη μιμητὴς Ὁμήρῳ Σοφοκλῆς, μιμοῦνται γὰρ ἄμφω σπουδαίους, …

63 Vgl. Michelakis, Achilles in Greek Tragedy (wie Anm. 5), 10.

64 Vgl. King, Achilles (wie Anm. 5), xvii und 110.

Antonios Rengakos (Thessaloniki)

Zeit und Erzählung in den *Argonautika* des Apollonios Rhodios

1.

Grundlage jeder Erzählung ist die Zeit als Abfolge von Ereignissen; die Zeitgestaltung ist deshalb ein wesentliches Merkmal jedes Erzähltextes. Die Grundform allen Erzählens mag ein „und dann …" sein, aber in den beiden ersten großen Erzählwerken der abendländischen Literatur, der *Ilias* und der *Odyssee*, wird die monotone Sukzession der erzählten Zeit auf verschiedene Weise verzerrt, unterbrochen, umgestellt oder gar aufgehoben.

Die scheinbar so linear verlaufende Iliashandlung enthüllt bei näherer Betrachtung die souveräne Handhabung komplexer Probleme des Umgangs mit der Zeit: Vor- und Nachgeschichte des im Epos dargestellten 51tägigen Geschehens werden auf eine solche Weise präsent gemacht, daß aus dem Gedicht über den Zorn des Achill eine umfassende Darstellung des zehnjährigen trojanischen Krieges wird.[1] Diesem Zweck dient die sogenannte Einspiegelungstechnik, durch die sowohl Vorgeschichte und Beginn des Krieges (in den Gesängen 2–7) als auch dessen Ende, der Untergang Troias (im 24. Gesang), in den Handlungsablauf der *Ilias* eingeblendet werden. Diese Einspiegelung wird mittels der Integration von Szenen erreicht, die ‚eigentlich' der Vorgeschichte der *Ilias*-Handlung angehören (Schiffskatalog, Mauerschau, Zweikampf zwischen Menelaos und Paris, Epipolesis), aber auch durch die zahlreichen Vorverweise auf die jenseits des *Ilias*-Geschehens liegenden Ereignisse (durch „extradiegetische Prolepsen" in der Sprache der modernen Narratologie) erreicht.

Die Leistung des Dichters der *Odyssee* auf diesem Gebiet ist ebenfalls beeindruckend: Auch hier wird in den noch engeren Zeitrahmen der Haupthandlung des Epos (41 Tage) ein zehnjähriges Geschehen, der gesamte Nostos des Odysseus, integriert – dies wird bekanntlich durch die Erzählungen von Nestor und Menelaos (im 2. und 3. Buch), vor allem aber durch die sogenannten Apologe des Odysseus selbst (in den Büchern 9–12) erreicht. Doch so wie die *Ilias* zum Epos des gesamten Troja-Krieges geworden ist, so ist auch die *Odyssee* durch all die kurz oder ausführlich erzählten Nostoi der Troja-Helden (Nestor, Aias, Diomedes, Neoptolemos, Philoktetes, Agamemnon, Menelaos) zum umfassenden Nostos-Gedicht nicht nur ihres Haupthelden Odysseus, sondern der wichtigsten Achaier geworden, das überdies auch den unmittelbaren zeitlichen Anschluß an das *Ilias*-Vorbild durch den ausführlichen Bericht über die Postiliadica (der freilich mit großem Geschick auf verschiedene Stellen des Epos verteilt ist) erstrebt.

1 J. Latacz, Homer. Der erste Dichter des Abendlands, Düsseldorf/Zürich ^{4}2003, 161ff.

Ein weiteres Merkmal beider homerischer Epen besteht in der Darstellung gleichzeitiger Ereignisse.[2] Die Synchronie prägt die *Makrostruktur* der Epen, insbesondere die Gesamtstruktur der *Odyssee*. Die beiden Handlungen des Gedichts, die Telemach- und die Odysseus-Handlung, werden immer wieder suspendiert und an mehreren Stellen miteinander verzahnt: Die Telemachhandlung dauert bis zum Ende des 4. Buches, von Anfang des 5. bis zum Ende des 14. begleiten wir Odysseus bis zu Eumaios. In 15, 1 kehren wir zu Telemach zurück, der von seiner Reise nach Pylos und Sparta zurückkehrt, 15, 301 sind wir wieder bei Odysseus und Eumaios; 15, 500 kommt das Schiff des Telemachos in Ithaka an, am Anfang von Buch 16 bereiten Odysseus und Eumaios ihr Frühmahl, 16, 4 erscheint Telemach, 16, 5 erblickt ihn Odysseus und 16, 11 sind sie endlich vereinigt.[3] Diese Verzahnung beider Handlungen hat natürlich nur den Sinn, ihre Gleichzeitigkeit zum Ausdruck zu bringen, d.h. zu zeigen, daß beide Stränge von verschiedenen Punkten aus zur gleichen Zeit auf dasselbe Ziel hinsteuern, auf die Wiedervereinigung des Vaters mit dem Sohn. Die fortschreitende Annäherung der beiden Handelnden, die immer engere Verzahnung ihrer Aktionen wird durch die immer kleiner werdenden Abschnitte des jeweils erzählten Stranges deutlich.

Auch in der doppelsträngigen Handlungsführung hat die *Ilias* das Vorbild für das jüngere Epos abgegeben:[4] Auch hier entspringen nämlich die beiden Hauptstränge der Handlung, die Patroklie und die Kampfhandlung, einerseits dem Gespräch der Göttin Athena mit Achill (dem entspricht Athena-Telemach zu Beginn von *Od.* 1), andererseits der Entsendung des Traumes zu Agamemnon (analog Hermes-Kalypso zu Beginn von *Od.* 5), auch hier sind zwei Göttergespräche, zwischen Here und Athena bzw. zwischen Zeus und Thetis (*Ilias* 1), der Ursprung der bis zur Mitte des ganzen Epos auf getrennten Schauplätzen verlaufenden Handlungen, die erst indirekt durch Patroklos' Vermittlung (11, 599), dann spätestens im letzten Drittel des Epos, ab 19, 55, sich vereinigen. Freilich ist die Gleichzeitigkeit für die *Ilias* nicht wesentlich. Denn die Achill-Handlung ist, genau betrachtet, eine ‚Nicht-Handlung'. Zwar ist Achill als Nicht-Handelnder in Hinweisen des Erzählers oder anderer handelnder Personen, die sich auf die ersten zwei Drittel des Epos erstrecken, ständig auch im Kampfgeschehen ‚präsent', er hat auch einen längeren Auftritt im 9. Buch, doch erst mit dem Einsetzen der Patroklos-Handlung in 11, 599 beginnen beide Handlungsstränge sich allmählich einander anzunähern.

2 Vgl. A. Rengakos, Zeit und Gleichzeitigkeit in den homerischen Epen, Antike und Abendland 41, 1995, 1ff.; ders., Zur Zeitstruktur der Odyssee, Wiener Studien 111, 1998, 45ff.

3 Vgl. E. Siegmann, Homer. Vorlesungen über die Odyssee, Würzburg 1987, 135ff. Zur Doppel- bzw. Mehrsträngigkeit der Odyssee vgl. auch I. de Jong, Development in narrative technique in the Odyssey, in: M. Reichel/A. Rengakos (Hrsg.), Epea pteroenta. Beiträge zur Homerforschung. Festschrift für Wolfgang Kullmann, Stuttgart 2002, 77ff.

4 Vgl. U. Hölscher, Die Odyssee. Epos zwischen Märchen und Roman, München [3]1990, 76ff.

2.

Das Vermächtnis beider homerischer Epen *in puncto* Zeitgestaltung der Erzählung ist in der unmittelbaren Folgezeit eher enttäuschend gewesen. Auf der einen Seite stehen die sogenannten „kyklischen Epen", d.h. die *Kyprien*, die *Aithiopis*, die *Kleine Ilias*, die *Iliupersis*, die *Nosten* und die *Telegonie*. Diese Epen, die, wenn auch nach unserer *Ilias* schriftlich fixiert, zum großen Teil vorhomerisch sind (wie die Neoanalyse gezeigt hat), fallen durch ihre betonte Linearität der Erzählung, durch ihren einfach reihenden Aufbau auf: dieses Merkmal hat ihnen die Bezeichnung „chronographische Epik" (gegenüber der „dramatischen Epik", d.h. *Ilias* und *Odyssee*) eingebracht. Vor- und Rückgriffe werden, soweit aus den wenigen erhaltenen Fragmenten und der Zusammenfassung bei Proklos sichtbar, dabei fast gänzlich vermieden: die *Kyprien* holen als erstes Epos des Gesamtzyklus weit aus und erzählen die Geschichte des trojanischen Krieges wirklich *ab ovo*, d.h. ab dem Zeitpunkt, an dem Zeus und Themis darüber beraten, wie die Erde von der Überbevölkerung erleichtert werden kann. Die übrigen Epen nehmen dann den Faden der Erzählung immer an dem Punkt auf, an dem das voraufgegangene Gedicht aufgehört hat. Diese strikte Linearität wird lediglich durch die besonders in den *Kyprien* sichtbare Tendenz, zukünftige Ereignisse, die häufig außerhalb des zeitlichen Rahmens des Gedichtes liegen („extradiegetische Prolepsen"), durch Orakel oder Prophezeiungen anzukündigen (z.B. Helenos' oder Kassandras Prophezeiung des unglücklichen Ausgangs der Reise des Paris nach Sparta, Kalchas' Prophezeiung in Aulis über Trojas Fall, Polyxenes Tod nach Trojas Eroberung etc.).[5]

Nicht anders scheinen auf der anderen Seite auch die uns bekannten spätarchaischen oder klassischen Epiker verfahren zu haben (z.B. Panyassis, Choirilos etc.), die ja wegen ihrer Tendenz, eine lückenlose Darstellung ihres Themas (einer *Herakleis* oder *Theseis*) zu bieten, von Aristoteles in der *Poetik* getadelt werden (1451 a 19ff.):

> „Die Fabel des Stücks ist nicht schon dann (wie einige meinen) eine Einheit, wenn sie sich um einen einzigen Helden dreht. Denn diesem einen stößt unendlich vieles zu, woraus keinerlei Einheit hervorgeht … Daher haben offenbar alle die Dichter ihre Sache verkehrt gemacht, die eine Herakleis, eine Theseis und derlei Werke gedichtet haben. Sie glaubten nämlich, daß, weil Herakles eine Person sei, schon deshalb auch die Fabel notwendigerweise eine Einheit sei."

3.

Wie nimmt sich nun im Horizont sowohl der archaischen als auch der zeitgenössischen epischen Dichtung das einzige uns vollständig zwischen Homer und Virgil erhaltene Epos des Apollonios Rhodios im Hinblick auf die Zeitgestaltung seiner Erzählung aus? Diese Frage ist aus zwei Gründen besonders interessant. Zum einen scheinen mehrere Indizien darauf hinzuweisen, daß das Zeitgerüst der Erzählung

5 Vgl. H. Stockinger, Die Vorzeichen im homerischen Epos. Ihre Typik und ihre Bedeutung, St. Ottilien 1959, 90ff.; J. Griffin, The Epic Cycle and the Uniqueness of Homer, Journal of Hellenic Studies 97, 1977, 39ff.; M. Davies, The Greek Epic Cycle, London 1989, 32ff.

im Zentrum der literarischen Debatte im Hellenismus gestanden hat. Zum anderen läßt sich, wie wir sehen werden, die Stellung der *Argonautika* innerhalb der hellenistischen Dichtung, und insbesondere ihr Verhältnis zur kallimacheischen, gerade an der Behandlung der Zeit besonders deutlich bestimmen.

Bevor wir uns nun der Zeitgestaltung in den *Argonautika* und in anderen hellenistischen Werken zuwenden, werfen wir einen kurzen Blick auf die bereits angesprochene literarkritische Debatte! An erster Stelle muß der kallimacheische Begriff des διηνεκές genannt werden, der im berühmten Telchinen-Prolog der *Aitien* verwendet wird. Dort legt der Kyrenäer seinen Gegnern den Vorwurf in den Mund, er habe kein ἓν ἄεισμα διηνεκές verfaßt, das die Taten von Königen oder Heroen in mehreren Tausend Versen (Verse 3f.) darstellt. Der Begriff διηνεκές ist nun, wie neuere Arbeiten gezeigt haben,[6] ein narratologischer Begriff; διηνεκές bezieht sich in diesem Zusammenhang auf die narrative Kontinuität, auf die Linearität der Erzählung, so wie das Wort im homerischen Epos (in den Wendungen διηνεκέως ἀγορεύω usw.) „einen Sachverhalt von Anfang bis Ende erzählen“, „der (chronologischen) Reihe nach“ bedeutet, und zwar in dem Sinne, daß das eine Ereignis nach dem anderen aufgereiht wird „without any structure or climax, as though writing a chronicle“.[7]

Wie Richard Hunter vor kurzem in Erinnerung gerufen hat,[8] wird διηνεκές in autoscholiastischer Weise von Apollonios selbst erklärt, und zwar durch Phineus' Mund: Seine unheilvolle Gewohnheit, alles „der Reihe nach und bis zum Ende“ (ἑξείης τε καὶ ἐς τέλος) zu enthüllen (2, 314), umschreibt er am Schluß seiner Prophezeiung an die Argonauten mit den Worten τὰ ἕκαστα διηνεκές, „genau und vollständig“ (2, 391). Mit διηνεκές synonym ist συνεχές, das im hellenistischen Kommentar zu den *Argonautika* des Kleon von Kurion auftritt (339 A Supplementum Hellenisticum), und zwar gerade in einem Vergleich, den der anonyme Grammatiker zwischen Apollonios, Kleon und Dionysios Skytobrachion anstellt:[9] Neben quantitativen Kategorien wie σύντομος und πολύστιχος erscheint auch die narratologische Kategorie des συνεχές, ohne daß es leider ersichtlich wäre, wem von den dreien diese Bezeichnung zuteil wird. Überhaupt wird die Frage der τάξις, der *dispositio*, der homerischen Erzählung in den exegetischen Scholien zur *Ilias* und zur *Odyssee* immer wieder angeschnitten und Homer dafür gelobt, daß er nicht der Reihe nach, von Anfang bis zum Ende, den troischen Krieg erzählt hat, sondern an einem kritischen Zeitpunkt kurz vor dem Ende angesetzt hat, weil „es eine poetische Tugend ist, bei den letzten Ereignissen anzufangen und die übrigen durch Rückwendungen zu erzählen (ἀνέκαθεν διηγεῖσθαι)“ (scholium exegeticum zu *Ilias* 1,

6 M. Asper, Onomata allotria. Zur Genese, Struktur und Funktion poetologischer Metaphern bei Kallimachos (Hermes Einzelschriften 75), Stuttgart 1997, 152; 218ff.; A. Cameron, Callimachus and his Critics, Princeton 1995, 339ff.

7 Cameron (wie Anm. 6), 343ff.; L. Adam, Die Aristotelische Theorie vom Epos nach ihrer Entwicklung bei Griechen und Römern, Wiesbaden 1889, 74.

8 R. Hunter, The Poetics of Narrative in the Argonautica, in: T. Papanghelis/A. Rengakos (Hrsg.), A Companion to Apollonius Rhodius (Mnemosyne Supplement 217), Leiden 2001, 112ff.

9 Vgl. G.B. d'Alessio, Le Argonautiche di Cleone Curiense, in: R. Pretagostini (Hrsg.), La letteratura ellenistica. Problemi e prospettive di ricerca, Roma 2000, 104ff.

1) und weil „die Erzählung der Reihe nach (κατὰ τάξιν διήγησις) ein Merkmal der Neoteroi (νεωτερικόν) und eher für die Prosa (συγγραφικόν) als für die erhabene Dichtung (τῆς ποιητικῆς ἀπὸ σεμνότητος) geeignet ist" (scholium exegeticum zu *Ilias* 2, 494). Im selben Zusammenhang wird in den Scholien oft die homerische Technik der Rückwendung (ἐξ ἀναστροφῆς, ἐξ ἀντιστροφῆς) verzeichnet und gelobt. Diese Kunstauffassung der Scholiasten hat letztendlich ihren klassischen Ausdruck in Horazens *in medias res* gefunden.

Wie sieht nun die Zeitgestaltung von Apollonios' Epos aus? Der Befund ist seit den Arbeiten von Massimo Fusillo,[10] und Robert Albis,[11] sowie dem bereits erwähnten Aufsatz Richard Hunters eindeutig. Die absolute Linearität der Erzählung gleicht in ihrer Zielstrebigkeit der Argo-Reise selbst. Wie Albis nach Früheren[12] trefflich ausgeführt hat, ist Apollonios immer wieder darum bemüht, sein Gedicht mit der Schiffahrt der Argonauten zu identifizieren. Die Geschichte beginnt mit dem Reiseantritt der Argonauten, erreicht ihre Mitte in Kolchis, dem Ziel- und Wendepunkt des gesamten Unternehmens, und endet mit der Rückkehr der Helden am Ursprungshafen Iolkos. Geschichte (*histoire* nach Genette) und Erzählung (*récit*) stimmen somit zeitlich weitgehend überein. So wie die Reise immer weiter geht und weder Umkehr noch zeitliche Sprünge in ihrem gesamten Verlauf kennt, so gibt es auch in der Erzählung weder Rückwendungen zur Zeit vor dem Zug noch Vorgriffe auf die Zeit nach dessen Beendigung.

Die Vorgeschichte des Argonautenzuges wird weder in Form eines umfassenden *flash-back* des Hauptthelden Jason (wie in den Apologoi der *Odyssee*) noch durch den Mund anderer (wie etwa durch Nestor oder Menelaos wiederum in der *Odyssee*) noch schließlich durch die Einspiegelungstechnik der ersten Bücher der *Ilias* geboten. Wie Hermann Fränkel gezeigt hat, wird die Vorgeschichte der Argo-Expedition durch Apollonios nie zusammenhängend erzählt. „Einige Elemente der Vorgeschichte werden gelegentlich später einmal im Text zu Tage kommen, aber durchaus nicht alle, und bisweilen nur in vagen oder dunklen Andeutungen".[13] Ohne ausführliche Vorkenntnisse würde ein Leser, „der sich bieder … sämtliche Brocken aus den verschiedenen Stadien der Vorgeschichte aus dem Text des Epos zusammensuchen würde, dann doch seinen Appetit mehr gewetzt als gestillt finden."[14] Den Beweis für diese Feststellung liefern die drei Hauptstellen, an denen Apollonios expositionelles Material anführt, d.h. zunächst 2, 1141–1215: bei der Begegnung der Argonauten mit den Phrixiden auf der Aresinsel berichten sich Argos und Jason gegenseitig das Wesentliche über den Stammbaum der Aioliden, die Person und die Schicksale des Phrixos, den Widder, das Vlies und den Drachen, sowie einiges über Aietes und seine gewaltige Macht. In 3, 584–88 erfahren wir dann durch Aietes' Mund das wichtige Detail, daß Phrixos' Aufnahme ihm von Zeus auferlegt worden sei, und in 4.115–121 wird schließlich Näheres zum Widderopfer

10 Il tempo delle Argonautiche. Un'analisi del racconto in Apollonio Rodio, Roma 1985.

11 Poet and Audience in the Argonautica of Apollonius, Lanham 1996.

12 C.R. Beye, Epic and Romance in the *Argonautica* of Apollonius, Carbondale 1982, 16; S. Goldhill, The Poet's Voice, Cambridge 1991, 49.

13 H. Fränkel, Noten zu den Argonautika des Apollonios Rhodios, München 1968, 24.

14 Fränkel, ebd. 28; s. auch Goldhill, The Poet's Voice (wie Anm. 12), 290.

des Phrixos mitgeteilt. Doch auch nach der Lektüre dieser Stellen bleiben selbst dem vorsichtigen Leser wesentliche Fragen aus der Vorgeschichte unklar, wie vor allem diejenige nach dem berühmten „Groll des Zeus", der als letzte Ursache des Zuges hingestellt wird. In der Forschung steht indes noch immer nicht fest, gegen wen er sich eigentlich richtete.[15]

Diese Expositionstechnik (oder vielmehr die Technik der Nicht-Exposition) wird an einer Stelle der Hinfahrt der Argonauten durch eine *mise en abyme* der epischen Erzählung selbst geradezu thematisiert. In 2, 762ff. berichtet nämlich Jason dem König der Mariandyner Lykos über seine Expedition und fängt genau da an, wo auch das Gedicht angefangen hat, nämlich mit Pelias' Auftrag und dem Katalog der Argonauten – von der Vorgeschichte fällt auch hier kein einziges Wort. Diese Stelle läßt sich mit der bekannten *Anakephalaiosis* im 23. Buch der *Odyssee* vergleichen, wo Odysseus seiner Gattin Penelope einen vollständigen Bericht über seinen Nostos erstattet: Hier setzt aber bezeichnenderweise der Erzähler Odysseus beim Beginn der Vorgeschichte an, d.h. bei dem ersten Abenteuer seiner Heimreise (dem Kikonen-Abenteuer), und klärt somit Penelope umfassend auf, während Lykos über die Hintergründe der Argonautenfahrt im unklaren bleibt.

Nicht minder wortkarg ist Apollonios im Hinblick auf die Ereignisse, die nach dem Reiseende stattfinden werden – die extradiegetischen Prolepsen sind, so wie die extradiegetischen Analepsen, äußerst rar. Auch hier verhalten sich, wie bekannt, *Ilias* und *Odyssee* ganz anders. Auf die zwei wichtigsten nachiliadischen Ereignisse, Achills Tod und Trojas Fall, wird im Verlauf des älteren Epos immer wieder und durch den Mund verschiedener Personen hingewiesen, während die *Odyssee* durch Teiresias' Mund die weiteren Abenteuer ihres Hauptheldеn Odysseus verkünden läßt. In scharfem Gegensatz dazu läßt Apollonios kaum explizite Anspielungen auf das Schicksal des Pelias, Jasons oder Medeas nach der Rückkehr der Argo in Iolkos zu. Gewiß breitet der Dichter den Schatten der „euripideischen" Zukunft Medeas und Jasons über das 3. und vor allem das 4. Buch aus, doch an expliziten Aussagen bietet er nur ganz wenige – insgesamt drei. An der ersten Stelle wird ganz allgemein von den „großen Leiden", die Medea in Griechenland erwarten würden, gesprochen, 3, 835ff.:

> „Im Palast lief sie hin und her und durchstreifte die Gemächer, ohne weiter an den Kummer zu denken, der ihr von den Göttern in den Weg gelegt worden war – anderer Kummer sollte später noch dazukommen."

Die beiden anderen Stellen beziehen sich auf Pelias' schlimmes Schicksal in Medeas Händen, einmal 3, 1131–36:

> „So sprach er, ihr aber zerfloß bei seiner Rede im Innern das Herz. Dennoch erschauderte sie bei dem Gedanken an eine so entlarvende Tat, die Arme! Sie sollte sich ja nicht mehr lange sträuben, nach Hellas zu gehen. Denn so hatte es ja Hera beschlossen: Medea von Aia sollte ihre Heimat verlassen und ins ehrwürdige Iolkos gelangen zu Pelias' Unheil."

und dann 4, 241–3: „Nach dem Willen der Göttin Hera wehte ein starker Wind, damit Medea von Aia, dem Haus des Pelias zum Unheil, auf schnellste ins Land der

15 P. Dräger, Die Argonautika des Apollonios Rhodios. Das zweite Zorn-Epos der griechischen Literatur (Beiträge zur Altertumskunde 158), München/Leipzig 2001, passim.

Pelasger käme." Zwei indirekte Anspielungen auf die Zukunft wird freilich der kundige Leser an zwei weiteren *Argonautika*-Stellen erkennen: Der Ehebruch Iasons und die Rache Medeas werden bekanntlich sowohl in der Lemnos-Episode als auch in Jasons Ariadne-Erzählung (3, 997–1007 bzw. 1096–1101) indirekt thematisiert.

Auch im Bereich der Synchronie unterscheidet sich das hellenistische Epos wesentlich vom homerischen Vorbild. Der auffälligen Doppelsträngigkeit der *Odyssee* (die aus einer Telemach- und einer Odysseus-Handlung besteht) oder der eher latent vorhandenen, für die Sinnstiftung jedoch durchaus bedeutsamen Doppelsträngigkeit der *Ilias* (die sich ihrerseits aus der Achilleis/Patroklie- bzw. aus der sonstigen Kampfhandlung zusammensetzt) haben die *Argonautika* nichts Vergleichbares entgegenzusetzen. Es wurde zwar gelegentlich die Auffassung vertreten,[16] daß auch Apollonios, indem er ab Buch 2 die verschiedenen Taten des zum Schluß von Buch 1 aus der Expedition ausgeschiedenen Herakles immer wieder anklingen läßt, eine der argonautischen Haupthandlung parallel verlaufende Nebenhandlung konstruieren will, doch die Unterschiede zu Achills ‚Nicht-Handlung' bzw. zur Telemachos-Handlung sind gewaltig. Während die genannten beiden Stränge in den homerischen Epen Teile der Gesamthandlung sind und sich zu Beginn des letzten Eposdrittels mit der jeweiligen Haupthandlung auch vereinigen (ab dem 19. Buch in der *Ilias*, ab dem 16. Buch in der *Odyssee*), gehören Herakles' Abenteuer nicht zur argonautischen Handlung und müssen deshalb den zahlreichen exkursartigen Nebenhandlungen des apollonianischen Gedichtes zugerechnet werden.

4.

Ist also die strikte Linearität der Handlung eine verbreitete hellenistische Technik, die etwa den Bruch mit dem homerischen Vorbild unterstreichen will? Zur Beantwortung dieser Frage wollen wir uns einigen hellenistischen Erzählungen widmen, die, wenn auch klein an Zahl und äußerst fragmentarisch im Erhaltungszustand, interessante Schlüsse zulassen.

Beginnen wir mit Antimachos aus Kolophon, einem Vorläufer der hellenistischen Dichtung.[17] Sein Epos *Thebais*, *magnum illud volumen* in den Worten Ciceros (*Brutus* 191), das den Zug der Sieben gegen Theben behandelte, weist bereits in den ersten Büchern eine wesentliche Affinität zur homerischen Erzähltechnik auf. Ich meine die Tatsache, daß aller Wahrscheinlichkeit nach im 2. Buch Tydeus und Polyneikes, die bereits in Buch 1 von Adrastos in Argos aufgenommen worden waren, in zwei ausführlichen Rückwendungen die Gründe ihres Exils angaben; wie weit dabei ausgeholt wurde, zeigt die Tatsache, daß Tydeus sogar von seiner Kindheit bei den Schweinehirten erzählt haben muß (fr. 13 Matthews). Wyss hat in diesem Zusammenhang sehr trefflich auf die odysseischen Apologoi hingewiesen und

16 V.P. Gummert, Die Erzählstruktur in den Argonautika des Apollonios Rhodios, Frankfurt/Berlin/Bern etc. 1992, 68ff.

17 V.J. Matthews, Antimachus of Colophon (Mnemosyne Supplement 155), Leiden 1996, 22ff.; B. Wyss, Antimachi Colophonii reliquiae, Berlin 1936, IXf.

die Ansicht vertreten, daß Antimachos in seinem Epos bewußt diese Technik der Rückwendung benutzt habe. Wieweit die *Thebais* gegangen ist, ob in dem Epos auch der Zug der Epigonen gegen Theben behandelt wurde und in welcher Form, das entzieht sich leider unserer Kenntnis. Einige Hinweise scheinen immerhin darauf hinzudeuten, daß die Haupthandlung des Epos zwar mit dem Angriff der Sieben auf Theben zu Ende gewesen ist, der Epigonen-Zug aber doch in irgendeiner proleptischen Form mitberücksichtigt wurde.

Wenden wir uns nun einer zweiten hexametrischen Dichtung, diesmal aus der Zeit des Frühhellenismus, zu, dem *Hermes* des Philitas, über dessen Inhalt wir dank zweier jüngst erschienener Arbeiten wesentlich besser als noch vor kurzem Bescheid wissen.[18] Über den Umfang dieses Gedichts besitzen wir keine Angaben, doch der Inhalt ist durch die Inhaltsgabe des Parthenios in Umrissen bekannt: Es handelt sich um die Liebesgeschichte zwischen der Aiolos-Tochter Polymele und Odysseus, die sich während des uns auch durch die Odyssee bekannten ausgedehnten Aufenthalts des Helden auf der Insel des Herrn der Winde abspielte. Für uns wichtig ist nun die Tatsache, daß auch in diesem Fall die Vorgeschichte in bewährter odysseischer Manier geboten wurde, daß also Odysseus in einem ausführlichen *flash-back*, der ja im odysseischen Hypotext gleichsam vorbereitet worden war (*Od.* 10, 14ff.: „Und während eines ganzen Mondes tat er mir Liebes an und fragte mich nach all und jedem: nach Ilion und den Schiffen der Argeier und der Heimkehr der Achaier, und ich erzählte ihm alles nach Gebühr."), die bisherigen Stationen seines Nostos dem Aiolos vortrug, wenn auch in verschiedener Reihenfolge, wie aus der Tatsache hervorgeht, daß im *Hermes* seine Nekyia *vor* dem Aufenthalt bei Aiolos stattgefunden zu haben scheint (fr. 2 Sbardella) – übrigens scheint die philiteische Reihenfolge der odysseischen Abenteuer das Vorbild für Lykophrons *Alexandra* gewesen zu sein. Ob Philitas einen Blick auf Odysseus' Schicksal nach dem Aiolos-Abenteuer geworfen hatte, wissen wir nicht. Es steht aber fest, daß wie bei Antimachos die Vorgeschichte ausführlich und durch die besondere odysseische Technik der Rückwendung erzählt wurde.

Als nächstes wollen wir das Epos *Messeniaka* des Rhianos aus Kreta (eines jüngeren Zeitgenossen des Apollonios) in Bezug auf die Zeitgestaltung seiner Erzählung befragen. Auch hier kommen uns neuere Arbeiten zugute,[19] mit deren Hilfe wir den Inhalt dieses Gedichtes besser rekonstruieren können. Durch Pausanias, der die *Messeniaka* ausgiebig benutzt hat, erfahren wir, daß Rhianos' Hauptthema, der 2. Messenische Krieg, nicht vollständig erzählt wurde; wie der Perieget ausdrücklich vermerkt (4, 6, 2: „nicht kontinuierlich" – wieder συνεχῶς! – „vom Anfang des Krieges bis zu dessen Ende"), setzte die Erzählung erst mit dem 3. Kriegsjahr und dem Beginn der Belagerung von Ira ein. Wie nun Castelli richtig angenommen hat, muß die Vorgeschichte dieser Belagerung (vor allem der Verrat des Arka-

18 J. Latacz, Philitas und Homer. Bemerkungen zu Philitas' Hermes, in: J.N. Kazazis/A. Rengakos (Hrsg.), Euphrosyne. Studies in Ancient Epic and its Legacy in Honor of D.N. Maronitis, Stuttgart 1999, 202ff.; L. Sbardella, Filita. Testimonianze e frammenti poetici, Roma 2000, 16ff.

19 C. Castelli, Riano epico: *Messeniaca,* Milano 1993; dies., Riano e Omero: I Messeniaca tra imitazione e innovazione, Acme 47, 1994, 5ff.

der-Königs Aristokrates, der ein Verbündeter der Messenier während der genannten Schlacht war) in einer Analepse dargeboten worden sein. Aber auch die Rückkehr der Flüchtlinge und die Wiederherstellung der Unabhängigkeit Messeniens durch Epaminondas etliche Jahrhunderte später wurden aller Wahrscheinlichkeit nach in den *Messeniaka* durch eine Prolepse berücksichtigt, so daß das Epos zu einem umfassenden Gedicht über das Schicksal der Messenier ausgestaltet wurde. Die Vorausdeutung auf die Zukunft Messeniens könnte durch die Kombination eines Orakels (des sog. Likos-Orakels, das auf der Zeitebene der Haupthandlung fixiert war) und eines Traumes (des Epaminondas, d.h. auf der Zeitebene der Wiederherstellung der messenischen Freiheit) in einer besonders raffinierten Weise erfolgt sein. Castellis Schlußfolgerung ist somit völlig zutreffend:

> „In den *Messeniaka* liegt eine intelligente Homernachahmung vor, die sich auf die Aufhebung der zeitlichen, nicht der narrativen Linearität stützt: Innerhalb des zeitlichen Rahmens, der durch die Eroberung von Ira und die Exodos der Messenier gebildet wird, konzentriert sich auf dramatische Art eine große Anzahl von vergangenen und vielleicht auch zukünftigen Ereignissen.“[20]

Unser letztes Beispiel ist die *Hekale* des Kallimachos.[21] Das Bestreben des hellenistischen Dichters, die Linearität der Erzählung aufzuheben, ist auch in diesem Fall eindeutig. Das frühere Leben beider Protagonisten, Theseus und Hekale, wird in zwei ausgedehnten Analepsen berichtet. Die Kindheit des athenischen Helden in Troizen wurde wahrscheinlich nach einer ansprechenden Vermutung von Pfeiffer anläßlich seines Anagnorismos durch seinen Vater Aigeus erzählt – der berühmte Narbenexkurs der *Odyssee*, in dem Odysseus' Kindheit unmittelbar nach seiner Wiedererkennung durch Eurykleia ausführlich erzählt wird, könnte Kallimachos' konkretes Vorbild gewesen sein. Eine weitere Gelegenheit, den Bericht über Theseus' Heldentaten auf dem Weg von Troizen nach Athen zu ergänzen, ergab sich bei der langen Unterredung des Atheners mit Hekale: In der Tat wurde die Ermordung Kerkyons und Skirons zu Beginn des Gesprächs zwischen beiden erzählt – wir hätten hier ein Beispiel der homerischen Technik der stückweisen Ergänzung, die in der *Odyssee* bei der Wiedergabe der Nosten der Achaier durch Nestor und Menelaos zur Vollkommenheit gebracht wurde. Den wichtigsten retrospektiven Bericht bildete jedoch Hekales Erzählung an Theseus über ihr früheres Leben: Hekales Rede muß sehr ausführlich gewesen sein – über 100 Verse in einem Gedicht, das zwischen 1000 und 1500 Versen lang gewesen ist – und auch zeitlich eine sehr lange Lebensstrecke der Heldin umfaßt haben, von ihrer Jugendzeit über ihre Hochzeit und die Geburt ihrer Kinder bis zu deren Tod und ihrem gegenwärtigen erbärmlichen Schicksal.

20 Ebd. 13.
21 A.S. Hollis, Callimachus *Hecale*, Oxford 1990, 148f.; 176.

5.

Fassen wir zusammen. Die *Argonautika* nehmen innerhalb der hellenistischen Dichtung im Hinblick auf die Zeitstruktur der Erzählung eine singuläre Stellung ein. Es wird strikte Linearität in der Haupthandlung beobachtet, es herrscht sozusagen ein absolutes Verbot an extradiegetischen Analepsen und Prolepsen, und dies in betontem Gegensatz sowohl zu den homerischen Epen als auch zu vergleichbaren zeitgenössischen Erzählungen. Die *Argonautika* stimmen in dieser Ausschließlichkeit, kraft derer jeder Hinweis auf Vorausgegangenes oder Zukünftiges dem Epos fernzubleiben hat, mit den Gedichten des epischen Kyklos überein. Sind sie also ein Epos, das als κυκλικόν bezeichnet werden kann, und zwar im aristotelischen Sinne, dem sich auch Kallimachos' berühmter Spruch „ich hasse das kyklische Gedicht" anschließt? Die Antwort muß, was die Zeitstruktur der Haupterzählung betrifft, positiv ausfallen – es ist in diesem Zusammenhang interessant zu beobachten, daß die Pariser Scholien zum letzten *Argonautika*-Vers Apollonios' Erzählung folgendermaßen zusammenfassen:

> „Zum Ort also, von dem anfangs die Helden nach Skythien aufgebrochen sind, um das Vlies zurückzubringen, dorthin sind sie auch zurückgekehrt, nachdem sie sozusagen mit ihrer Reise einen Kreis gebildet haben" (ὥσπερ διά τινος κύκλου … ἐπανελθόντες).

Apollonios hat also eine auch äußerlich abgerundete Form, die als kyklisch bezeichnet werden konnte, geflissentlich gesucht.

Schafft nun diese selbstbewußte, zur Schau gestellte Linearität der Haupthandlung der *Argonautika* eine auffällige *Distanz* sowohl zum homerischen Vorbild als auch zur zeitgenössischen dichterischen Praxis, so bewirkt eine andere erzählerische Eigentümlichkeit eine ebenso auffällige *Annäherung* an die zeitgenössische Dichtung: ich meine die zahllosen heterodiegetischen Prolepsen, und zwar jenen besonderen Typ unter ihnen, den die Aitien darstellen. Die Ätiologie apollonianischer Prägung – der Erzähler selbst schafft die temporale Verbindung zwischen dem dargestellten *aition* und der eigenen Zeit – ist bekanntlich in höchstem Maße ein Merkmal der Dichtung des Kallimachos. Nähe und gleichzeitig Distanz zu Kallimachos und Homer – die *Argonautika* ein kyklisches und kallimacheisches Epos: wie der Kyrenäer über sie urteilte, ist eigentlich unergründbar. Doch ein wahrhaftig hellenistisches Produkt sind sie in ihrer Andersartigkeit allemal.*

* Vorliegender Beitrag (verfaßt 2002) ist in revidierter Form in A. Bierl/A. Schmitt/A. Willi (Hrsgg.), Antike Literatur in neuer Deutung, München/Leipzig 2004, 277ff. erschienen.

Sabine Föllinger (Bamberg)

Die Funktion von Nicht-Wissen in der frühgriechischen Literatur

Bruno Snell hat in seiner berühmten Abhandlung „Das Erwachen der Persönlichkeit in der frühgriechischen Lyrik“, die als Teil seines Werkes „Die Entdeckung des Geistes“ 1946 erschien und in der Folgezeit zahlreiche Neuauflagen erfuhr,[1] die Anschauung vertreten, daß das Lebensgefühl der frühgriechischen Lyriker von „Hilflosigkeit“ geprägt gewesen sei. Mit „Hilflosigkeit“ übersetzt er den Begriff *ἀμηχανία*.[2] Diese Hilflosigkeit rühre daher, daß sich die Dichter in der Hand der Götter fühlten. Es fehle das Vermögen, „im menschlichen Handeln“ eine „persönliche Leistung“ zu sehen: „Das Bewußtsein des persönlichen Fühlens führt nur zur Hilflosigkeit, zur *amechania*, die rationale Aufhellung des Weltzusammenhangs aber, die Einsicht in den Wechsel, lehrt kein positives Handeln, sondern Ertragen und Dulden.“[3]

Snells Anschauung konnte sich in der Folge durchsetzen. Unter den Arbeiten, die sich ihm anschlossen, sind an erster Stelle die beiden Standardwerke von Hermann Fränkel über die archaische Epoche „Wege und Formen frühgriechischen Denkens“ und „Dichtung und Philosophie des frühen Griechentums“ zu nennen.[4] Dabei wiesen er und andere nach ihm[5] darauf hin, daß ein Zusammenhang bestehe zwischen dem in den Gedichten geäußerten Gefühl der *amechania* und dem wiederholt auftauchenden Ausdruck, die Menschen seien nicht-wissend. Ganz im Sinne eines

1 B. Snell, Das Erwachen der Persönlichkeit in der frühgriechischen Lyrik, in: ders., Die Entdeckung des Geistes. Studien zur Entstehung des europäischen Denkens bei den Griechen, 4. neubearb. Aufl. Göttingen 1975, 56–81.

2 Diesen Begriff verwendet Snell in Bezug auf Sappho und Archilochos und dann verallgemeinernd, vgl. ders., Das Erwachen der Persönlichkeit (wie Anm. 1), 72.

3 Snell, Das Erwachen der Persönlichkeit (wie Anm. 1), 72.

4 H. Fränkel, ΕΦΗΜΕΡΟΣ als Kennwort für die menschliche Natur, in: ders., Wege und Formen frühgriechischen Denkens, 2. erw. Aufl. München 1955, 23–39, hier: 29; ders., Dichtung und Philosophie des frühen Griechentums. Eine Geschichte der griechischen Epik, Lyrik und Prosa bis zur Mitte des fünften Jahrhunderts, München [2]1962.

5 Vgl. vor allem Fränkel, Dichtung und Philosophie (wie Anm. 4), 169f.; E. Heitsch, Das Wissen des Xenophanes, Rheinisches Museum 109, 1966, 193–235, hier: 224ff.; B. Williams, Scham, Schuld und Notwendigkeit. Eine Wiederbelebung antiker Begriffe der Moral. Übersetzt aus dem Englischen von M. Hartmann, Berlin 2000, 147: „Dichter wie Pindar“ haben „schon früh das Dunkle und Unauslotbare der Dinge benannt. Das konnte dann zu sozialer Passivität führen, zu jener *amechania* (Rat- und Hilflosigkeit) der antiken Welt.“ Als verfehlt erweist sich meines Erachtens (vgl. meine Argumentation im folgenden) seine Meinung (174): „Für Solon und andere Autoren der archaischen Zeit war der Mensch gegenüber dem Zufall und dem Schicksal in großen Teilen machtlos.“ Bereits R. Pfeiffer hatte ähnliche Gedanken wie Snell und Fränkel vertreten (Gottheit und Individuum in der frühgriechischen Lyrik, Philologus 84, 1929, 137–152 = ders., Ausgewählte Schriften, München 1960, 42–54).

entwicklungsgeschichtlichen Denkens wurde mit diesen Beobachtungen die Anschauung verknüpft, daß die frühgriechische Epoche eines in Hilflosigkeit verharrenden Gefühls abgelöst werde von einer Zeit, die sich menschlicher Reflexions- und Handlungsfähigkeit bewußt werde. In diesem Sinne hatte etwa bereits Snell in Aischylos' Drama einen Schritt hin zur Bewußtmachung menschlicher Handlungsfähigkeit erkennen wollen.[6] Und Mansfeld[7] betrachtete die Reflexionen des Xenophanes und des Parmenides als eine Weiterentwicklung von bereits in der frühgriechischen Lyrik vorhandenen theoretischen Ansätzen.

Hier erhebt sich nun ein zweifaches Problem, das meines Erachtens bei der Interpretation derjenigen Passagen, die Nicht-Wissen thematisieren, nicht genügend beachtet wurde und das die Vergleichbarkeit von lyrischem und philosophischem Nicht-Wissen zweifelhaft erscheinen läßt: 1.) das Problem des Kontextes. Denn wo in den Gedichten der frühgriechischen Lyrik von Nicht-Wissen die Rede ist, geht es, wie im folgenden an den Texten zu zeigen sein wird, um das Nicht-Wissen der Zukunft – nicht aber, wie in den philosophischen Texten, um eine anthropologische Unfähigkeit zu wissen schlechthin. 2.) Das Problem der Gattungsfrage. Um die Funktion zu erkennen, die die Thematisierung menschlichen Nicht-Wissens hat, muß man die Tatsache berücksichtigen, daß sie Bestandteil von Texten unterschiedlicher Textsorten mit unterschiedlichen Intentionen ist. Denn wenn sich das Nicht-Wissen als Bestandteil von lyrischen Gedichten findet, hat dies Folgerungen für die Intention des Ausgesagten. Mit dem Nicht-Wissen der Zukunft befassen sich vor allem die beiden nach moderner Terminologie zu den Lyrikern zählenden Gruppen der Iambiker und Elegiker, wie meine Beispiele Semonides, Solon und Theognis zeigen. Nun ist ein Kennzeichen der Gattung Elegie, die in dieser frühen Zeit keineswegs auf Klage beschränkt ist, sondern ein weites Spektrum von Inhalten und Stimmungen aufweist, ein Appellcharakter, der nicht nur bei den uns hier interessierenden Elegikern Solon und Theognis zu beobachten ist. Dem entspricht es, daß man – bei allen Modifikationen innerhalb der seit 30 Jahren um die Aufführungsbedingungen frühgriechischer Lyrik bemühten Forschung – für die frühen Elegien eine mündliche Vortragssituation annimmt – was nicht, wie ich meine, einer auch schriftlichen Verbreitung und einer weiterreichenden Ruhmeserwartung widerspricht[8] –, wobei der Vortragsort vor allem das Symposion gewesen sein könnte.[9] Durch die mündliche Vortragsweise der Gedichte war die Interaktion zwischen Textproduzent und Rezipient direkter, als dies für eine Lesekultur der Fall ist, so daß man gerade für das Verständnis des Appellhaften einen gemeinsamen Verständnishintergrund von Dichter und Hörer ansetzen kann.

6 Vgl. Snell, Das Erwachen der Persönlichkeit (wie Anm. 1), 81; ders., Aischylos und das Handeln im Drama (Philologus Supplementband XX, Heft 1), Leipzig 1928; vgl. hierzu S. Föllinger, Genosdependenzen. Studien zur Arbeit am Mythos bei Aischylos, Göttingen 2003, 35f.

7 J. Mansfeld, Die Offenbarung des Parmenides und die menschliche Welt, Assen 1964, 1–41.

8 Allgemein zu dieser Frage vgl. E. Stein, Autorbewußtsein in der frühen griechischen Literatur (Scriptoralia 17), Tübingen 1990.

9 Vgl. J. Latacz, Archaische Periode (= Die griechische Literatur in Text und Darstellung, hrsg. von H. Görgemanns, Bd. 1), Stuttgart 1991, 153.

Den Sitz im Leben für die Iambendichtung zu bestimmen, ist schwieriger; womöglich war er ursprünglich im Kult zu suchen, löste sich dann aber davon, so daß man sich den Iambenvortrag sowohl in einem kleineren als auch in einem größeren Kreis unterschiedlichen Gepräges vorstellen kann.[10] Von der Grundtendenz her haftete der Iambendichtung der Charakter des Heiter-Witzigen an, wobei die Bandbreite vom gutmütigen Humor bis zum Sarkasmus reichte, doch konnte sie auch Trägerin ernsterer Sinngehalte sein. Im Sinne einer Paränese, also einer ermahnenden handlungsbezogenen Aufforderung, können beide, Elegie und Iambendichtung, verwandt werden, auch wenn die Elegie aufgrund ihres starken Appellcharakters eher dazu bestimmt ist. Ich möchte aber betonen, daß die Interpretation der besagten Gedichte nicht zwingend von der Annahme eines hörenden Primärpublikums abhängt. Vielmehr ist der Appellcharakter auch noch für einen örtlich und zeitlich weiter entfernten Rezipienten zu spüren, wenn auch sicher nicht mehr so unvermittelt. So hat etwa Theognis offensichtlich durchaus mit einer weiteren, also schriftlichen Verbreitung seines Werkes gerechnet. Dies geht aus den Worten seines Epilogs (V. 237ff.) hervor, die seinem Werk in Aussicht stellen, es werde das Meer überqueren, bei Festen zugegen und in aller Munde sein.

Vor diesem Hintergrund der Gattungsspezifika ist nun zu beleuchten, ob die Thematisierung des Nicht-Wissens bei den Lyrikern tatsächlich dem Ausdruck einer pessimistischen Weltsicht dient und ob das philosophische Nicht-Wissen diese dann weiterentwickelt. Ich möchte das Ergebnis als These vorwegnehmen:

Meine These, die ich im folgenden an den Texten zu belegen versuche, ist, daß es bei der Formulierung der frühgriechischen lyrischen Gedichte, die Menschen „wüßten nicht", nicht darum ging, einer Haltung der Resignation und des Ausgeliefertseins, das auch in der *Amechania* verkörpert ist, Ausdruck zu verleihen und damit ein Lebensgefühl der Passivität zu vermitteln, sondern daß es vielmehr darum ging, durch die Thematisierung des Nicht-Wissens die Grenze zu zeigen, innerhalb derer menschliches Handeln sich bewegt, und gerade auf diese Weise im Sinne einer Paränese den Rezipienten zu einem bestimmten Handeln zu bewegen. Die Begrenzung aber, die aufgezeigt werden sollte, besteht darin, daß den Menschen das Wissen der Zukunft abgeht. So bezieht sich das Nicht-Wissen, wie gesagt, in der Regel darauf, daß die Menschen die Zukunft nicht wissen. Überspitzt könnte man formulieren: Die Funktion, die die Thematisierung des Nicht-Wissens in den Werken der frühgriechischen Lyrik innehat, besteht geradezu im Gegenteil einer Deskription menschlicher Hilflosigkeit und Passivität, insofern sie nämlich die Rezipienten zu einem – wie auch immer gearteten – sinnvollen Handeln ermuntern soll.[11] In den philosophischen Texten hingegen ist die Feststellung, die Menschen wüßten nichts, Bestandteil erkenntnistheoretischer Überlegungen – insofern der jeweilige Kontext die Möglichkeit menschlicher Erkenntnisfähigkeit behandelt. Die Thematisierung von Nicht-Wissen dient insoweit nicht einem eine bestimmte Verhaltensweise provozieren wollenden Appell, sondern der Wissensfeststellung und Wissens-

10 Vgl. Latacz, Archaische Periode (wie Anm. 9), 240ff.

11 Der Ausdruck „Ermuntern" weist bereits auf den paränetischen Rahmen, innerhalb dessen meiner Ansicht nach die Funktion des Nicht-Wissens zu suchen ist und dem der Appellcharakter und die geschilderten Aufführungsbedingungen von Elegie und Iambus entsprechen.

vermittlung, prosaisch gesprochen: der Information für den Rezipienten. Weil also dieselbe Aussage „der Mensch weiß nicht" a) ein verschiedenes Objekt hat, b) gattungs- und kontextbedingt eine unterschiedliche Funktion aufweist, muß man meines Erachtens gegenüber Versuchen wie dem Mansfelds, hier eine geistesgeschichtliche Entwicklung zu sehen, vorsichtig sein.

Das Verb, das sowohl die frühgriechischen Lyriker als auch die vorsokratischen Philosophen für das Nicht-Wissen gebrauchen, ist das negierte εἰδέναι. εἰδέναι hat ursprünglich die Bedeutung „etwas durch Sehen wissen". Aber schon früh ging seine Verwendung über diesen Gebrauch hinaus und wurde abstrakter, wie Heitsch anhand von Belegen aus der *Ilias* nachweisen konnte,[12] so daß es nicht auf Zusammenhänge, in denen man etwas mit eigenen Augen sieht, beschränkt blieb. Auf diese Weise konnte εἰδέναι auch in der Bedeutung „wissen, daß etwas sein wird" bzw. „nicht sein wird" gebraucht werden.

Ein prominenter und vielzitierter Vertreter menschlichen Nicht-Wissens in der frühgriechischen Lyrik ist der Ionier Semonides in der ersten Hälfte des siebten Jahrhunderts. In einem seiner iambischen Gedichte[13] leugnet er die Existenz eines menschlichen Verstandes (*Nus*):

> „Mein Sohn, das Ende hält Zeus, der Donnerer, in Händen,
> von allem, was ist, und er setzt es, wie er will,
> Verstand aber gibt es bei den Menschen nicht, sondern dem Tag unterworfen
> leben sie wie Weidevieh, *ohne zu wissen*,
> wie ein jedes Ding der Gott vollenden wird."[14]

Zu seiner Auffassung gelangt Semonides offensichtlich aufgrund der Unfähigkeit der Menschen, die Zukunft vorauszuwissen. Dies macht der Anschluß in V. 3 deutlich: „sondern dem Tag unterworfen leben sie wie Weidevieh, ohne zu wissen (οὐδὲν εἰδότες), wie ein jedes Ding ihnen Gott vollenden wird."

Es folgt eine Aufzählung, welche unterschiedlichen Hoffnungen die einzelnen Menschen umfingen, ihnen aber nicht in Erfüllung gingen, da sie vorher der Tod ereilte. Auch die mannigfaltigen Möglichkeiten zu sterben nennt Semonides: Die einen erreichen das von ihnen selbst gesteckte Ziel nicht rechtzeitig vor dem Al-

12 Heitsch, Das Wissen des Xenophanes (wie Anm. 5), 211ff. unterscheidet drei abstraktere Bedeutungen: 1.) wissen vom Hörensagen, 2.) das Gewußte liegt in der Zukunft, 3.) εἰδέναι + Inf. oder Akk.: *Ilias* 7, 236: fähig sein aufgrund eigener Anschauung; *Ilias* 1, 70: die Zukunft wissen (vom Seher); *Ilias* 2, 252: die Zukunft wissen (vom Menschen allgemein); *Ilias* 6, 367: die Zukunft nicht wissen (vom Menschen allgemein); *Odyssee* 10, 267: die Zukunft wissen (vom Menschen allgemein); andere Stellen s. ebd., 214 Anm. 46. Weitere Ergebnisse von Heitschs Analyse sind: In der Ilias gibt es in Bezug auf die Zukunft nur οὐκ εἰδέναι, in der Odyssee hingegen auch οἶδα; bei Hesiod findet man weder das eine noch das andere. Anders als die Ilias und Hesiod weist die Odyssee abstraktere Wendungen auf, zu denen auch der Typus ‚οἶδα + Akk. Pl. Neutr. von Adjektiv und Partizip' gehört.

13 Fr. 8 Pellizer/Tedeschi = fr. 1 West.

14 ὦ παῖ, τέλος μὲν Ζεὺς ἔχει βαρύκτυπος / πάντων ὅσ' ἐστὶ καὶ τίθησ' ὄκηι θέλει,/ νοῦς δ' οὐκ ἐπ' ἀνθρώποισιν, ἀλλ' ἐπήμεροι / ἃ δὴ βοτὰ ζόουσιν (ἃ δὴ βοτὰ ζώουσιν Ahrens: ζόουσιν West: δὴ βροτοὶ ζώομεν codd.), οὐδὲν εἰδότες / ὅκως ἕκαστον ἐκτελευτήσει θεός.

ter,[15] andere werden unheilbar krank, wieder andere sterben im Krieg usw. Die Aufzählung endet mit den Worten: „So ist nichts frei von Übeln, sondern unzählige Tode und unvermutete Qualen gibt es für die Sterblichen und Leiden." Tatsächlich also könnte dieses Gedicht einem wie der Inbegriff des Pessimismus erscheinen, wie es auch immer wieder interpretiert wurde, stünde nicht am Schluß des uns erhaltenen Textes die Wendung (V. 22ff.):

„Wenn sie aber auf mich hörten,
würden wir wohl nicht unsere schlimme Situation lieben,
und wir würden wohl nicht, den Sinn auf schlimme Schmerzen gerichtet,
uns selbst quälen."[16]

Dieses Einlenken, das einen indirekten Appellcharakter hat, relativiert Semonides' Aussage, die Menschen hätten überhaupt keinen *Nus* bzw. macht deutlich, daß er mit *Nus* die eben nur den Göttern zukommende Fähigkeit, die Zukunft zu wissen, meint. Seine Absage an die Existenz eines menschlichen Verstandes muß also als eine poetische Übertreibung interpretiert werden, welche auf der Absicht des Dichters beruht, Zeus' Allwissen mit dem begrenzten Wissen des Menschen zu kontrastieren.[17] Der Unterschied zwischen dem göttlichen und dem menschlichen Wissen ist das menschliche Nicht-Wissen um die Zukunft, aus dem man Folgerungen für das Handeln ableiten soll. Gerade der Hinweis auf das illusionäre Streben der Menschen soll den Rezipienten davon abbringen oder anders formuliert: Das Wissen um das menschliche Nicht-Wissen der Zukunft ist, wie die letzten Worte des Textes verdeutlichen, keine der Information des Rezipienten dienende Deskription, sondern soll als Bestandteil eines paränetischen Kontextes, in dem der Dichter als Ratgeber auftritt, verstanden werden. Die Funktion, die die Aussage vom menschlichen Nicht-Wissen um die Zukunft hat, liegt also darin – soviel darf man behaupten –, in irgendeiner Weise eine Lebensstrategie zu vermitteln. Was genau nach den Vorstellungen des Semonides zu tun ist, um das menschliche Fehlverhalten zu vermeiden, wissen wir nicht, da der Text hier abbricht. Angesichts der Gattung Iambus könnte man durchaus an einen Ratschlag denken, der die pathetische negative Schilderung ins Komische verzerrte, etwa: Man solle es sich durch Essen und Trinken gutgehen lassen o. ä.

Daß Semonides möglicherweise in dem uns nicht erhaltenen Ende des Gedichtes tatsächlich zu einer Art Genußleben aufrief,[18] könnte jedenfalls ein anderes Frag-

15 Wie F. Preisshofen, Untersuchungen zur Darstellung des Greisenalters in der frühgriechischen Dichtung (Hermes-Einzelschriften 34), Wiesbaden 1977 überzeugend aufzeigt, geht es Semonides nicht, wie Mimnermos, um eine negative Darstellung des Alters als solche, sondern um die zeitliche Nähe des Alters zum Tod. Daß Semonides nicht das Alter als solches verurteilt, ist daraus erkenntlich, daß er im ‚Weiberiambus' in Zusammenhang mit dem positiven Frauentyp vom γῆρας λιπαρόν spricht (V. 83ff.). „Negativ beurteilt wird nicht das Greisenalter an sich, sondern das illusionäre Streben der Menschen." (ebd., 80).

16 εἰ δ' ἐμοὶ πιθοίατο, / οὐκ ἂν κακῶν ἐρῷμεν, οὐδ' ἐπ' ἄλγεσιν / κακοῖς ἔχοντες θυμὸν αἰκιζοίμεθα.

17 Vgl. auch S. Darcus-Sullivan, Psychological and Ethical Ideas. What Early Greeks say, Leiden/New York 1995, 25.

18 In diese Richtung könnte man auch fr. 2 West interpretieren, in dem es heißt, wenn wir mehr als einen Tag vernünftig wären, würden wir uns nicht um die Toten kümmern.

ment von ihm nahelegen. Dieser Text[19] schildert die Dummheit der Menschen, die sich Hoffnungen hingäben, ohne damit zu rechnen, daß diese ihnen durch Krankheit, Alter oder Tod unerfüllt bleiben könnten. Denn sie wüßten nicht, daß die Lebenszeit und die Jugend sehr kurz seien. Von diesen Menschen, die nach Semonides die Masse darstellen, setzt er sein fiktives und/oder reales Gegenüber ab (V. 12): ἀλλὰ σὺ ταῦτα μαθὼν ... : „Aber du – da du dies gelernt hast, wage es, bis zum Ende deines Lebens deine Seele mit Gutem zu erfreuen!" Hier wird ganz evident, daß man das Wissen um das Nicht-Wissen lernen kann. Denn die Formulierung σὺ ταῦτα μαθὼν stellt den Dichter bzw. fiktiven Sprecher eindeutig als Lehrenden dar, wohingegen sein Gegenüber der Lernende ist. Wenn schon allein die Tatsache, daß der Dichter – offensichtlich anders als die Masse der Menschen, über die er redet – um das menschliche Nicht-Wissen wissen und daraus Schlußfolgerungen und Lehren ableiten kann, dagegen spricht, daß er einem Lebensgefühl der *Amechania* Ausdruck verleihen will, so wird hier nun ganz deutlich, welche Funktion die Thematisierung des Nicht-Wissens hat: Sie soll durch den damit verbundenen Hinweis auf die menschliche Begrenztheit die Rezipienten zu einem bestimmten Handeln ermuntern.[20]

Diese Funktion des Nicht-Wissens wird ganz deutlich bei Solon. Er setzt in seiner Musenelegie[21] die Allmacht des Zeus gegen die trügerischen Hoffnungen der Menschen ab. Das Denken der Menschen ist Scheinsicherheit (V. 33ff.), da sie nicht wissen, wie die Dinge, die sie beginnen, ausgehen werden (V. 65f.):

> πᾶσι δέ τοι κίνδυνος ἐπ' ἔργμασιν, οὐδέ τις οἶδεν
> ᾗ μέλλει σχήσειν χρήματος ἀρχομένου·
>
> „In allen Dingen aber lauert ein Risiko, und keiner weiß,
> wie sich eine begonnene Sache entwickeln wird."

Auch hier bezieht sich also das Nicht-Wissen auf die Unsicherheit der Zukunft. Denn selbst der Seher kann, wie es im vorhergehenden heißt, nur dann drohendes Unheil vorausschauen, wenn ihm die Götter dies vergönnen. Solon formuliert diese

19 Fr. 29 Diehl = fr. eleg. 1 Pellizer/Tedeschi = Simonides fr. 8 West (Delectus ex iambis et elegis Graecis), 10ff. Dieses Fragment ist in Wests Iambi et Elegi Graeci (^{2}1992) verteilt: Unter dem Titel „Simonides: Convivalia" finden sich als fr. 19 die ersten fünf Zeilen als Zitat aus Stobaios, der Rest steht als Zitat von P. Oxy. 3965 fr. 26 und Stobaios unter fr. 20 (S. 123), nur in Wests „Delectus" bilden die Partien ein zusammenhängendes Gedicht (fr. 8).

20 Paränetischen Charakter bekommt das Nicht-Wissen auch bei Mimnermos Fr. 2 West. Er bringt es hier mit einem Thema zusammen, das immer wieder bei ihm anklingt: Das Leben, vor allem die Jugend ist kurz, das schlimme Alter kommt schnell genug, wir wissen nicht, was gut und schlecht ist. Mimnermos konstruiert einen harten Gegensatz von Jugend und Alter und legt dem Alter auf eine schematische Weise alles Schlechte bei, vgl. Preisshofen, Untersuchungen zur Darstellung des Greisenalters in der frühgriechischen Dichtung (wie Anm. 15), 86ff. Da auch sein Gedicht nur unvollständig überliefert ist, könnte es wie eine pessimistische Deskription erscheinen, doch in der Art und Weise, wie das Alter als Gegenbild geschildert wird, kann man die Intention darin erkennen, *Hebe* als Wert darzustellen (vgl. Preisshofen [wie Anm. 15], 86).

21 Fr. 1 Gentili/Prato = Fr. 13 West, 63ff.

Erkenntnis, daß die Zukunft dem menschlichen Zugriff entzogen ist, aber nicht, um einem Lebensgefühl der Ohnmacht Ausdruck zu verleihen. Dies machen andere Gedichte von ihm klar, in denen er die Möglichkeit menschlichen Handelns betont und die zum Verständnis hier herangezogen werden müssen. Ihre Intention besteht offensichtlich darin, die Bürger gerade durch die Erkenntnis, daß der Mensch nicht Herr über sein Schicksal ist, zu einem Handeln zu bewegen, das überlegt und nicht vermessen ist. Die Funktion also, die hier das pointiert formulierte menschliche Nicht-Wissen hat, besteht darin, die Rezipienten zu einem maßvollen Handeln zu bringen, nicht aber darin, prinzipiell die Fähigkeiten menschlichen Geistes zu leugnen. Anderenfalls wäre es nicht denkbar, daß Solon die Bürger Athens zu politischer Reflexion aufrufen kann, wie er es im folgenden Text[22] tut:

„Aus Wolken kommt die Kraft des Schnees und des Hagels,
Donner entsteht aus dem leuchtenden Blitz.
Aufgrund großer Männer geht die Stadt zugrunde, und in die Sklaverei
eines Alleinherrschers fällt das Volk durch *Unwissenheit*.
Einer, der sich zu sehr erhebt, ist nicht leicht unter Kontrolle zu halten
zu einem späteren Zeitpunkt, vielmehr muß man von vornherein alle Dinge reflektieren."

In diesen Versen macht Solon mithilfe einer Analogie klar, wie wichtig eine Ursache-Wirkung-Analyse im politischen Bereich ist. Wie Wolken Schnee und Hagel nach sich zögen und auf Blitz Donner folge, so berge das Hochkommenlassen großer Männer die Gefahr der Tyrannis in sich, und am Schluß sei das Volk dann „unwissentlich" (ἀιδρείῃ) in die Sklaverei geraten. Solon parallelisiert also Naturgesetzlichkeit und politische Gesetzlichkeit – im Griechischen ist dies durch die Wiederholung der Präposition ἐκ, die hier kausale Bedeutung hat, verdeutlicht. Die Lehre daraus ist, daß die Bürger die Geschehnisse sofort rational – νοεῖν – analysieren sollen, da es problematisch sei, den Schaden im nachhinein zu beheben. Wissen ist also die Fähigkeit, eine kausale Verbindung zwischen Ursache und Wirkung[23] im politischen Bereich zu erkennen, und zwar deshalb, weil sich, wie in der Natur, bestimmte Kausalitäten wiederholen. In der Formulierung, diese gelte es rechtzeitig zu erkennen (ἤδη νοεῖν[24]), ist mit wünschenswerter Deutlichkeit ausgedrückt, daß es durchaus angestrebt ist, eine voraussehende und planerische Tätigkeit an den Tag zu legen. Während die Bürger Athens dieses Ursache-Wirkung-Wissen offensichtlich nicht haben, ist Solon in seinem Besitz, denn anderenfalls könnte er nicht

22 Fr. 12 Gentili/Prato = fr. 9 West.

23 In der Analyse eines Kausalnexus von Ursache und Wirkung sieht E. K. Anhalt, Solon the singer: politics and poetics, Lanham 1993, 18ff.; 70, auch die Verbindung zwischen Elegie 13 und 4. Es gehe um die Funktion der Musen, die Solon in fr. 13 West, der Musenelegie, anruft: Sie sind Töchter der Mnemosyne, die für die Fähigkeit, die politische Zukunft durch eine Ursache-Wirkung-Analyse mitzubestimmen, von Bedeutung ist. Die Möglichkeit menschlichen Handelns betont Solon auch in Elegie 36 (vgl. Anhalt, ebd., 115ff.).

24 Nach der Untersuchung von Darcus-Sullivan, Psychological and Ethical Ideas (wie Anm. 17), 22ff. umfaßt der Begriff νοῦς in der frühgriechischen Lyrik, die über 100 Belege für ihn aufweist, den rationalen, emotionalen und voluntativen Bereich.

die anderen darauf hinweisen. Dadurch gewinnt er eine Distanz, die ihn zu seiner Rolle als Ratgeber und Mahner legitimiert. Gleichzeitig spricht sich in seinen Worten ein gewisses Vertrauen darauf aus, daß die Menschen zu einer politischen Ursachen-Folgen-Analyse in der Lage sind. Eine solch positive Einstellung zur Möglichkeit menschlichen Handelns und Planens findet sich auch in der *Eunomia*, „Wohlgesetzlichkeit", genannten Elegie (fr. 3 Gentili-Prato = fr. 4 West).[25] In diesem Gedicht führt Solon den Bürgern vor Augen, daß Athen nach dem Willen der Götter niemals untergehen werde, da es unter dem Schutz von Pallas Athene stehe. Die Städter selbst aber wollten ihre Stadt aus Unverstand (V. 5: ἀφραδίῃσιν) vernichten, da sie Sklaven des Reichtums seien. Solon geht hier also von einer Handlungsfreiheit des Menschen aus, die so weit geht, daß der Mensch sogar gegen göttliche Bestimmung handeln kann.

Diese Texte werfen Licht auf die Funktion, die die Thematisierung des Nicht-Wissens in der Musenelegie hat: Es erstreckt sich auf die Zukunft, die den Menschen entzogen ist. Und diese Entzogenheit bildet den Rahmen, innerhalb dessen sich menschliches Handeln entfalten kann und muß. Die größere Relativierung menschlichen Wissens in der Musenelegie ist also das Komplement zu Solons sonstiger Affirmation menschlicher Handlungsfähigkeit.

Als letzte lyrische Dichtung sei eine Passage des Theognis angeführt (V. 135ff.):

οὐδέ τις ἀνθρώπων ἐργάζεται ἐν φρεσὶν εἰδὼς
  ἐς τέλος εἴτ' ἀγαθὸν γίνεται εἴτε κακόν.
...
οὐδέ τωι ἀνθρώπων παραγίνεται ὅσσ' ἐθέλῃσιν·
  ἴσχει γὰρ χαλεπῆς πείρατ' ἀμηχανίης.
ἄνθρωποι δὲ μάταια νομίζομεν, εἰδότες οὐδέν·
  θεοὶ δὲ κατὰ σφέτερον πάντα τελοῦσι νόον.

„Und keiner der Menschen handelt und weiß dabei,
ob es zu einem guten oder einem schlechten Ende gelangt.
...
Und keinem Menschen wird zuteil, was er will.
Denn es umgrenzt ihn die widrige Hilflosigkeit.
Wir Menschen haben nur leere Meinungen, wissen nichts.
Die Götter aber vollenden alles nach ihrem Sinn."

Auch dieser Text thematisiert menschliches Nicht-Wissen. Doch auch er zielt nicht auf eine prinzipielle Handlungsunfähigkeit des Menschen, sondern auf die Unkenntnis der Zukunft, wie das Wort τέλος in V. 136 deutlich macht: Kein Mensch weiß, wenn er etwas tut, ob es zu einem guten oder zu einem schlechten Ende gelangt. Ebenso beziehen sich die Verse 141f. auf die Zukunft, wie der Ausdruck τελοῦσι zeigt. Daß diese Aussage aber keine Zustandsbeschreibung um der Information willen oder gar eine Aufforderung zum passiven Erleiden ist, erhellt aus dem Kontext des ganzen Theognisgedichtes. Denn dieses gibt sich als ein Hort von Lebensweis-

25 Vgl. Anhalt, Solon the Singer (wie Anm. 23), 75f.

heiten und Ratschlägen an einen Adressaten Kyrnos. Dieser Intention einer lebenspraktischen Hilfe würde der Dichter aber sicher nicht gerecht, wenn er einen menschlichen Handlungsspielraum leugnete. So spricht der Dichter, auch wenn er in V. 142 den Göttern *Nus* zuspricht, diesen dem Menschen nicht völlig ab; vielmehr weist er im Proömium Kyrnos an, nur mit den Guten Umgang zu pflegen, weil er anderenfalls den *Nus*, den er besitze, verliere.

Die Art und Funktion des Nicht-Wissens in den lyrischen Texten, in denen es zum einen um die Unkenntnis der Zukunft geht und dieses zum anderen im Rahmen einer paränetischen Aussageintention steht, werden deutlicher, wenn man damit vergleicht, wie in der vorsokratischen Philosophie über menschliches Wissen bzw. Nicht-Wissen nachgedacht wird. Denn im Unterschied zu den lyrischen Texten geht es in den philosophischen Texten um die menschliche Fähigkeit zu wissen überhaupt. Den Kontext bilden, wie die folgenden Beispiele zeigen, erkenntnistheoretische Überlegungen. Das erste Beispiel ist ein vieldiskutierter Text von Xenophanes, fr. 21 B 34 Diels/Kranz, der wohl aus seinem Lehrgedicht Περὶ φύσεως stammt:

καὶ τὸ μὲν οὖν σαφὲς οὔτις ἀνὴρ ἴδεν οὐδέ τις ἔσται
εἰδὼς ἀμφὶ θεῶν τε καὶ ἅσσα λέγω περὶ πάντων
εἰ γὰρ καὶ τὰ μάλιστα τύχοι τετελεσμένον εἰπών,
αὐτὸς ὅμως οὐκ οἶδε· δόκος δ' ἐπὶ πᾶσι τέτυκται.

„Und das Genaue also weiß kein Mensch, und es wird keinen geben,
der es weiß in bezug auf die Götter und auf alles, über das ich spreche.
Denn wenn es auch einer zufällig träfe, das Vollendete auszusprechen,
so weiß er es gleichwohl nicht. Scheinmeinen ist bei allen Dingen."

Dies ist ein Text, an dem etwa Mansfeld die oben genannte entwicklungsgeschichtliche Linie, die von den Lyrikern zu den Philosophen führe, festmacht.[26] Dies scheint mir aus zwei Gründen schwierig: Erstens geht es Xenophanes hier nicht um das Nicht-Wissen der Zukunft, sondern um menschliches Wissen bzw. Nicht-Wissen als erkenntnistheoretisches Problem, also um die Möglichkeit menschlicher Erkenntnis überhaupt: Erkenntnis, die auf metaphysische Gegebenheiten (dafür steht εἰδὼς ἀμφὶ θεῶν), aber auch darüber hinaus auf kosmische strukturelle Zusammenhänge (ἅσσα λέγω περὶ πάντων) zielt. Zweitens besteht in diesem Rahmen die Intention des Ausdrucks οὐδέ τις ἔσται εἰδὼς nicht darin, zu einer wie auch immer gearteten Lebensstrategie zu ermuntern, sondern er ist informierender Bestandteil der besagten erkenntnistheoretischen Reflexion – unabhängig davon, ob man das Objekt zu οἶδε in V. 4 in τετελεσμένον oder in der gesamten Aussage in V. 3 sieht.[27] Abgesehen davon, daß das Nicht-Wissen, das hier gemeint ist, umfassenderer Art ist – es geht nicht um das Wissen der Zukunft –, ist also auch die Aussageabsicht seiner Thematisierung eine andere: Sie ist eine Mitteilung im Rahmen von Xenophanes' Ringen um die Verbalisierung seines erkenntnistheoretischen Standpunktes.

26 Ähnlich urteilt Heitsch, Das Wissen des Xenophanes (wie Anm. 5), 225.

27 Zur Diskussion um die Deutung dieser Stelle vgl. Heitsch (wie Anm. 5). In die Richtung der zweiten Deutungsmöglichkeit zielt auch Heraklit fr. 22 B 17: οὐ γὰρ φρονέουσι τοιαῦτα πολλοί, ὁκόσοι ἐγκυρεῦσιν, οὐδὲ μαθόντες γινώσκουσιν, ἑωυτοῖσι δὲ δοκέουσι.

Dasselbe gilt für Parmenides, bei dem (fr. 28 B 6 Diels/Kranz) sich Nicht-Wissen und *Amechania* als Kennzeichen der Sterblichen finden (V. 4ff.):

> ...
> αὐτὰρ ἔπειτ' ἀπὸ τῆς ἣν δὴ βροτοὶ εἰδότες οὐδὲν
> πλάττονται, δίκρανοι· ἀμηχανίη γὰρ ἐν αὐτῶν
> στήθεσιν ἰθύνει πλακτὸν νόον· οἱ δὲ φοροῦνται
> κωφοὶ ὁμῶς τυφλοί τε, τεθηπότες, ἄκριτα φῦλα,
> οἷς τὸ πέλειν τε καὶ οὐκ εἶναι ταὐτὸν νενόμισται
> κοὐ ταὐτόν...

> „... (ich halte dich)
> aber dann fern von dem Weg, auf dem die Sterblichen,
> nichts wissend, umherschwanken, doppelköpfig; denn Hilflosigkeit
> lenkt in ihrer Brust den schwankenden Verstand. Sie aber irren umher,
> stumm und blind zugleich, staunend, urteilsunfähige Haufen,
> denen das Sein und das Nichtsein für dasselbe gilt
> und nicht für dasselbe ..."

Auch Parmenides geht es nicht um das Nicht-Wissen der Zukunft, sondern um menschliches Nicht-Wissen überhaupt, das unfähig ist, Sein und Nicht-Sein zu unterscheiden. Auch hier dient die Thematisierung des Nicht-Wissens der Deskription menschlicher Erkenntnisfähig- bzw. unfähigkeit.[28] In diesem Sinne lassen sich auch etliche Fragmente des Demokrit, dessen Lebenszeit etwas später als der hier behandelte Zeitraum anzusetzen ist, verstehen, so etwa das Fragment 68 B 117 Diels/Kranz („In Wirklichkeit wissen wir nichts. In der Tiefe nämlich liegt die Wahrheit").

Zusammengefaßt kann man also zweierlei festhalten: 1.) Wo in der frühgriechischen Lyrik die Aussage gemacht wird, die Menschen wüßten nichts, bezieht sie sich auf die völlige Manipulierbarkeit der Zukunft. 2.) Diese Aussage hat innerhalb der Gedichte – ich habe hier die einschlägigen Beispiele aus Iambus und Elegie vorgestellt – nicht die Funktion, eine anthropologische Aussage den Rezipienten zur Negation oder Affirmation vorzulegen, sondern sie hat die Funktion, den Rezipienten eine Handlungsorientierung zu geben, sei es im Sinne einer Aufforderung, die Gegenwart zu genießen, wie dies vielleicht für Semonides zu erschließen ist, sei es im Sinne einer Ermunterung, gerade angesichts menschlichen – begrenzten – Handlungsspielraumes das Mögliche, etwa im Sinne politischer Reflexion, zu tun, wie ich dies für Solon gezeigt habe. Diese Funktion des Nicht-Wissens unterscheidet sich von der, die die Thematisierung des Nicht-Wissens in philosophischen Texten hat. In diesen bezieht sich das Nicht-Wissen auf menschliche Erkenntnisfähig-

28 Wie eine Vermittlung zwischen lyrischer und philosophischer Aussage liest sich dann Pindar. Denn er sieht in seiner 6. Nemeischen Ode die Ähnlichkeit zwischen Göttern und Menschen durch den Besitz des *Nus*, des Verstandes, gegeben, aber mit dem Unterschied, daß die Menschen nicht um die Zukunft wissen (V. 4ff.: ἀλλά τι προσφέρομεν ἔμπαν ἢ μέγαν / νόον ἤτοι φύσιν ἀθανάτοις, / καίπερ ἐφαμερίαν οὐκ εἰδότες οὐδὲ μετὰ νύκτας / ἄμμε πότμος / ἄντιν' ἔγραφε δραμεῖν ποτὶ στάθμαν).

keit überhaupt, und seine Thematisierung dient der Information über den erkenntnistheoretischen Standpunkt des Autors.

Der von mir herausgearbeitete Unterschied läßt sich gut anhand der linguistischen Sprechakttheorie einordnen. Zum besseren Überblick habe ich das Ergebnis in ein Schema gefaßt.[29] Bekanntlich ist die Sprechakttheorie ein Erklärungsmodell, das ursprünglich für die mündliche Kommunikation im Dialog entworfen wurde mit dem Ziel, die Diskrepanz zwischen sprachlicher Formulierung und Aussageabsicht, die ein grundlegendes Charakteristikum von Alltagskommunikation ist, zu untersuchen. Sie wurde dann auch auf literarische Texte übertragen.

Die Sprechakttheorie unterscheidet innerhalb eines Sprechaktes vier Teilakte. Neben dem aus den Lauten und Wörtern bestehenden Äußerungsakt, also in unserem Fall den Ausdrücken οὐδὲν εἰδότες, οὐδέ τις οἶδεν usw. gibt es den propositionalen Akt. Dieser bezeichnet die im Äußerungsakt vorgelegte Aussage über die Welt, in unserem Falle also: die Menschen wissen nicht, wobei das Objekt in den lyrischen und den philosophischen Texten je unterschiedlich ist. In ersteren handelt es sich um die Zukunft, die die Menschen nicht wissen,[30] bei den zweiten geht es darum, daß die Menschen ‚nichts'[31] wissen. Des weiteren wird als illokutionärer Akt der Umstand bezeichnet, daß der Sprecher mit der Aussage jemanden mit einer bestimmten Intention anspricht. Davon unterschieden ist der perlokutionäre Akt. Er bezeichnet den Aspekt eines Sprechaktes, der die Reaktion des Rezipienten betrifft. Ihn habe ich im unten gegebenen Schaubild in Klammern gesetzt, denn darüber können wir für die hier behandelten Texte nichts aussagen.

Für das menschliche Nicht-Wissen in der Lyrik würde das bedeuten: Der illokutionäre Akt der Aussage „Die Menschen wissen nicht die Zukunft" besteht nicht darin, den Rezipienten über die pessimistische Weltsicht des Dichters zu informieren, sondern darin, auf die im fehlenden Wissen um die Zukunft bestehenden menschlichen Grenzen hinzuweisen im Sinne eines Ratschlags, daraus die nötigen Folgerungen zu ziehen. Ein Beispiel aus unserer Alltagssprache läßt sich gut als Illustration heranziehen. Wenn man sagt: „das Leben ist kurz", so will man mit dieser Aussage im Normalfall keine Deskription der statistischen Durchschnittslebensdauer geben, sondern man möchte, je nach den Umständen, zum Genuß des Augenblickes aufrufen oder dazu animieren, sich der Arbeit zu widmen. In diesem Sinne also gebrauchen die lyrischen Dichter die Aussage „Die Menschen wissen nicht die Zukunft." Der perlokutionäre Akt bestünde dementsprechend darin, daß der Hörer zu einem – je nach Intention des Dichters – lustvoll-gegenwartsbezoge-

29 Die folgenden Erläuterungen und das dazugehörige Schema orientieren sich an dem auf der Basis von Searles Sprechakttheorie erstellten Modell in: A. Linke u. a., Studienbuch Linguistik, Tübingen 1991, 189. Dieses Modell wurde von mir modifiziert anhand von G. Hindelang, Einführung in die Sprechakttheorie, Tübingen 1983, 4ff., und S. Krämer, Sprache, Sprechakt, Kommunikation. Sprachtheoretische Positionen des 20. Jahrhunderts, Frankfurt am Main 2001, 55ff.

30 Das grammatikalische Objekt ist in den oben zitierten lyrischen Texten durch Nebensätze ausgedrückt.

31 Bei Xenophanes ist das Objekt σαφές, das durch den mit ἀμφί gebildeten Präpositionalausdruck erläutert wird. In den Texten des Parmenides und des Demokrit ist das Objekt jeweils οὐδέν.

nen oder im Rahmen des Menschenmöglichen politischen Handeln animiert wird. Ich habe dementsprechend den damit verbundenen Effekt in meinem Modell „praktisch“ genannt.[32] Nach der Taxonomie von Searle gehört dieser Sprechakt zu den Repräsentativa.[33]

Anders sieht es dagegen bei der Thematisierung menschlichen Nicht-Wissens als Element philosophischer Reflexion aus. Hier besteht der illokutionäre Akt darin, dem Rezipienten den Wissensstand des Produzenten mitzuteilen, und dementsprechend wäre es der perlokutionäre Sprechakt, daß der Rezipient den gleichen Wissensstand wie der Produzent hat.[34] Dementsprechend habe ich diesen Effekt einen kognitiven genannt.[35]

Tabelle 1: Erklärung der Funktion von Nicht-Wissen am Modell der Sprechakttheorie[36]

Sprechakt

Äußerungsakt (Laute, Wörter, Satz)	**Propositionaler Akt (Aussage über die Welt)**	**Illokutionärer Akt (Handlungswert)**	**Perlokutionärer Akt (Reaktion des Rezipienten)**
Lyrik:			
οὐδὲν εἰδότες οὐδέ τις οἶδεν etc.	die Menschen wissen nicht (die Zukunft)	Warnung/Ratschlag	Rezipienten handeln → praktischer perlokutionärer Effekt
Philosophie:			
wie oben	die Menschen wissen nicht(s) (Genaues)	Mitteilung	Informationsübereinstimmung bei Produzent und Rezipient → kognitiver perlokutionärer Effekt

32 Nach einer anderen Terminologie könnte man hier von einem obligativen Sprechakt im deklarativen Modus sprechen (vgl. R. Pörings/U. Schmitz [Hrsg.], Sprache und Sprachwissenschaft. Eine kognitiv orientierte Einführung, Tübingen 1999, 160ff.).

33 J.R. Searle, A classification of illocutionary acts, Language in Society 5, 1976, 1–23 (deutsch: Eine Klassifikation der Illokutionsakte, in: P. Kußmaul [Hrsg.], Sprechakttheorie. Ein Reader [Schwerpunkte Linguistik und Kommunikationswissenschaft 17], Wiesbaden 1980, 127–150); vgl. G. Hindelang (wie Anm. 29), 45.

34 Daß ein philosophisches Gedicht oder ein philosophischer Prosatext als ganzes auch paränetisch sein können, bleibt davon unbenommen. Hier geht es um den Aussagewert der Sequenz „die Menschen wissen nicht (die Zukunft bzw. nichts Genaues)“.

35 Man könnte auch sagen, daß es sich in diesem Fall um einen informativen Sprechakt im deklarativen Modus handelt (vgl. R. Pörings/U. Schmitz [wie Anm. 32], 160ff.). Insofern im Falle der lyrischen Feststellung, die Menschen wüßten nicht die Zukunft, diese Feststellung nicht unbedingt von einem illokutionären Indikator begleitet wird (vgl. zu diesem Krämer [wie Anm. 29], 70) – dessen Fehlen aber auch ein Resultat der fragmentarischen Überlieferung sein kann –, kann man von einem „indirekten Sprechakt“ (vgl. dazu dies., ebd., 69f.) sprechen.

36 Zu den Quellen vgl. Anm. 29.

Die Analyse der frühgriechischen Texte nach Kriterien, die aus der Sprachpragmatik stammen, hat gezeigt, daß es problematisch ist, wie Bruno Snell eine von einem durchgängigen Lebensgefühl des Ausgeliefertseins geprägte einheitliche ‚Epochenstimmung' auszumachen. Vielmehr muß man auch in der frühgriechischen Literatur Gattungsspezifika beachten. Dies führt zu einem vielschichtigen Bild der sogenannten ‚archaischen Mentalität', ja sogar zur Hinterfragung dieses Begriffes und bestärkt grundsätzliche Zweifel an Kategorien, die von einem entwicklungsgeschichtlichen Denken geprägt sind.[37]

37 Eine Relativierung der herkömmlichen Bewertung der archaischen Epoche versuchen aus anderer Perspektive auch M. Weißenberger, Liebeserfahrung in den Gedichten Sapphos und das Problem des Archaischen, RhM 134, 1991, 209–237; G. Radke, Sappho Fragment 31 (LP). Ansätze zu einer neuen Lyriktheorie (Akademie der Wissenschaften und der Literatur. Abhandlungen der Geistes- und sozialwissenschaftlichen Klasse, Jahrgang 2005, Nr. 6), Stuttgart 2005.

Markus Asper (Penn State)

Medienwechsel und kultureller Kontext. Die Entstehung der griechischen Sachprosa

Heute versteht man unter ‚Philosophie' und ‚Dichtung' im allgemeinen zwei verschiedene und einander in ihren textuellen Realisierungen kaum berührende Ausdrucksbereiche. Dieser Zustand ist das Resultat einer Differenzierungsgeschichte, in deren Verlauf, von Platon bis heute, sich als bevorzugtes Medium für Philosophie etwas anderes als Dichtung durchgesetzt hat, nämlich die uns allen so vertraute Prosa. Daß uns heute Prosa als Medium der Wissensvermittlung selbstverständlich und viel geläufiger ist als Dichtung, sollte nicht anachronistisch dazu verführen, schriftliche Prosa im 6. Jh. v. Chr. für ein selbstverständliches Äquivalent der Dichtung zu halten, wie es, schon seit Hippias, meist geschehen ist.[1] In diesem Fall sind die modernen Literaturgeschichtler einfach den antiken Konzepten, z.B. Strabons und Plutarchs, gefolgt, für die die Frage nach einem *primus auctor* wichtiger war als dessen Motive und die den Vorgang der Prosaentstehung und -verbreitung als ein bedauerliches Beispiel für kulturelle Deszendenz verstanden haben.[2] Dazu hat vermutlich beigetragen, daß man Prosa als einen defizienten Modus von Dichtung betrachtete. Eine Koryphäe wie Eduard Norden ermuntert uns dazu, den Unterschied zwischen den Ausdrucksformen „Prosa und Poesie" einfach für „sekundär" zu halten.[3]

Zu einem abrupten, vielleicht sogar revolutionären, Medienwechsel wird dieser Übergang allerdings, weil eine fixierungsintendierte Prosa notwendig der Schriftlichkeit bedarf, Dichtung dagegen nicht; womit auch die Kontexte beider Medien scharf voneinander abzugrenzen sind.[4] Prosa ist Schriftsprache und insofern viel-

1 W. Jaeger, Paideia. Die Formung des griechischen Menschen, Bd. 1 Berlin 1934, 209, 375 zur „Prosawerdung des erzieherischen Gehalts der Poesie". Zu Hippias A. Patzer, Der Sophist Hippias als Philosophiehistoriker, Freiburg/München 1986, 19.

2 Manche haben zwar diesen Medienwechsel ganz richtig als Wagnis gesehen, wie etwa Themistios (zu Anaximander 12 A 7 Diels/Kranz, siehe G. Wöhrle, Zur Prosa der milesischen Philosophen, Würzb. Jahrb. n.F. 18, 1992, 33–47, hier: 33), haben aber dennoch nicht nach seiner Motivation gefragt. – Die Hauptstellen sind: Plutarch, *Pyth. orac.* 24 (406C-F; im Rahmen allgemeiner Deszendenzlehre; nach R. Hirzel, Der Dialog, Bd. 2 Leipzig 1895, 208f. Anm. 4 auf Dikaiarch basierend); Strabon, *Geogr.* 1.2.6 (ebenso als Deszendenzphänomen angesehen); Varro bei Isidor, *Etymol.* 1.38.2 (ohne Bewertung).

3 E. Norden, Die antike Kunstprosa. Vom VI. Jahrhundert v. Chr. bis in die Zeit der Renaissance, 2. Nachdr., Bd. 1 Leipzig/Berlin 1909, 30.

4 J. Kittay/W. Godzich, The Emergence of Prose. An Essay in Prosaics, Minneapolis 1987, 191: „Prose ist not a style … Prose is a different signifying practice." Die Autoren sprechen deshalb konsequent von „prose literacy".

fach verschieden vom alltäglichen mündlichen Kommunikationsmittel ‚ungebundene Sprache': [5] etwa muß Prosa im Gegensatz zur Umgangssprache Gesten und Gesichtsausdrücke verbal ersetzen; sie ist wiederholungsempfindlich; sie enthält weniger deiktische Elemente. Deshalb wird man sich auch heute nicht mehr der älteren Meinung anschließen können, daß die (schriftliche!) Sachprosa irgendwie „direkt" aus der (potentiell mündlichen) Dichtung „herausgewachsen" sei.[6] Der Bruch war ein abrupter und also dezidierter: ein Medien*wechsel*.

Sicher ist, daß seit dem frühen 6. Jh. zumindest in manchen Gebieten des griechischen Sprachraums die Option bestand,[7] sich für Sachtexte entweder des Lehrgedichts oder einer neuen Form, der Prosa, zu bedienen, die zu ihrer Verbreitung im Gegensatz zum Lehrgedicht auf die Archivtechnik der Schrift angewiesen war. Während zuerst Prosa wohl die Sonderoption war, muß ziemlich lange die Alternative fast gleichgewichtig gewesen sein: Dem Thales werden sowohl ein Lehrgedicht wie Prosatexte zugeschrieben (freilich auch totale Werklosigkeit).[8] Seine milesischen Nachfolger bedienten sich mit einiger Sicherheit der Prosa.[9] Parmenides dichtet, seine Schüler Zenon und Melissos wählen jedoch Prosa. Dieser Dualismus der Ausdrucksformen dauerte bekanntlich noch länger: im Hellenismus, als die Alternative nicht mehr gleichgewichtig war, weil Sachprosa Lehrdichtung in der Wissensvermittlungspraxis längst verdrängt hatte, können einzelne Lehrdichter wie Arat und Nikander umgekehrt ihre Prosavorlagen verdrängen.

Nun ist nicht Dichtung als Medium eines Wissenscorpus erklärungsbedürftig in einer Gesellschaft, die vorwiegend mündlich ihr Wissen tradiert, sondern Prosa, die für Produzenten wie Rezipienten Ungewißheit bringt. Denn die Kontingenz einer Formulierung steigt, wenn der äußere Zwang eines formalen Systems wegfällt, in

5 Siehe z.B. J. Lotman, The Structure of the Artistic Text (orig. 1971), Ann Arbor 1977, 98; B. Patzek, Mündlichkeit und Schriftlichkeit im Geschichtswerk Herodots, Klio 84, 2002, 7–26, hier: 7f. und die Kategorie des „free text" bei O. Murray, Herodotus and Oral History, in: N. Luraghi (Hg.), The Historian's Craft in the Age of Herodotus, Oxford 2001, 16–44, hier: 23.

6 *Pace* E. Norden, Kunstprosa (wie Anm. 3), 1.36, gegen den sich zu Recht schon F. Jacoby aussprach (bei Norden ebd., Bd. 1, Nachträge 3); schärfer F. Jacoby, Art. Hekataios, Realenzyklopädie VII 2, Stuttgart 1912, 2667–2750, hier: 2748. Anders jetzt G.W. Most, The Poetics of Early Greek Philosophy, in: A.A. Long (Hg.), The Cambridge Companion to Early Greek Philosophy, Cambridge 1999, 332–362, hier: 351.

7 *Pace* C. Osborne, Was Verse the Default Form for Presocratic Philosophy?, in: C. Atherton (Hg.), Form and Content in Didactic Poetry, Bari 1997, 23–35, hier: 25–8.

8 Überblick über die antike Tradition bei A. Bernabé, Los filósofos presocráticos como autores literarios, Emerita 47, 1979, 357–394, hier: 365 Anm. 1. Wenn Thales zu Recht ein Lehrgedicht (Ναυτικὴ ἀστρολογία bei Diog. Laërt. 1.23; siehe A. Laks, Écriture, prose, et les débuts de la philosophie grecque, Methodos. Savoirs et textes 1, 2001, 131–151, hier: 138 mit Anm. 29), zugeschrieben wird, dann hat er beide Medien gepflegt, da ihm glaubhaft ein mathematisch-astronomischer Prosatext zugewiesen wird (Diels/Kranz Bd. 1, S. 486.36–45 = Proklos, *In Eucl.* 251.1 Friedlein, siehe B. Gladigow, Thales und der διαβήτης, Hermes 96, 1968, 264–275, hier: 264f.; W. Burkert, Lore and Science in Ancient Pythagoreanism, Cambridge, Mass. 1972, 415ff.; dieses Zeugnis berücksichtigt D.R. Dicks, Thales, Class. Quart. n.s. 9, 1959, 294–309, hier: 303ff. gar nicht und die gesamte spätere Diskussion zu wenig).

9 *Pace* E.A. Havelock, The Linguistic Task of the Presocratics, in: K. Robb (Hg.), Language and Thought in Early Greek Philosophy, La Salle, Ill. 1983, 7–82.

diesem Fall der des Metrums. Am Anfang kann es sich nicht um eine Wahl zwischen zwei formalen Alternativen, sondern muß sich geradezu um eine Revolution gehandelt haben.[10] Die Wahl von Prosa dürfte anfangs um so frappierender gewesen sein, als man ja thematisch oft dasselbe betrachtete wie die epischen Lehrdichter oder jedenfalls Vorgänge, die als ‚Kosmogonie' zu interpretieren waren. Nicht zuletzt dürfte diesem Medienwechsel auch ein Wechsel des Aussageinhalts und vermutlich auch der Aussageintention entsprochen haben. Wie kam es also überhaupt zu Sachprosa? Wieso entschieden sich Pherekydes und Thales, Anaximander und Hekataios eigentlich für dieses Medium? Und darf man für sie ein einheitliches Motiv voraussetzen? Diesen Fragen soll im folgenden ein wenig nachgegangen werden. Dabei ist zu vermuten, daß sich keine monokausale Erklärung finden läßt, sondern sich eher eine Koinzidenz vieler Gründe ergibt.

1. Medienwechsel: zwei Modelle

Wie soll man sich einen solchen Medienwechsel vorstellen? Auf der Suche nach Parallelen stößt man auf zwei einfache Fälle, die möglicherweise als Modelle für unseren Medienwechsel dienen könnten. Denn beide haben mit der Entstehung von Prosa zu tun.

i. Der Übergang von Listen zu kontinuierlichen Texten in Vorderasien: Unter Listen verstehe ich alle Texte, die strukturell ähnliche Bestandteile übergangslos aneinanderreihen, unter kontinuierlichen solche, die sich um Übergänge bemühen und damit erst Narration oder Argumentation ermöglichen. Ein modernes Telephonbuch ist also eine Liste, *Madame Bovary* oder *Sein und Zeit* ein kontinuierlicher Text. Während die Entstehung von Listen aus kalkulatorischen Notizformen in Mesopotamien unproblematisch ist und sich sogar nachverfolgen läßt,[11] bleibt die Genese von kontinuierlichen Texten selbst dunkel: man kann nur vermuten, daß im Milieu dieser Kulturen, die Schrift einer Verwaltungselite vorbehielten, die entstehenden Medien mit Funktionen im Kontext eben dieses Milieus zusammenhingen. In Chroniken und anderen Texten, die komplexere Einheiten additiv-reihend strukturieren, ist dieser Übergang vielleicht noch zu fassen. Es läßt sich also nicht viel mehr sagen, als daß die Konzeption kontinuierlicher Texte in diesem Fall gestiegenen Komplexitätsanforderungen an Texte nachgekommen sein könnte.[12] Abgesehen von der Dürftigkeit dieser Antwort ergibt sich von hier aus kaum eine Analogie zu den griechischen Verhältnissen: Obwohl es in den Poleis eine Verwaltungsschriftlichkeit für Abgaben, Verteilungen usw. gegeben haben muß, dürften diese Struktu-

10 A. Laks, Écriture (wie Anm. 8), 140; G. Wöhrle, Anaximenes aus Milet. Die Fragmente zu seiner Lehre, Stuttgart 1992, 10.

11 Siehe z.B. H.-J. Waschkies, Anfänge der Arithmetik im Alten Orient und bei den Griechen, Amsterdam 1989, 84–131.

12 J. Baines, Literacy and Ancient Egyptian Society, Man n.s. 18, 1983, 572–99, hier: 577f. – Am Beispiel moderner Literatur nähert sich dem Problem des Übergangs von der Liste zum kontinuierlichen Text jetzt S. Mainberger, Die Kunst des Aufzählens. Elemente zu einer Poetik des Enumerativen, Berlin/New York 2003, 309–17.

ren doch nie die Komplexität mesopotamischer Bürokratie angenommen haben. Für eine große Gruppe von Verwaltungsspezialisten, die Schreiber, mit einer internen Gruppendynamik und einem Abgrenzungsbedürfnis nach außen war selbst eine Polis wie Milet wohl zu klein.[13]

ii. Einen zweiten Modellfall könnte die Entstehung der römischen Prosa bieten: Daß die Römer noch recht lange keine literarische Schriftlichkeit besaßen, ist ebenso klar, wie die Existenz mündlicher Dichtung zu vermuten ist. Abgesehen vom Zwölf-Tafel-Gesetz, das deutlich unter dem Einfluß griechischer Rechtspraxis steht, und vielfältigen Formen von inschriftlichen Kalender- und Ereignislisten[14] entsteht die frühe römische Buchprosa (wenn ich den Ausdruck hier benutzen darf, um den unpräzisen Begriff ‚literarisch' zu vermeiden) als ein Resultat von Kulturtransfer und ist deshalb deutlich von griechischen Konventionen beeinflußt.[15] D.h. die Emergenz von kontinuierlicher Prosa ist hier einfach ein Akkulturationsphänomen,[16] die Übernahme einer nützlichen Technik und ihre Einpassung in einen neuen sozialen Kontext.

Generell ist davon auszugehen, daß solcher Medienakkulturation eine personelle Phase vorangeht, in der Praktiker von einem in den anderen Kulturkreis wandern und als ausländische Spezialisten in die Dienste provinzieller Machthaber treten. Eine solche Erscheinung finden wir in der orientalisierenden Epoche überall in Griechenland unter den Handwerksmigranten,[17] und es ist äußerst wahrscheinlich, daß arithmetische, überhaupt alle Organisationstechniken auf dem Wege wandernder Spezialistengruppen aus dem Alten Orient nach Griechenland gelangten. Gleiches ist für Inschriftentechniker, ja den gesamten Bereich der frühen Schriftpraktiken zu vermuten.[18] Grundsätzlich ist davon auszugehen, daß derartiges Wissen durch

13 Am Vertrag der kretischen Stadt Arkades mit dem ‚Stadtschreiber' Spensitheos (Nomima Bd. 2, S. 102–107, Nr. 22 A, hier: Z. 1–10, hg. van Effenterre/Ruzé) sehen wir, wie dort um 500 v.Chr. (Datierung nach L.H. Jeffery, The Local Scripts of Archaic Greece. A Study of the Origin of the Greek Alphabet and Its Development from the Eighth to the Fifth Centuries B.C., rev. ed. with suppl. by A.W. Johnston, Oxford 1990 [^{1}1961], S. 468, Nr. 14b) die Schreiber in Familien organisiert waren, also anders als in den Hochkulturen des Nahen Ostens, wo sie eine regelrechte Klasse bildeten.

14 Siehe jetzt G. Radke und H./A. Petersmann, in: Handb. d. lat. Lit. d. Ant. 1, München 2002, §108, S. 57–64.

15 Siehe jetzt den Überblick bei W. Suerbaum (wie vorherg. Anm.), §113, S. 85–87.

16 Zum Begriff „Akkulturation" und den Problemen, diesen Begriff und seinen theoretischen Apparat auf historische Gesellschaften zu übertragen, siehe jetzt U. Gotter, ‚Akkulturation' als Methodenproblem der historischen Wissenschaften, in: W. Eßbach (Hg.), wir / ihr / sie. Identität und Alterität in Theorie und Methode, Würzburg 2000, 373–406, hier: 384–99. Im konkreten Fall würde Gotter vermutlich einfach nur von „Austausch" sprechen (399). E. Flaig, Über die Grenzen der Akkulturation. Wider die Verdinglichung des Kulturbegriffs, in: G. Vogt-Spira/B. Rommel (Hgg.), Rezeption und Identität. Die kulturelle Auseinandersetzung Roms mit Griechenland als europäisches Paradigma, Stuttgart 1999, 81–112, hat gezeigt, daß in solchen Fällen der bedeutungsbestimmende Akt auf der Rezipientenseite liegt (besonders 94, 110).

17 W. Burkert, The Orientalizing Revolution. Near Eastern Influence on Greek Culture in the Early Archaic Age, Cambridge, Mass./London 1992, 20–25.

18 W. Burkert, Revolution (wie vorherg. Anm.), 25–33. Beispielsweise ist die eigentümliche βουστροφηδόν-Schreibweise schon um 1000 in semitischen Buchstabenschriften zu beobach-

Nachahmung vom Wissenden an seinen Lehrling, also persönlich und praktisch vermittelt wurde.[19] Doch hätten diese Spezialisten bereits eine Buch-Prosa mitgebracht, wäre diese nicht erst im 6. Jh. aufgetreten, sondern gleichzeitig mit dem Schriftgebrauch. Trotzdem sollte man den Akkulturationsgedanken für das Problem der Prosaentstehung und -verbreitung in Griechenland nicht aufgeben: Wir werden sehen, daß *einige* der frühgriechischen Prosagattungen wahrscheinlich Akkulturationsprodukte sind.

2. Zum historischen Kontext der ionischen Prosa am Anfang des 6. Jh.

In der Frage, wie schriftliche Sachprosa entstanden ist, pflegt man meist seine Zuflucht zu einer Beschreibung der ökonomischen und sozialen Faktoren des ionischen Milieus zu nehmen. Die antiken Nachrichten stimmen darin überein, daß die Prosa in Ionien entstand: Pherekydes vom ionischen Syros wird die erste συγγραφή zugeschrieben,[20] Thales oder Anaximander die erste philosophische Prosa, Hekataios die erste ἱστορία.[21] Sie sei sekundär zur Dichtung gewesen. Es besteht kein Grund, diese Überlieferungen anzuzweifeln: Sie werden überdies vom inschriftlichen Befund gestützt. Man hat schon häufig versucht, sie irgendwie in den kulturellen Kontext Ioniens einzubetten.[22]

Hier nur einige, längst bekannte Züge, die im wesentlichen das frühe 6. Jh. in Milet beschreiben:[23] die Kolonisation (in Milet ab 670), die mit einer Ausweitung des geographischen Horizonts und der Notwendigkeit, neue Informationen zu verarbeiten, sowohl Anreiz und Objekte lieferte wie auch einen Zwang auf die Bildung neuer Wissensformen ausübte; die wirtschaftliche Prosperität, die die Mittel dafür hätte bereitstellen können; die Geldwirtschaft, die einen Zwang zur Quantifizierung mit sich brachte; die relative Nähe zum Assyrerreich, die die Ionier in Kontakt mit Kulturtechniken aller Art, vor allem Verwaltungstechniken, habe bringen können. Unter diesen war natürlich vor allem die Schrift, die polisöffentlich in Inschriften und privat für Weih-, Handwerker- und Grabinschriften sowie Grafitti, Ostraka und Briefe genutzt wurde. In vielen, wenn nicht allen diesen Fällen lag der Fixierungsakt in der Frühzeit in der Hand von Spezialisten; wie groß die jeweilige Rezeptions-

ten: siehe W. v. Soden, Einführung in die Altorientalistik, Darmstadt 1985, 37. – Ein gravierender Fehler Havelocks ist es, ‚die' griechische Kultur des 8. und 7. Jh. isoliert zu betrachten (siehe z.B. E.A. Havelock, Task [wie Anm. 9], 7f.).

19 Ch.H. Kahn, Philosophy and the Written Word: Some Thoughts on Heraclitus and the Early Greek Uses of Prose, in: K. Robb (Hg.), Language and Thought in Early Greek Philosophy, La Salle, Ill. 1983, 110–124, hier: 113f. stellt sich das Wissen der Handwerker und Künstler im 6. Jh. zu sehr nach der Analogie moderner Handbücher vor, d.h. bereits *generalisiert* fixiert.

20 Er ist *nicht* mit dem Athener Pherekydes identisch: siehe R.L. Fowler, The Authors Named Pherecydes, Mnemosyne 52, 1999, 1–15.

21 Suda s.v. Hekataios. Manchmal wird auch noch ein Kadmos genannt (Strabon, *Geogr.* 1.2.6).

22 Zu Prosa-Inschriften siehe G. Pfohl, Die griechische Elegie, Darmstadt 1972, 12; dazu auch G. Wöhrle, Prosa (wie Anm. 2), 37 Anm. 15.

23 Kurze Hinweise bei G. Wöhrle, Prosa (wie Anm. 2), 35; meine Liste folgt J. Latacz, Die griechische Literatur in Text und Darstellung, Bd. 1: Archaische Periode, Stuttgart 1991, 513ff.

gruppe war, ist unsicher. Vor allem für Milet sind in Verbindung mit der Buchstabenschrift Rechentechniken anzunehmen, die sich ebenfalls gewisser Speichermedien bedient haben müssen. Wir können hier als Träger dieses Wissens wohl die sogenannten Psephos-Arithmetiker und als Fixierungsmedium bestimmte Listenformen vermuten.[24]

i. Auf der Suche nach den Entstehungsfaktoren für Prosa muß der erste Blick den bereits etablierten, griechischen Textformen dieser Zeit gelten: Ein Verweis auf den vermeintlich allgegenwärtigen *oral poet* deckt keineswegs das gesamte Spektrum etablierter Ausdrucksformen dieser Zeit ab.[25] Medial mündlich und an bestimmte Situationen gebunden waren die großen Dichtungsgattungen Epos, Lehrgedicht bzw. genealogisches Gedicht, Lyrik. Ihr Kontext war entweder ein polisöffentlicher Agon oder die geschlossene Gesellschaft eines Symposiums.[26] Diese drei Textgruppen ragen, wie bekannt, nahezu beliebig weit in die konzeptionell mündliche Vergangenheit hinein,[27] bedienten sich aber im 7. und 6. Jh. sicher bereits der Schrift als Fixierungs- und Verbreitungstechnik: immer war es jedenfalls so, daß einer rezitierte und mehrere hörten. Es hat daneben zweifellos einfache mündliche Prosagattungen gegeben, etwa die Chrie oder die Gnome,[28] sicher auch etwas komplexere wie Rätsel, Fabel und die schwer abzugrenzende Anekdote.[29] Solche kommunikativen Gattungen sind, wie z.B. unsere Witze, medial mündlich,[30] besitzen wenige kontextuelle Gattungsmerkmale und sind Bestandteil ständiger Kommunikation unter Gruppen und Individuen, deren Identitätskonzepte sie gewöhnlich in irgendeiner Hinsicht tangieren, meist durch Ausgrenzung (‚Herrenwitze' unter Herren, ‚Blondinenwitze' unter Nicht-Blondinen). Komplexere mündliche Gattungen ungebundener Sprache lassen sich nicht feststellen.[31]

24 Zu diesen mathematischen Praktikertraditionen siehe M. Asper, Mathematik, Milieu, Text. Die frühgriechische(n) Mathematik(en) und ihr Umfeld, Sudh. Arch. 87, 2003, 84–116.

25 Dieser Einwand muß *in toto* gegen E.A. Havelock, Task (wie Anm. 9), 21 und *passim* erhoben werden. Siehe allgemein R.L. Fowler, Early *Historiê* and Literacy, in: Luraghi, Historian's Craft (wie Anm. 5), 95–115, hier: 99ff.

26 Sehr schön läßt sich das an Xenophanes und Empedokles sehen, die beide Symposium bzw. Agon thematisieren. Vom letzteren ist für das 4. Jh. Symposiumsrezitation bezeugt (siehe Aristoteles, *EN* VII 5.1147 a 19f., b 12).

27 Die mündliche Vorgeschichte wissensvermittelnder und -speichernder Dichtung ist übrigens keineswegs auf den daktylischen Hexameter angewiesen, auch äolische stichische Metren lassen sich als Medium denken. Wichtig ist nur, daß die Kodifizierung der Information ihre „Speicherung" auf rhythmischem Wege erzielte.

28 Heraklit, Demokrit und Aphorismen behandelt D. Fehling, Die Wiederholungsfiguren und ihr Gebrauch bei den Griechen vor Gorgias, Berlin 1969, 105 als „gnomische Prosa"; ähnlich H. Thesleff, Scientific and Technical Style in Early Greek Prose, Arctos (Acta Philol. Fenn.), n.s. 4, 1966, 89–113, hier: 90–2, der der gesamten ionischen Prosa bis hin zu Anaxagoras gnomischen Charakter zuspricht.

29 G. Rudberg, Vor Gorgias. Bemerkungen zur ältesten griechischen Prosa, Eranos 40, 1942, 128–142, hier: 131 weist auf solche Formen „vorliterarischer Literatur" hin.

30 Insofern diese Ausdrucksformen bestimmten bewußten Gattungsgesetzen unterliegen, kann man hier vielleicht sogar von „mündlicher Literatur" sprechen (so G. Elwert, Die gesellschaftliche Einbettung von Schriftgebrauch, in: D. Baecker u.a. [Hgg.], Theorie als Passion. N. Luhmann zum 60. Geburtstag, Frankfurt am Main 1987, 238–268, hier: 243).

31 Die vor allem von W. Aly, Formprobleme der frühen griechischen Prosa, Leipzig 1929, 63ff.

Doch welche medial *schriftlichen* Textformen hat es im 7.–6. Jh. in Ionien gegeben? Da Prosa im eigentlichen Sinne zur Fixierung der Schrift unbedingt bedarf,[32] ist dies die Richtung, in der wir suchen müssen. Für den Griechen des 7.–6. Jh. gab es keine inhaltlich oder situativ *unbestimmte*, griechische Vorbildprosa, die modellhaft kopiert werden konnte (so wie wir uns heute an die Kategorie eines grundsätzlich inhaltsunabhängigen ‚guten' Stils gewöhnt haben). Es lassen sich nun, wenn ich recht sehe, mehrere funktional bestimmte Gruppen von Prosa unterscheiden, in einem provisorischen und vielleicht zunächst etwas künstlich anmutenden Zugriff: archivierende, informierende, verewigende und setzende Texte.[33]

a. archivierende Texte: Darunter fallen alle Textsorten, die Daten fixieren, von den Akteuren primär aufgezeichnet, um *selbst* darauf zurückgreifen zu können.[34] In der Regel sind das Listen des kaufmännischen Bereichs gewesen, Buchführung gewissermaßen. In den Linear B-Texten sind genügend Beispiele dafür bezeugt; ähnliche Texte in Buchstabenschrift finden sich auf Bleitäfelchen um 500 v.Chr.[35] Schon älter ist ein Verweis auf offenbar lederne Geschäftsbücher (διφθέρια) in Verbindung mit Kreditgeschäften.[36] Strenggenommen bestehen derartige diskrete Texte aus Elementarprosa, wie ein moderner Einkaufszettel. Nun können aber die aufgelisteten Einheiten solcher diskreten Texte selbst fast beliebig komplex werden: Die acht auf Bleitäfelchen erhaltenen Schuldverträge aus Korkyra vom Ende des 6. Jh. bestehen aus nahezu standardisierten Elementen, sind aber in kontinuierlicher Prosa gehalten.[37] Man denke ferner etwa an annalenartige Chroniken,[38] moderne Tage-

postulierte „ionische Volkserzählung" oder „ionische Fabulistik" (ders., Volksmärchen, Sage und Novelle bei Herodot …, Göttingen ^{2}1969, 6, 14) bleibt vage. Doch siehe Murray (wie Anm. 5), 34, 42. – Es ist unbezweifelbar, daß Erzähl-Motive tradiert worden sein müssen (siehe J. Cobet, Art. ‚Märchen', in: Enzyklop. d. Märchens 6, 1990, 851–857, hier: 853f.): wahrscheinlich mündlich, vielleicht von professionellen ‚Märchenerzählern'.

32 W. Rösler, Kulturelle Revolutionen in Antike und Gegenwart: Die Genese der griechischen Schriftkultur …, Gymnasium 108, 2001, 97–112, hier: 104.

33 W. Schadewaldt, Von der Mündlichkeit des Wortes (orig. 1968), in: ders., Hellas und Hesperien, Bd. 1 Zürich/Stuttgart 1970, 772–781, hier: 773f. unterscheidet drei Schriftfunktionen: „Dokumentation", „Kommunikation" und „Tradition", die sich mit unseren Prosafunktionen partiell überschneiden. Doch dienen bei Schadewaldt im Grunde alle drei der Kommunikation.

34 Ob wirklich die ersten ‚Bücher' nur die Funktion eines *aide-mémoire* hatten, scheint zweifelhaft, da das nicht einmal für alle Listen gilt: diese These vertreten z.B. M.L. West, Early Greek Philosophy and the Orient, Oxford 1971, 5; Ch.H. Kahn, Philosophy (wie Anm. 19), 110. – Zur Frühgeschichte griechischer Archive wenig ergiebig J.K. Davies, Greek Archives: From Record to Monument, in: M. Brosius (Hg.), Ancient Archives and Archival Traditions. Concepts of Record-Keeping in the Ancient World, Oxford 2003, 323–43.

35 Siehe L.H. Jeffery, Scripts (wie Anm. 13), S. 452, Ionian Islands Nr. 14a.

36 In dem von J. Vinogradov, Olbia. Geschichte einer altgriechischen Stadt am Schwarzen Meer, Konstanz 1981, 19 erwähnten Bleibrief des Apaturios aus der Mitte des 6. Jh. Vgl. dazu Herodot 5.58.3: διφθέρας.

37 Das Schema: „Dem x schuldet y eine Summe z. Zeugen: a und b." Texte bei P. Calligas, An Inscribed Lead Plaque From Korkyra, The Annual of the Brit. School at Athens 66, 1971, 79–100, hier: 79–82, vgl. auch L.H. Jeffery, Scripts (wie Anm. 13), 452.

38 Die etwa auch von G.S. Kirk/J.E. Raven/M. Schofield, Die vorsokratischen Philosophen (orig. ^{2}1983), übers. v. K. Hülser, Stuttgart/Weimar 1994, 56 angenommen werden, die es aber im archaischen Griechenland wohl nicht gegeben hat: dazu F. Jacoby, Atthis, Oxford 1949, 176ff.;

bücher, Kempowskis *Echolot* usw. Der Komplexitätsgrad der aufgelisteten Einheiten ist teilweise abhängig vom Adressaten. Dieser archivierende und gedächtnisentlastende Gebrauch ist für uns zunächst der augenfälligste Vorteil von Schrift und wird stets hervorgehoben (von König Enmerkar über Aischylos bis Assmann).[39] Er ist aber nicht ihre einzige Funktion im archaischen Griechenland.[40]

b. informierende Texte: Darunter verstehe ich Textsorten, die einen entfernten Kommunikanten über irgendetwas unterrichten, aufgezeichnet, damit jemand anders als der Autor darauf zurückgreifen könne. Milet hat zwischen 670 und 570 etwa 90 Kolonien im Dardanellen- und Schwarzmeergebiet gegründet. Sofern die notwendige Kommunikation zwischen Mutter- und Tochterstadt, Handelspartnern, Verwandten usw. nicht durch Reisende selbst bewältigt werden konnte, muß man auf die etablierte informierende Textsorte des Briefs zurückgegriffen haben (man erinnere sich an Homers σήματα λυγρά).[41] Die Kolonisierung dürfte den Gebrauch solcher informierenden Texte erheblich gesteigert haben; etliche private und geschäftliche Bleibriefe und Grafitti aus dem 6. Jh. sind erhalten, ausnahmslos aus ‚Koloniestädten'[42] teilweise mit narrativen (hier: berichtenden) Texten erheblichen

L.H. Jeffery, Scripts (wie Anm. 13), 59; L. Bertelli, Hecataeus: From Genealogy to Historiography, in: Luraghi, Historian's Craft (wie Anm. 5), 67–94, hier: 70.

39 Zu König Enmerkar und der sumerischen Ursprungsgeschichte der Schrift siehe P. Michalowski, Commemoration, Writing, and Genre in Ancient Mesopotamia, in: Ch.Sh. Kraus (Hg.), The Limits of Historiography. Genre and Narrative in Ancient Historical Texts, Leiden u.a. 1999, 69–90, hier: 83; Aischylos, *Prom.* 460f.; Euripides, *Palam.* Fr. 578 Nauck^2; J. Assmann, Das kulturelle Gedächtnis, München ^{2}1997, 56 und *passim*.

40 Siehe auch S.C. Humphreys, From Riddle to Rigour. Satisfactions of Scientific Prose in Ancient Greece, in: S. Marchand/E. Lunbek (Hgg.), Proof and Persuasion. Essays on Authority, Objectivity, and Evidence, Turnhout 1996, 3–24, hier: 4ff.; A. Laks, Écriture (wie Anm. 8), 140. Ø. Andersen, Mündlichkeit und Schriftlichkeit im frühen Griechentum, Ant. & Abendl. 33, 1987, 29–44, hier: 43 spricht von den „zwei Wurzeln" der Prosaliteratur. Ich gehe im folgenden von mindestens vier aus.

41 Wie man diesen ‚Uriasbrief' in der Bellerophontesgeschichte (VI, 168ff.) einzuschätzen hat, ist unsicher; siehe L.H. Jeffery, Scripts (wie Anm. 13), 19: „a traditional part of the Lykian story". Vermutlich ist die homerische Formulierung ein Archaisieren aus der Perspektive einer Schriftkultur, um einen Anachronismus für die als schriftlos vorgestellte Heroenzeit zu vermeiden (so Wolfgang Kullmann mündlich).

42 Mir sind sechs Beispiele aus Olbia/Berezan bekannt: 1. Graffitto, ca. 550 (Privatbrief eines Priesters mit Reisebericht), L.H. Jeffery, Scripts (wie Anm. 13), 479; L. Dubois, Inscriptions grecques dialectales d'Olbia du Pont, Genève 1996, Nr. 24, S. 55–63; 2. Geschäftsbrief des Apaturios über Kreditprobleme, Bleitäfelchen, ca. 550, L.H. Jeffery, Scripts (wie Anm.), 478; Paraphrasen und Zitate bei J. Vinogradov, Olbia (wie Anm. 36), 1419; 3. Privatbrief des Achillodoros an seinen Sohn Protagoras, Bleitäfelchen, ca. 550–500 (Suppl. Epigr. Gr. 26, 1976/77, Nr. 845; L.H. Jeffery, Scripts (wie Anm. 13), 478), 4. Unklar ist die Textsorte eines Beinplättchens, das einen Kulttext in Prosa trägt (von Dubois [wie oben] Nr. 93, S. 146–54 auf 550–525 datiert), aus Himera (ca. 500; Bleitäfelchen, Fragment eines Privatbriefes; M.T. Manni Piraino, Himera, Bd. 2 Roma 1976, 681 Nr. 45; L.H. Jeffery, Scripts [wie Anm. 13], 455) und aus Emporion/Ampurias (Fragmente eines Geschäftsbriefs mit Anweisungen für einen Angestellten, Bleitäfelchen, vor 500 [E. Sanmarti/R.A. Santiago, Une lettre grecque sur plomb trouvée à Emporion, Zs. f. Papyrol. & Epigr. 68, 1987, 119–27; 72, 1988, 100–102; L.H. Jeffery, Scripts (wie Anm. 13), 464]).

Umfangs und beträchtlicher Komplexität: die älteste nicht-staatliche Prosa im eigentlichen Sinne, d.h. Schriftsprache.[43] Auch hier kann die Komplexität der Information Texte erheblichen Umfangs und eine Syntax nötig machen, die über schlichte Reihungen weit hinausgeht. Der Berichtscharakter mancher dieser Texte erinnert an die spätere Historiographie.

Die Textgruppen a und b werden in der Regel ephemer verschriftlicht worden sein. Die beiden Gruppen neigten außerdem gewiß zu Übergängen (man kann seinem Geschäftspartner eine Liste zur Information schicken, die aus dem eigenen Firmenarchiv stammt usw.). Diese Alltags- und Geschäftsschriftlichkeit widerlegt jedenfalls eindrucksvoll die Thesen Havelocks (und wirft gleichzeitig eine Fülle schwer zu beantwortender Fragen auf: Wer schrieb? Wer las?).[44] Wenn jeder milesische Amphorenhändler seinem Handelspartner in Olbia oder Tartessos komplexe Texte schicken konnte und Archivtechniken verwendete, warum sollte ausgerechnet die soziale Elite Milets, zu der Thales, Anaximander und Hekataios gehörten, auf Schrift verzichtet haben? Ferner ist damit zu rechnen, daß informierende Briefprosa bereits am Anfang der griechischen Alphabetisierung stand: schließlich konnte man in Ionien schon im 9. Jh. etwa Phönizier Briefe benutzen *sehen*.[45]

c. verewigende[46] *Texte*: Weih- und Handwerksinschriften sowie Epitaphe dienen spätestens ab dem frühen 7. Jh. als diachronisches Repräsentations- und damit Wettbewerbsinstrument. Sie künden vom Ruhm einer Person für die ‚Ewigkeit'.[47] Je nach Umfang reichen sie von einem simplen „X hat es gemacht bzw. geweiht" bis zu komplexeren Informationen.[48] Auf diesem Gebiet scheint in Ionien im Gegensatz zum Festland schon früh eine spezielle Vorliebe für Prosa bestanden zu haben.[49] Die Funktion dieser Texte besteht aus einer Verbindung von Erinnerung und Repräsentation. Im Vergleich zu den mesopotamischen Beispielen ist auffällig,

43 Merkmal einer solchen Schriftsprache sind Komplexitätsindikatoren wie etwa Hypotaxe, die die Dekontextualisierung von Information erst ermöglichen: siehe dazu G. Elwert, Schriftgebrauch (wie Anm. 30), 252f.

44 Im Gegensatz zum Bild, das J. Whitley, Cretan Laws and Cretan Literacy, Am. Journ. of Archeol. 101, 1997, 635–61 vom archaischen Kreta zeichnet, erwecken diese Texte den Eindruck einer verbreiteten Literalität und einer ziemlich entwickelten Geldwirtschaft schon im 6. Jh. Anhand der auffälligen sprachlichen Standardisierung der Schuldverträge aus Korkyra weist darauf auch P. Calligas, Korkyra (wie Anm. 37), 86 hin.

45 Dieses Argument bei M.L. West, The East Face of Helicon. West Asiatic Elements in Greek Poetry and Myth, Oxford 1997, 25.

46 Der sperrige Begriff versucht, das italienische „eternare" zu adaptieren (siehe M. Guarducci, Appunti di epigrafia greca arcaica, Archeol. class. 16, 1964, 122–153, hier: 150).

47 Allgemein siehe P. Bourdieu, Die feinen Unterschiede. Kritik der gesellschaftlichen Urteilskraft (orig. 1979), Frankfurt am Main 1982, 130: „Zu den Mitteln, sich dem gattungsspezifischen Los der Sterblichkeit zu entziehen, gehört die Repräsentation, so Portrait oder Statue, welche die dargestellte Person … unsterblich machen; so Monument, Grabmal, Schrift, *aere perennius*, die preist und ‚in die Nachwelt eingehen läßt'."

48 Ein frühes ionisches Beispiel (ca. 675–650) bei L.H. Jeffery, Scripts (wie Anm. 13), pl. 45.2, S. 234. Komplex ist bereits die monumentale Prosa-Inschrift am syrakusanischen Apollonheiligtum (um 600), die wahrscheinlich den ‚Erfinder' der Steinsäulen feiert: dazu M. Guarducci, Epigrafia (wie Anm. 46), 148–151 *contra* L.H. Jeffery, Scripts (wie Anm. 13), 265 Anm. 5.

49 L.H. Jeffery, Scripts (wie Anm. 13), 327.

wie ‚offen' dieses Medium für jedermann ist, der sich eine solche, ggf. monumentale Verschriftlichung leisten kann.[50]

d. setzende Texte: Darunter sind Texte zu verstehen, die einen von der jeweiligen Kommunikationsgemeinschaft für wichtig gehaltenen Sachverhalt schlicht feststellen und für alle gültig formulieren. So kann er als kanonisiertes Konsenswissen der Gruppe behandelt und fixiert oder tradiert werden. Es lassen sich hier drei Gruppen unterscheiden: Erstens die einfache Textsorte der Sentenz (γνώμη, ἀπόφθεγμα, ἀφορισμός) oder des Sprichworts, die als ‚setzender Text' in einem mündlich tradierenden Milieu entstanden ist, gelegentlich einzelnen Personen zugerechnet wird, etwa einem der Sieben Weisen,[51] und bis heute durch mündliche Kommunikation verbreitet wird. Ihre Kürze ermöglicht eine weitgehend konstante Tradierung in ungebundener Sprache; diese Tradierung findet vermutlich in Alltagskommunikation statt. Weisheitlich oder charismatisch strukturierte Gruppen neigen vielleicht überhaupt zu dieser Form, ihren Kanon zu ‚fixieren': man denke an die späteren Gruppen der Pythagoreer und ihre Akusmata oder die Jesus-Anhänger und die Logiensammlungen ihres Meisters.

In einem ungleich komplexeren Sinne ‚setzend' ist zweitens die Gruppe der Gesetze und Verträge. Unter öffentlicher Kontrolle ausgearbeitet und monumental verewigt, dokumentieren diese Texte im Zentrum der Polis ihren Gültigkeitsanspruch durch Anwesenheit (selbst wenn nur eine Minderheit sie tatsächlich lesen konnte – in dieser Hinsicht gleichen sie den altorientalischen Herrscherinschriften und Gesetzeskodizes). Sie setzen ein Faktum („x ist Freund der Polis.") oder einen Zusammenhang („Wenn jemand y tut, soll z geschehen.") fest. Da ihre Funktion der Intention nach auf Ewigkeit zielte, wurden sie auch entsprechend dauerhaft fixiert. Auffälligerweise wählen sie stets Prosa.

Neben diesen öffentlichen Texten gehören hierhin einige auf den ersten Blick heterogene, aber allesamt wie die Gesetze kasuistisch strukturierte Textgruppen: medizinische Rezepte und Krankheitsbeschreibungen, vermutlich Ominatexte[52] und praktisch-mathematische Problemsammlungen.[53] Alle haben gemeinsam, daß sie ein Faktum mit einer Folge in der Zukunft verknüpfen und diese Verknüpfung in irgendeiner Weise konsensuell sanktionieren, d.h. als wahr oder gültig verallgemei-

50 Während in Mesopotamien Steininschriften ein königliches Vorrecht waren und mehrheitlich Repräsentationszwecken dienten: siehe P. Michalowski, Commemoration (wie Anm. 39), 82f.

51 Siehe A. Bernabé, Filósofos (wie Anm. 8), 363f.

52 Die für Griechenland nur schwach belegt sind: Es gibt mindestens *eine* griechische Omina-Sammlung, eine Inschrift aus Ephesos (2. Hälfte des 6. Jh. – Anf. 5. Jh.; ediert bei W. Dittenberger, Sylloge inscriptionum Graecorum, Bd. 3, Leipzig ³1920, S. 309, Nr. 1167). Sie ist kasuistisch, listenförmig, sprachlich standardisiert und ‚ausschöpfend' – ein genaues Äquivalent der ‚subliterarischen' mathematischen, medizinischen und Gesetzestexte aus der griechisch-altorientalischen Tradition. Daneben ist aber auf die Parodie von Orakel- und Omina-Texten bei Aristophanes zu verweisen (z.B. *Pax* 1043–126, *Av*. 959–91, *Lys*. 767–80). Diese konnten nur dann komisch wirken, wenn solche Texte wirklich existierten und verbreitet waren.

53 Die mathematischen Texte sind in M. Asper, Griechische Wissenschaftstexte. Formen, Funktionen, Differenzierungsgeschichten, Habilitationsschrift Mainz 2002, 268–78 und ders., Mathematik (wie Anm. 24), behandelt, die medizinischen erörtert D. Goltz, Studien zur altorientalischen und griechischen Heilkunde, Wiesbaden 1974, 96–197.

nern und dann festsetzen. Diese Texte sind alle nach demselben Schema gestaltet: „Wenn einer Symptom a zeigt, hat er Krankheit b (die mit c zu kurieren ist); wenn das astronomische Phänomen a zu beobachten ist, passiert demnächst b; wenn das Problem a auftaucht, muß man es mit dem Verfahren b lösen; wenn einer a tut, soll b passieren." Diese kasuistischen Texte werden genauso wie Gesetze in Listen organisiert. Überall finden sich so enge Parallelen zu älteren nahöstlichen Texten, daß eine vorgriechische Tradition sicher anzunehmen ist, vermittelt von reisenden Praktikern. In manchen Fällen stehen solche Sammlungen auf der Mitte zwischen archivierender und informierender Prosa (wie es sicher bei Rezeptsammlungen der Fall ist).[54]

An diesem Punkt unserer Musterung können wir jedenfalls erstens feststellen, daß Schriftprosa schon vor dem 6. Jh. nicht nur, aber vor allem in Ionien und seinen Kolonien ein verbreitetes und bereits in zahlreiche Medien und Gattungen differenziertes Kommunikationsmittel gewesen ist.[55] Außerdem können wir festhalten, daß archivierende, informierende, verewigende und setzende Texte im Regelfall eines *Lesers* bedürfen, d.h. für zeitlich oder räumlich dekontextualisierte Rezeption geschaffen sind. Wenn also als ein Kennzeichen moderner Prosa gilt, daß sie für Leser, nicht für Hörer gestaltet ist,[56] so müssen wir schon diese ältesten Prosaformen als „moderne Prosa" ansehen, jedenfalls einen Unterschied dieser Schriftsprache zur alltäglichen mündlichen Kommunikationsprache annehmen.

Für die Gruppen der archivierenden, der informierenden und der setzenden Prosa finden sich altorientalische Vorbilder, die ihnen materiell und sprachlich sehr weitgehend gleichen (und die in ihren westsemitischen und spätassyrischen bzw. neubabylonischen Varianten direkt ins Kleinasien des 7. Jh. gelangen): die archaischen griechischen Beispiele sind demnach als Adaptationen für die jeweiligen Verhältnisse Griechenlands anzusehen. Selbst sprachlich verraten sie häufig noch den Einfluß ihrer vorgriechischen Tradition (am deutlichsten in den kasuistischen Formulierungen der Gesetze). Ich spreche in diesen drei Fällen deshalb von ‚akkulturierter' Prosa: sie übernimmt Ausdrucksmedium, Funktion und Material vom Vorgänger, bis hin zu technischen Lehnwörtern.[57] Es ist außerdem denkbar und auch wahrscheinlich, daß in einem kommunikativen System eine ‚Binnenakkulturation' stattfindet, daß also ein inhaltlich oder disziplinär festgelegter Wissensdiskurs von ei-

54 Hier unnötig skeptisch S.C. Humphreys, Riddle (wie Anm. 40), 8 mit Anm. 24.

55 Leider findet sich oft die Behauptung, daß alles ‚Gültige' in dieser Zeit in Versen abgefaßt war (z.B. bei W. Schadewaldt, Das Wort der Dichtung. Mythos und Logos [urspr. 1960], in: ders., Hellas und Hesperien, Bd. 1 Zürich/Stuttgart 1970, 750–72, hier: 755; jetzt wieder bei S. Goldhill, The Invention of Prose, Greece & Rome. New Surveys 32, Oxford 2002, 1ff.: „in archaic Greece, what's *authoritative*, what *matters*, is performed and recorded in verse."; Goldhill erwähnt aber 3f. kurz Gesetzesprosa).

56 F. Boas, Stylistic Aspects of Primitive Literature, Journ. of Amer. Folk-Lore 38, 1925, 329–39, hier: 329: „The form of modern prose is largely determined by the fact that it is read, not spoken, while primitive prose is based on the art of oral delivery and is, therefore, more closely related to modern oratory than to the printed literary style."

57 Siehe M.L. West, Helicon (wie Anm. 45), 25–27. Zu einer ionischen Leder-‚Buchschrift', die bereits den Inschriftenstil beeinflußt und schon vor dem 6. Jh. ausgeprägt gewesen sein muß, L.H. Jeffery, Scripts (wie Anm. 13), 327.

nem anderen dessen Medien übernimmt und formale Äquivalente zu diesen schafft (wie es in neuerer Zeit auch mit den ursprünglichen rein professionellen Archivierungsmedien Kartei und Computerdatei geschehen ist).[58] So findet sich die, vermutlich aber zu stark vereinfachende, These, die Mediziner hätten den literarischen Schriftgebrauch von Philosophen übernommen.[59] In diesen Funktionsgruppen ist also der Gebrauch von Prosa als Akkulturationsprodukt zu bewerten.

ii. Wenn man nun die frühe ionische Sachprosa betrachtet, lassen sich archivierende, informierende, verewigende und setzende Züge finden, die ich naheliegenderweise als Einflüsse der jeweiligen etablierten und von den Vorsokratikern bereits vorgefundenen, oben aufgeführten Prosagruppen verstehe.

a. archivierende Züge: Primäres Merkmal von Archivierung ist Parataxe und Standardisierung, d.h. ein Listencharakter. Allgemein hat man sehr weitgehende Beobachtungen über eine Neigung zur Parataxe in der archaischen Zeit angestellt, die eine archivierende Zugangsweise zu Phänomenen unterstütze sowie deren Erfassung in Listen.[60] Doch sind *rein* archivierende Formen in der ionischen frühen Prosa überraschend wenig ausgeprägt.

Man kennt dagegen archivierende Bestrebungen aus den frühen chronologischen Listen, die etwa Archonten, Priester oder Sieger von Agonen aufreihen und ihren Gegenstand in Athen immerhin bis 682/1, in Olympia bis 776, in Sparta bis 756 zurückverfolgen.[61] Soweit sie Ämter betreffen, sind diese Texte sicher durch Rechtsnormen hevorgerufen, die Amtswiederholungen einschränkten, und dann erst sekundär zur Datierung benutzt worden. Die gesamte ältere Chronographie, vor allem Hellanikos von Lesbos' Werke wie etwa Ἱέρειαι oder Καρνεονῖκαι, scheint auf solchen inschriftlichen Listen zu basieren.[62] Hekataios' Genealogien und die seiner unmittelbaren Nachfolger, der Mythographen Akusilaos von Argos und Pherekydes von Athen, bieten hier eine gewisse Parallele: sie haben vielleicht das Ziel gehabt, sicher aber die Wirkung, zu systematisieren und zu chronologisieren,[63] also durchaus ordnende und archivierende Motive.[64] Bei Hekataios gewann dieser Systematisierungsversuch durch Einführung eines chronologischen Bezugspunkts, die

58 Dazu jetzt M. Krajewski, Zettelwirtschaft. Die Geburt der Kartei aus dem Geiste der Bibliothek, Berlin 2002.

59 B. Meißner, Die technologische Fachliteratur der Antike. Struktur, Überlieferung und Wirkung technischen Wissens in der Antike, Berlin 1999, 152 (mit unhaltbarer Personalisierung dieser Übernahme).

60 Siehe P. Feyerabend, Wider den Methodenzwang, erw. & rev. Fassung, Frankfurt am Main 1983 ([1]1976), 303–354 zu „parataktischen Aggregaten".

61 E. Schwyzer, Griechische Grammatik, 1. Bd. München 1939, 113.

62 FGrHist 4 F 74–84, F 85f. Textbeispiele bei O. Lendle, Einführung in die griechische Geschichtsschreibung, Darmstadt 1992, 70f.; sicher ‚annalistisch' organisiert ist F 79a. Allgemein R. Fowler, Herodotos and His Contemporaries, Journ. of Hell. Stud. 116, 1996, 62–87.

63 Zum Prinzip der Generationenrechnung siehe K. v. Fritz, Die griechische Geschichtsschreibung, Berlin 1967, 1.69–71; zu Hekataios' „Wille zum Inventarisieren und Ordnen" H. Fränkel, Dichtung und Philosophie des frühen Griechentums, München [3]1976 ([1]1951), 394.

64 Anders wäre kaum zu erklären, warum sie sich die Mühe machten, epische Genealogien in Prosa umzusetzen: siehe P. Dräger, Stilistische Untersuchungen zu Pherekydes von Athen, Stuttgart 1994, 56f. mit Hinweis auf Clemens Alexandrinus, *Strom.* 6.2.26.7, S. 443.2ff. Stählin.

Rückkehr der Herakliden,[65] durch das Bemühen um eine umfassende Sammlung[66] und durch die Betonung einer rationalistischen Überlieferungskritik mithilfe des Kriteriums des εἰκός deutlicher das Ansehen eines Wahrheitsdiskurses.[67] Allein durch die Sammlung verschiedener Versionen müssen Unvereinbarkeiten sich gehäuft haben, die nur mit einem gewissen Rationalismus zu lösen waren. Hekataios grenzte sich mit seinen Prosa-Genealogien jedenfalls nicht nur von der genealogischen Epik und vielleicht Preisdichtung ab,[68] sondern auch von deren performativem Kontext, Agon und eventuell Symposium. Seine *Periegese* reihte streckenweise Städtenamen und kurze Bemerkungen zu deren Lage monoton aneinander, zeigte also partiell alle Merkmale einer Liste: Verzicht auf Prädikate, Asyndese, Parataxe,[69] wenn auch die Einträge einem geographischen Prinzip, dem des Periplus, folgten. Doch dürfte auch hier die Wahl von Prosa weniger auf rein technische Bedürfnisse zurückgehen, etwa Versifikationsprobleme der vielen Ortsnamen, als vielmehr auf das Bestreben des Autors, seinen Text als Wahrheitsdiskurs von hexametrischen Periploi und -egesen abzusetzen.[70]

Einen Reflex der archivierenden Aspekte früher Prosa erkennen wir auch noch in der bekannten Charakterisierung der λέξις εἰρομένη durch Aristoteles, die unästhetischer und *älter* sei als die λέξις κατεστραμμένη.[71] Aristoteles hat hier wahrscheinlich darauf hingewiesen, daß die alte Prosa dem Listencharakter noch näher steht, also als Archiv- oder Aggregatprosa gekennzeichnet werden könnte. Als Beispiel für dieses aggregative Element drängt sich hier die Vorliebe der Logographen für einfache Reihungen mit καί oder δέ auf.[72] Daß sie schlechter im Gedächtnis zu behalten ist, wie Aristoteles moniert, war ursprünglich sicher jedem bewußt. Doch geht der Vorwurf ins Leere: denn diese Art von Prosa war ja eben für Texte gedacht, die von vornherein *nicht* im Gedächtnis behalten zu werden brauchten. Genau deshalb hatte man sie ja aufgeschrieben.

65 Doch siehe dazu L. Bertelli, Hecataeus (wie Anm. 38), 90f.

66 Als Zeichen eines ‚gelehrten' schriftlichen Zugriffs im Gegensatz zu den partikulären Geschlechtergenealogien gewertet von R. Thomas, Literacy and Orality in Ancient Greece, Cambridge 1992, 181ff.

67 Vgl. FGrHist 1 F 1a, F 27; siehe auch den bewußten Kontrast zu Hesiod in F 19. Generell siehe H. Thesleff, Style (wie Anm. 28), 98; G.W. Most, Poetics (wie Anm. 6), 346ff.; R.L. Fowler, *Historiê* (wie Anm. 25), 101ff.; L. Bertelli, Hecataeus (wie Anm. 38), 84–9.

68 Siehe dazu die kurzen Bemerkungen bei J. Marincola, Greek Historians, Greece & Rome, Surveys 31, Oxford 2001, 11–14.

69 Zu dieser Sprache F. Jacoby, Hekataios (wie Anm. 6), 2749. In diesem Fall liegt das aber wohl vor allem an der spezifischen Textart, weniger an einer allgemeinen, ‚archaischen' Neigung zur Parataxe: siehe zu diesem Problem bei den frühen Mythographen auch P. Dräger, Pherekydes (wie Anm. 64), 33–43.

70 Für deren Existenz trägt F. Jacoby, Hekataios (wie Anm. 6), 2687 Indizien und Testimonien zusammen. Siehe auch die Liste bei Ch.H. Kahn, Philosophy (wie Anm. 19), 112.

71 *Rhet.* III 9. 1409a24–29.

72 Pherekydes von Athen FGrHist 3 F 2; weitere Beispiele bei E. Norden, Kunstprosa (wie Anm. 3), 1.37f.; O. Lendle, Geschichtsschreibung (wie Anm. 62), 21. G. Wöhrle, Prosa (wie Anm. 2), 43 zur „parataktischen" Struktur der milesischen Prosa. Manche der kurzen Sätze in diesen Beispielen ließen sich vielleicht auch als Übernahmen aus der Normzeile des Lehrgedichts verstehen. Diese Polysyndeta erinnern übrigens sehr an semitischen Erzählstil, etwa die reihenden Waw-Imperfekte im Hebräischen.

b. informierende Züge: Die namentlichen Situierungen und die gelegentliche Verbindung von persönlicher und unpersönlicher Aussage (etwa „x sagt/schreibt dies: ich …") am Anfang alter Prosawerke, wie wir sie etwa bei Hekataios und Ion finden,[73] lassen sich meines Erachtens am besten als Relikt von Briefkonventionen erklären, die stets mit Namensnennungen einsetzen.[74] Es ist unsicher, ob die neubabylonischen Briefe ein Vorbild für eine entsprechende griechische Briefpraxis geboten haben oder ob es sich um eine elementare Funktionsgleichheit handelt (doch scheint in diesem Zusammenhang immerhin relevant, daß die Briefe des Großkönigs bei Herodot demselben Schema folgen).[75] Daß der Brief jedoch kaum die Ursprungstextsorte der Wissenschaftsprosa ist, wird an Pherekydes deutlich, der auf jeden sphragisartigen Einleitungssatz verzichtet und damit wohl signalisiert, daß eine regelrechte Dekontextualisierung seines Elaborats nicht beabsichtigt war.[76] Auch waren die Milesier einander wohl räumlich zu eng benachbart, als daß sie auf Briefkommunikation angewiesen gewesen wären.

Informierende Texte *par excellence* sind nun in der Erläuterungsprosa zu Skizzen und Plänen gegeben, die ja einen *abwesenden* Rezipienten orientieren sollen: Wäre der Verfasser beim Rezeptionsakt anwesend, entfiele die Schriftlichkeit der Erläuterung: Das ist bereits evident für die einfachen Bild-Text-Kombinationen auf archaischen Vasen.[77] Skizzen und Karten, überhaupt Diagramme, eignen sich am besten als Indiz für schriftliche Überlieferung. Denn erstens zwingen sie zu Prosa und zweitens verbieten sie Rezitation. Überdies ist im Falle von Karten der Zusammenhang mit Reise und Handel ziemlich deutlich. D.h. hier kristallisieren sich einige der neuen Züge des oben skizzierten ionischen Milieus. Für Anaximander und Hekataios sind bekanntlich Weltkarten bezeugt.[78] Für Thales ist ein bestimmtes Diagramm wahrscheinlich, an dem alle ihm zugeschriebenen mathematischen Sät-

73 Siehe etwa M.L. West, Philosophy (wie Anm. 34), 9.

74 F. Jacoby, Hekataios (wie Anm. 6), 2748 denkt daran, neben einer hypomnematischen Funktion für die milesische Prosa in diesem Sinne Briefcharakter (meine ‚informierende' Prosatextsorte) anzunehmen.

75 Vgl. Herodot 5.24.1 Ἱστιαῖε, βασιλεὺς Δαρεῖος τάδε λέγει· ἐγώ […], 7.150.2 ἄνδρες Ἀργεῖοι, βασιλεὺς Ξέρξης τάδε ὑμῖν λέγει· ἡμεῖς […]. Siehe dazu jetzt R.L. Fowler, *Historiê* (wie Anm. 25), 110; L. Bertelli, Hecataeus (wie Anm. 38), 80 und vor allem A. Corcella, „Ecateo di Mileto così dice", Quad. di storia 22 Nr. 43, 1996, 295–301, mit vielen nahöstlichen und griechischen Parallelen sowie Sekundärliteratur. Zu den Briefformeln neuassyrischer und spätbabylonischer Briefe (555–485 v.Chr.) siehe R.C. Thompson, Late Babylonian Letters …, London 1906 (Nachdr. New York 1976), XVI; E. Salonen, Die Gruss- und Höflichkeitsformeln in babylonisch-assyrischen Briefen (Soc. or. fenn. Stud. or. 38), Helsinki 1967, 78–106.

76 Zu Pherekydes A. Laks, Écriture (wie Anm. 8), 146f. mit einer zweifelhaften Theorie über die Nähe des Pherekydes zu Gesetzen, die auf S.C. Humphreys, Riddle (wie Anm. 40), 5 basiert; andeutend auch schon H. Fränkel, Dichtung (wie Anm. 63), 282. Gelegentlich wird aber ein sphragisartiger Einleitungssatz für Pherekydes doch angenommen: G.S. Kirk/J.E. Raven/M. Schofield, Philosophen (wie Anm. 38), 56 zu Fr. 42 (= Pherekydes 7 B 1 Diels/Kranz = 14 Schibli); *contra* H.S. Schibli, Pherekydes of Syros, Oxford 1990, 5 Anm. 10.

77 S.C. Humphreys, Riddle (wie Anm. 40), 5f. Anm. 10.

78 Anaximander 12 A 1 Diels/Kranz, vielleicht Anaximenes 13 A 14a (G. Wöhrle, Prosa [wie Anm. 2], 35f.). — Hekataios FGrHist 1 F 36, T 12a; vgl. O. Lendle, Geschichtsschreibung (wie Anm. 62), 14 und die Kritik Herodots (4.36.2).

ze durch einfache Symmetriebetrachtungen gezeigt werden können (es ist dabei gleichgültig, ob die von Eudemos benutzten Texte zu Recht dem Thales zugeschrieben wurden: wesentlich ist nur, daß sie ins frühe 6. Jh. gehörten).[79] Falls auch dem Pherekydes zu Recht eine Karte, direkt beeinflußt von neubabylonischen Beispielen, zugetraut wurde,[80] so wird sofort einsichtig, warum er Prosa wählen *mußte*: Während für seinen kosmologisch-kosmographischen Stoff durchaus eine Darstellungsform à la Hesiod möglich gewesen wäre, war es nicht möglich, einen derartigen Text mit einer Karte zu versehen. Gleichzeitig wäre der Versuch, seine Darstellung durch etwas Diagrammatisches zu visualisieren, ein weiterer Zug im Rahmen der Abgrenzung gegen die kosmologisch-genealogische Epik, der auch seine Wahl von Prosa gedient haben könnte.[81] Wenn übrigens Havelock glattwegs leugnet, daß die Milesier überhaupt Prosa produzierten,[82] müßte er zunächst einmal erklären, wie sie ihre Diagramme in einem mündlich kommunizierten Text verankert und vermittelt hätten.[83]

Die beiden Karten des Anaximander und des Hekataios zeigen, wie man schon oft bemerkt hat, einen deutlichen Geometrisierungs- oder Schematisierungswillen. Mit anderen Worten: man muß sie eher als zweidimensionale Modelle betrachten.[84] Für Anaximander ist kein Text bezeugt, der sich auf seine Karte bezog:[85] Erläute-

79 Dies gilt auch dann, wenn Thales die Sätze selbst nicht einmal formuliert haben sollte, sondern nur Verfahren fand, die in den Augen Späterer diese Sätze voraussetzten, die sie ihm dann sogleich zuschrieben: So ist Eudemos vorgegangen (bei Proklos, *In Eucl.* 352.14ff. Friedlein = Thales 11 A 20 Diels/Kranz = Eudemos Fr. 134 Wehrli). Siehe B. Gladigow, Thales (wie Anm. 8), 264f.

80 M.L. West, Philosophy (wie Anm. 34), 19, 49f. West stellt sich Pherekydes' Karte ähnlich vor wie die neubabylonische in BM 92.687 (am besten publiziert in: W. Horowitz, The Babylonian Map of the World, Iraq 50, 1988, 147–165, hier: 148–152, pl. x). West zeigt (1–75), daß Pherekydes in so großem Umfang Konzepte aus dem Westsemitischen übernommen hat, daß man ihn als synkretistisch betrachten muß; Ch.H. Kahn, Anaximander and the Origins of Greek Cosmology, New York 1960, 240 dagegen rückt ihn an die Milesier heran.

81 Prosawahl als Abgrenzungsinstrument bei H.S. Schibli, Pherekydes (wie Anm. 76), 123f., 138 Anm. 8.

82 E.A. Havelock, Task (wie Anm. 9), 51ff., 65ff., 79–81; siehe auch A. Laks, Écriture (wie Anm. 8), 138. Mindestens der Thales-Text über die Winkelgleichheit aber hat nichts Episches an sich; γωνία fügt sich auch keinem epischen Vers. Anaximenes Fr. 13 A 1 (= Diog. Laërt. 2.3: κέχρηταί τε λέξει Ἰάδι ἁπλῇ καὶ ἀπερίττῳ) legt nahe, daß es sich um Prosa handelte; vgl. G. Wöhrle, Anaximenes (wie Anm. 10), 10f.

83 Für Zenon und Melissos rechnet auch Havelock mit Prosa als Ergebnis der Intention, „geometric figures" zu erläutern (E.A. Havelock, Task [wie Anm. 9], 80). H. Thesleff, Presocratic Publicity, in: S.-T. Teodorsson (Hg.), Greek and Latin Studies in Memory of Cajus Fabricius, Göteborg 1990, 110–121, hier: 111 meint, Thales' „geometrical observations" habe man auch mündlich überliefern können, was ich bezweifle.

84 Siehe Hekataios FGrHist 1 F 36a und Jacobys Beschreibung im Kommentar S. 329, der die bis ins Detail gehende Schematisierung aus Herodot rekonstruiert: Wenn alle von Stephanos Byzantinos aus Hekataios zitierten Städte wirklich auf der Karte eingetragen waren ebenso wie die Stämme Libyens usw., muß diese allerdings ein ganz beträchtliches Format gehabt haben.

85 Doch ist die neubabylonische ‚Weltkarte' in BM 92.687 mit Beischriften *und* zwei verschiedenen deskriptiven Textsorten versehen (von denen nur der auf der Rückseite, eine Art Reisebeschreibung, sich direkt auf die Karte bezieht): alles Texte in Prosa. Wenigstens Beischriften,

rungen und Rechtfertigung der Konstruktion wurden offensichtlich *ad hoc* und deshalb mündlich in ungebundener Rede gegeben. Dieses Verfahren verschriftlicht Hekataios, dessen geographische Prosa (Περιήγησις) sich durch einen ausgeprägt hodologischen Aufzählungscharakter auszeichnet.[86] Wieweit der Text sich heteronom auf die Karte bezog, ist nicht klar[87] – jedenfalls gab es kein von der geographischen Realität abstrahierendes Bezugsverfahren wie etwa Nummern oder etwas Koordinatenähnliches.[88] Die *Periegese* zeigt teilweise das Beschreibungsprinzip des Periplus, indem sie im Uhrzeigersinn verfährt, erweitert aber dessen Verfahren über die Küstenregionen hinaus. Anders gesagt: sie ergänzt wahrscheinlich die bereits in schriftlicher Listenform oder mündlichen Merksätzen etablierte Gattung des Periplus durch ein neues, graphisches Hilfsmittel. Das Zusammenspiel von Diagramm und Erläuterungsprosa ist hier offensichtlich ein sehr loses. Die Prosa neigt hier schon zur Verselbständigung, vielleicht unterstützt durch den Periplus, dessen Texte ja auch ohne Karte auskamen. Übrigens ist der Geometrisierungswille ebenfalls, genau wie die Idee der Karte mit Beischriften, ein Kennzeichen assyrischer Topographiebehandlung.[89]

Die Konstellation von diagrammatischem Modell und heteronomem Text begegnet außerdem in zwei anderen, miteinander eng verwandten Bereichen: zunächst in Bauzeichnungen (παραδείγματα) samt zugehörigem Anweisungstext (συγγραφαί) und später in allen Arten von mathematischen Diagrammen.[90] Bauzeichnungen hat es mindestens für Teile großer Bauten gegeben.[91] Grundrisse sind nicht erhalten, doch hat es im 6. Jh. in Babylon regelrechte Gebäudeaufrisse mit elemen-

also eine Art elementarer Erläuterungsprosa, ist auch für Anaximanders Karte anzunehmen. Alle anderen neubabylonischen Karten (im Zeitrahmen von 600–450 v.Chr.), immerhin ungefähre Zeitgenossen Anaximanders, zeigen identifizierende Beischriften: siehe BM 35.235 (Fragment eines schematischen Stadtplans); BM 50.644 (Fragment einer Karte: Lageplan der Stadt Sippar an Euphrat und einem Kanal); BM 73.319 (Fragment eines Stadtplans von Babylon mit Baalstempel und Hauptstraße). Material bei W. Horowitz, Map (wie Anm. 80), 154 Anm. 5.

86 Siehe z.B. FGrHist 1 F 48, 106, 166 (μετά); 67a, 80, 146, 159 (δέ).

87 Orientierung wird nach Himmelsrichtungen gegeben (F 100, 108, 144, 163, 203, 204, 217, 292), Entfernungen in Schiffstagesreisen (F 332): also in beiden Fällen nach realitäts-, nicht kartenbezogenen Orientierungsvorstellungen.

88 *Pace* F. Jacoby (im Kommentar zur Stelle), S. 328; nach J. Latacz, Literatur (wie Anm. 23), 520 bezieht die Periegese sich *nicht* klar auf die Karte.

89 W. Horowitz, Map (wie Anm. 80), 154, 164 zur Technik der Quadranten, die wir als primäres Gliederungsprinzip auch in den griechischen Weltkarten oder besser -modellen wiederfinden.

90 Frühe ‚Bauzeichnungen' mit Textbestandteilen sind nur zu erschließen, aber nicht erhalten. In der inschriftlichen Fixierung der συγγραφή spielt die Zeichnung keine Rolle mehr, aber wohl nur deshalb, weil das Modell des Bauwerks allen Beteiligten gegenwärtig ist. Dagegen hat das mathematische Diagramm eine vorderorientalische Vorgeschichte, die Text integriert. In diesen Fällen kann man allerdings nur noch theoretisch von Prosa sprechen: Es handelt sich um einfachste Beischriften von Beispielwerten oder Zeichenbuchstaben (‚lettering'): siehe M. Asper, Rez. R. Netz, The Shaping of Deduction in Greek Mathematics: A Study in Cognitive History, Gnomon 75, 2003, 10.

91 B. Wesenberg, Zu den Schriften der griechischen Architekten, in: Bauplanung und Bautheorie in der Antike, Disk. z. archäol. Bauforsch. 4, 1983, 39–48, hier: 43 mit Anm. 32 mit Vitruv als Quelle für archaische Bauten.

tarer Erläuterungsprosa gegeben.[92] Es ist wenig wahrscheinlich, daß die griechischen Baumeister *derselben* Zeit (600–450 v.Chr.) keinerlei Gebrauch von derlei Techniken gemacht haben sollten. Eine textuelle Komponente war mindestens dann beteiligt, wenn für große Zeiträume geplant werden mußte: So entstanden vermutlich Konglomerate aus Text, Maß- und Proportionslisten, samt beschrifteten Skizzen mit der Funktion der Bauplanung.[93] Die wichtigste Funktion dieser Texte war wohl zunächst eine fixierende: Die erhaltenen συγγραφαί fixieren Vertragsleistungen des Bauunternehmers gegenüber der Polis.[94] Wäre es ihnen um Dekontextualisierung dieser Informationen gegangen, könnte man von einer *informierenden* Textsorte sprechen. Doch läßt sich hier kein Dekontextualisierungsmotiv erkennen:[95] Die Informationen bleiben stets dem praktischen Kontext, der Baustelle, zugeordnet. Deshalb liegt hier noch keinesfalls eine regelrechte technische Prosa vor.[96]

In diesen Fällen hat Prosa ganz offensichtlich den Status einer unselbständigen Erläuterung; sie ist, funktional betrachtet, eine heteronome, fast defektive Form. Es liegt nahe, diesen Befund genealogisch zu verallgemeinern: Dann wäre anzunehmen, daß Prosa geradezu als *Erläuterungsmedium* entstanden sei.[97] Für ein solches Erläuterungsmedium gab es natürlich tatsächlich weder griechische Vorbilder noch ältere, mündliche Gattungen; dies deshalb, weil vorher nie etwas zu Erläuterndes, ein Modell etwa, seinerseits dekontextualisiert wurde und dadurch ja erst erläuternder Schriftmedien bedurfte.[98] Möglicherweise können das auch die ältesten Kom-

92 Siehe den neubabylonischen Plan eines großen Gebäudes (BM 68.841 + 68.843 + 68.845; 68840 + 68842; in: Cuneiform Texts from Babylonian Tablets, & c., in the British Museum, Part XXII, London 1906 [Nachdr. 1966], pl. 50): offenbar ein Grundriß mit Beischriften und Maßangaben, der eine quadratische Flächenmaßeinheit verwendet.

93 B. Wesenberg, Architekten (wie Anm. 91), 44.

94 Ein Prachtbeispiel sind die συγγραφαί des Philon für die Skeuothek am Piräus (IG II[2] 1668; Mitte 4. Jh.): hier wird eine genaue Baubeschreibung fixiert; auf παραδείγματα wird zwar hingewiesen (Z. 95f.), sie werden aber nicht mitfixiert. Aus der Inschrift Meiggs/Lewis Nr. 44 (= IG I[3] 35; ca. 450), Z. 5–7, 11–13 geht hervor, daß solche συγγραφαί schon damals Usus waren.

95 Bezeichnenderweise werden in der frühesten Phase solche Zeichnungen und Notizen *am Bau selbst*, also ‚kontextualisiert' vorgenommen: Siehe die Dipinti im Eupalinostunnel (H.J. Kienast, Der Tunnel des Eupalinos auf Samos, Mannh. Forum 86/87, 1986/7, 179–241, hier: 232–38), unter ihnen auch das berühmte παράδεγμα (dazu ausführlich L. Käppel, Die Paradegma-Inschrift im Tunnel des Eupalinos auf Samos, Ant. & Abendl. 45, 1999, 75–100).

96 Skeptisch auch schon H. Thesleff, Style (wie Anm. 28), 106. Ch.H. Kahn, Philosophy (wie Anm. 19), 112 versteht die Architektenschriften als regelrechte „technical prose literature". Doch wer sollte so etwas gebraucht haben? Kahns Hinweis (113) auf Hippodamos von Milet eignet sich nicht als Parallele, weil Hippodamos eine *Theorie* vorzutragen hatte. Auf die Architektenschriften greift jetzt breit zurück R. Hahn, Anaximander and the Architects. The Contributions of Egyptian and Greek Architectural Technologies to the Origins of Greek Philosophy, Albany, NY 2001, 55–66.

97 Zu Hekataios in diesem Sinne beiläufig W. Schadewaldt, Die Anfänge der Geschichtsschreibung bei den Griechen. Ein Vortrag (urspr. 1934), in: ders., Hellas und Hesperien, Bd. 1 Zürich/Stuttgart 1970, 559–580, hier: 568f.

98 W. Burkert, Orientalische und griechische Weltmodelle von Assur bis Anaximandros, Wiener Stud. 107/108, 1994/5, 179–186, hier: 180ff. bespricht allerdings assyrische Texte über Weltmodelle aus dem 7. Jh. v.Chr.

mentare zur Dichtung bestätigen, die selbstverständlich ihre poetischen Gegenstandstexte[99] in Prosa kommentieren. In diesem Zusammenhang sei auch noch einmal auf Parmenides und Zenon hingewiesen, dessen Text sich nach Platons *Parmenides* zu dem des Parmenides wie eine Erläuterung verhielt und vermutlich eben deshalb auch in Prosa abgefaßt war. Diese Erläuterungsformen scheinen nun allesamt, obwohl es sich um informierende Prosa handelt, *nicht* akkulturiert zu sein. Mesopotamische Diagramme haben nur quantitätsbestimmende Beischriften: Modelle kommen dort nur in sehr beschränktem Maße vor (zur Bedeutsamkeit der ‚Erfindung des Modells' siehe unten 3. ii.).

c. verewigende Züge: Es ist offensichtlich, wie nahe die Funktion der Verewigung manchen ‚literarischen' Motivationen steht, die wir aus der Historiographie kennen: man denke an Thukydides' κτῆμα ἐς αἰεί (1.22.4). Wenn man die Historiographie hier *in toto* subsumieren möchte (es sei etwa auf die Prominenz der Erinnerungsfunktion als Intention bei Herodot hingewiesen: ὡς μήτε τὰ γενόμενα ἐξ ἀνθρώπων τῷ χρόνῳ ἐξίτηλα γένηται μήτε ἔργα μεγάλα … ἀκλεᾶ γένηται), dann ist jetzt auch die Nähe solcher Unternehmen zu spätassyrischen Herrschertexten, insbesondere dem sog. ‚Gottesbrief', zu berücksichtigen.[100]

d. setzende Züge: Diese haben die Funktion, ein Faktum oder einen Zusammenhang zu behaupten und festzusetzen, also das zu formulieren, was wir eine ‚These' oder eine ‚Norm' nennen: einen Satz mit Wahrheits- oder Gültigkeitsanspruch, der akzeptiert oder verworfen werden muß. Die meisten wörtlichen Fragmente der ionischen Vorsokratiker haben diesen Charakter: man denke etwa an all die Bestimmungen von ἀρχαί (z.B. Ion von Chios 36 B 1: πάντα τρία καὶ οὐδὲν πλέον ἢ ἔλασσον …) oder die vielen gewagten Setzungen Heraklits. Wenn es schon früh Sammlungen weisheitlicher Sinnsprüche gegeben haben sollte, läßt sich außerdem die Prosa Heraklits und vielleicht sogar diejenige Anaximanders (dazu unten) als eine solche Sammlung zugespitzter Weisheitsäußerungen verstehen:[101] Von hier läuft eine Entwicklungslinie zur späteren Aphoristik. Doch kann es sich dabei nicht um die einzige Quelle von Prosa handeln.[102]

In diesen Fällen ist eine archivierende (etwa bei einer großen Menge von Thesen) oder eine informierende Funktion (etwa wenn Kommunikanten mündlich nicht erreichbar sind) meines Erachtens sekundär. Verschriftlicht wurde hier vermutlich aus zwei Gründen: erstens als Vergegenständlichungstechnik, die eine Verbesserung der Thesengenauigkeit ermöglichte; zweitens und vor allem, in Anlehnung an die ‚setzende' Textsorte der Gesetze, als Untermauerung eines Gültigkeitsanspruchs. Funktionsgemäß erscheint hier eine Verschriftlichung als Reihe unverbundener Erkenntnisse *ohne* zureichende Argumentation. Solche Medien sind für Anaximander bezeugt.[103] Für Heraklits Logos ist ähnliches zumindest plausibel; die erhaltenen,

99 Der bekannte Derveni-Papyrus bietet wohl das älteste Beispiel.

100 Dazu jetzt detailliert B. Patzek, Mündlichkeit (wie Anm. 5), 17–24.

101 So zu Heraklit A. Bernabé, Filósofos (wie Anm. 8), 385. Zu Anaximanders Prosa siehe die treffende Intuition Friedrich Nietzsches, zitiert bei G. Rudberg, Gorgias (wie Anm. 29), 133.

102 So E.A. Havelock, Task (wie Anm. 9), 11.

103 Kurze Charakterisierung dieser Schrift bei G.S. Kirk/J.E. Raven/M. Schofield, Philosophen (wie Anm. 38), 111f.; W. Burkert, Weltmodelle (wie Anm. 98), 185; G.W. Most, Poetics (wie Anm.

recht argumentationsarmen Fragmente des Anaxagoras weisen in eine ähnliche Richtung.[104] Hier entsteht ein Konsensmedium, eine ‚Kompaktkommunikation',[105] ähnlich wie spätere Aphorismensammlungen,[106] von denen vom Autor von Περὶ τροφῆς bis hin zu Nietzsche viele direkt oder indirekt durch Heraklit beeinflußt sind, oder Thesen, die man beispielsweise an Kirchentüren schlagen kann. Es ist zu betonen, daß die stilistische Feinarbeit, die in solche Aphorismen eingeht, damit diese sich dem Rezipienten einprägen, und die etwa zu einer ausgeprägten Wiederholungsarmut[107] und einer prätentiösen, d.h. alltagsfernen, Sprache führt, gerade ein Indiz für ihre konzeptuelle Schriftlichkeit ist.[108]

e. argumentierende Prosa. Bis hierhin etwa gelangt man, indem man einfach nur das das rein medial bestimmte ‚Feld der Schriftlichkeit' betrachtet, das die erste ionische Prosa vermutlich vorfand und auf dem sie partiell aufbaute. Es ist offensichtlich, daß derjenige Zug, für den man sich stets am meisten interessiert hat, auf diese Weise nicht zu erklären ist: Er ist nämlich offenbar neu, d.h. nicht akkulturiert: ich rede von der Textsorte Argumentation. Der größte Teil etwa des umstrittenen Anaximanderfragments[109] besteht aus einem Begründungssatz, der die kontraintuitive These Anaximanders „Woraus alles entsteht, dazu wird es auch wieder" absichert. Begründung und Argumentation sind aber der eigentliche Bestandteil dessen, was wir Theorie oder Wissenschaft nennen würden: diese zeichnen ja vor allem bestimmte Argumentationstechniken aus. Ihre Verschriftlichung ist der eigentlich erklärungsbedürftige Fall. Denn die Techniken argumentierender Prosa fal-

6), 349. Wenn die Notiz wirklich auf Apollodor zurückgeht (FGrHist 244 F 29) und im 2. Jh. v.Chr. Anaximander noch als Buch in Bibliothekskatalogen auffindbar war (siehe A. Laks, Écriture [wie Anm. 8], 139), hat die Information hohen Wert; Zweifel bei M.L. West, Philosophy (wie Anm. 34), 77. Es ist allerdings fraglich, ob die Funktionalität dieses archaischen Texts vom hellenistischen Literarhistoriker richtig eingeschätzt wurde: vielleicht konnte er sich *diesen* Text nur als Zusammenfassung *vorstellen*, weil er keine Argumente enthielt.

104 Weshalb G.S. Kirk/J.E. Raven/M. Schofield, Philosophen (wie vorherg. Anm.) ein „kurzes" Buch annehmen, also eine Konsensverschriftlichung.

105 Diesen Begriff verwendet N. Luhmann, Das Kunstwerk und die Selbstreproduktion der Kunst, in: H.U. Gumbrecht/K.L. Pfeiffer (Hgg.), Stil. Geschichten und Funktionen eines kulturwissenschaftlichen Diskurselements, Frankfurt am Main 1986, 620–72, hier: 627 für die Provokationswirkung, die ein Kunstwerk auf die sich an ihm entfaltende Kommunikation der Rezipienten ausübt. H. Fränkel, Dichtung (wie Anm. 63), 295f. Anm. 9 schildert sehr schön die Kompaktkommunikation über Schriften der Milesier.

106 Siehe dazu H. Thesleff, Style (wie Anm. 28), 107f.; J. Althoff, Die aphoristisch stilisierten Schriften des Corpus Hippocraticum, in: W. Kullmann/J. Althoff/M. Asper (Hgg.), Gattungen wissenschaftlicher Literatur in der Antike, Tübingen 1998, 37–63.

107 Zur Wiederholung als allgemeinem Kennzeichen mündlicher Sprache siehe schon F. Boas, Aspects (wie Anm. 56), 330f.

108 So richtig Ch.H. Kahn, Philosophy (wie Anm. 19), 115–8 (gegen Havelock). Einen „religiösen" Hintergrund für Heraklits Stil sehe ich *pace* G. Rudberg, Gorgias (wie Anm. 29), 135; S.C. Humphreys, ‚Transcendance' and Intellectual Roles: The Ancient Greek Case, Daedalus 104 Nr. 2, 1975, 91–116, hier: 101 nicht. Zu Heraklits Aphorismenstilistik siehe schon Platon, *Theait.* 179 e 3–180 b 3.

109 Zur Abgrenzung des Originalzitats und der Frage, was davon dem Doxographen Theophrast oder dem Kommentator Simplikios zugerechnet werden kann, am besten Ch.H. Kahn, Anaximander (wie Anm. 80), 168–78.

len großenteils zusammen mit den Kennzeichen von Schriftsprache überhaupt.[110] Argumentierende Texte haben nun aber keine Vorbilder in mesopotamischen, phönizischen und ägyptischen Schriftkulturen, im Gegensatz zu archivierender, informierender, verewigender und setzender Prosa. In diesen Funktionsbereichen ist Argumentation in der Regel nicht erforderlich und wurde dementsprechend auch nicht verschriftlicht. Gerade das zeigt das Beispiel der Gesetzestexte deutlich: Man sollte doch erwarten, daß die Diskussionen um die Formulierung von Gesetzen mitverschriftlicht wurden, als Interpretationshilfe für spätere Auslegungen etwa. Doch ist das nicht der Fall gewesen, offenbar weil der einmal erreichte Konsens nicht durch die Mitverewigung der Gegengründe potentiell wieder destabilisiert werden sollte. Die Verschriftlichung der Gesetze ist geradezu derjenige Akt, der den Wegfall der Diskussion im Konsens und damit das Gültigwerden der Gesetze bestätigt.

3. Verschriftlichung von Argumentation

Gesucht sind also Gründe oder Motive, die die Aufwertung der mündlichen Kommunikationsaufgabe Argumentation plausibel machen[111] und außerdem den Verschriftlichungsimpuls. Ich gehe hier auf drei verschiedene, miteinander zusammenhängende Faktoren ein — ohne damit zu behaupten, es könnten nicht noch ganz andere eine Rolle gespielt haben: die soziale Struktur der argumentierenden Gruppen, die Kultivierung des Modells als Verschriftlichungszwang und schließlich verschiedene denkbare Verschriftlichungsmotive.

i. die argumentierende Gruppe: Das Milieu der milesischen Theoretiker war vermutlich praxisfern (nur aus unserer Sicht ist das notwendigerweise eine Tautologie!). Wenn man dem Tenor der Anekdoten und gelegentlich überlieferten Hinweise trauen darf, gehörten sie alle zur Oberschicht.[112] Für Hekataios gilt dasselbe, für Heraklit ebenso. Eine verbreitete und überzeugende Theorie führt die Entstehung formalisierter Debatte und klassifizierbarer Argumente schlechthin auf die Eigentümlichkeit der frühgriechischen Polis zurück, Einzelnen in der Regel keine ausreichende Machtbasis zur Durchsetzung ihrer Interessen zu bieten und damit freie Konkurrenz zu ermöglichen. Wer etwas ausrichten wollte, mußte eine Mehrheit hinter sich bringen. Zu diesem Zwecke mußte argumentiert werden.[113] Die ‚Kreise‘, in

110 Siehe dazu G. Elwert, Schriftgebrauch (wie Anm. 30), 253f.

111 *Pace* H. Thesleff, Style (wie Anm. 28), 112f., für den Argumentationen in der frühen ionischen Prosa noch nicht enthalten sind (γάρ-Sätze sind für ihn seltsamerweise keine Argumentation).

112 Auf die Familie Anaximanders sind wahrscheinlich zwei Statueninschriften zu beziehen (L.H. Jeffery, Scripts [wie Anm. 13], 332 [600–575 v.Chr.] und 342 [575–550], pl. 64.23 und 26), in denen der Name ‚Anaximander‘ vorkommt: die ältere könnte den Großvater des Philosophen meinen, die jüngere ihn selbst. Jedenfalls handelt es sich um bedeutende Weihungen von Statuen(gruppen), die ein entsprechend begütertes Milieu verraten.

113 Siehe z.B. J.-P. Vernant, La formation de la pensée positive dans la Grèce archaïque (orig. 1957), in: ders., Mythe et pensée chez les Grecs. Études de psychologie historique, Paris [2]1985 ([1]1965), 373–402, hier: 390f., 402; G.E.R. Lloyd, The Social Background of Early Greek Philosophy and Science (orig. 1972), mit neuer Einführung in: ders., Methods and Problems in Greek Science. Selected Papers, Cambridge u.a. 1991, 121–45, hier: 139; J. Martin, Zur Entste-

denen ‚Theorie' eine Rolle spielte, müssen, da ihre Mitglieder in der Regel den Oberschichten ihrer Polis entstammten, ihrer Autoritätsverteilung nach ähnlich wie ein Polisgremium strukturiert gewesen sein: Argumentation war als einzige Durchsetzungsstrategie erfolgreich, weil niemand dem anderen einfach befehlen konnte, Unrecht zu haben.[114] Meiers „autonome Intelligenz"[115] ist, wenn man moderne Intellektuellenklischees fernhält, insofern eine gute Kategorie zur Rekonstruktion dieser Schicht, weil Autonomie nicht nur bedeuten kann, gegenüber der Polis autonom zu sein, sondern auch, untereinander hierarchiefrei zu verkehren: so stammen etwa alle Sieben Weisen aus dem Adel ihrer jeweiligen Poleis, dergegenüber sie genauso autonom sind, die im Gegenteil häufig ihren Rat sucht, wie untereinander gleich.[116] Aus dieser Struktur ergibt sich aber nicht nur Argumentation als Medium, sondern auch die Emergenz bestimmter Regeln durch Konventionalisierung. Diese Regeln zielen auf den Ausschluß der Selbstblockade des Diskurses (man denke an den Bann von Argumenten *ad hominem*, Selbstwiderspruch, infinitem Regreß usw.).

Die seltsame Neigung, sich mit für die Praxis irrelevanten Fragen zu beschäftigen, wird in diesem Milieu verständlich als Differenzierung des alten Rätselwettkampfs unter Praktikern. Man findet Ansätze zu derartigen Verrätselungen ursprünglich praktischer Probleme auch schon in den, an sich praxisnahen, arithmetischen Schultexten des alten Mesopotamien. Dieser Wettbewerb, von seinen ökonomischen Zwängen und seiner institutionellen Gildenstruktur gelöst, wird als Spiel quasi salonfähig.[117] Daß das Spiel ein agonales ist, erklärt sich aus dem allgemeinen Streben der Adelsmitglieder nach Distinktion. Diese Agonalität hat vermutlich auch zur Adaptation der Schrift im Rahmen dieses Spiels geführt, zunächst in Weihinschriften, später eben in Schriften schlechthin,[118] weil sich so nämlich der Agon nahezu unbeschränkt ausweiten ließ, zunächst in der Zeit, dann auch im Raum.[119] Dieser Übergang einer Praxis von einer Spezialistengruppe in die Luxussphäre einer Ober-

hung der Sophistik, Saeculum 27, 1976, 143–64, hier: 156; G.E.R. Lloyd, The Revolutions of Wisdom. Studies in the Claims and Practice of Ancient Science, Cambridge u.a. 1987, 83–108; ders., Demystifying Mentalities, Cambridge u.a. 1990, 34. Siehe zu den sozialen Bedingungen philosophischer Argumentation, die letztlich auf Hierarchiefreiheit *und* Agonalität hinauslaufen, auch E. Flaig, Akkulturation (wie Anm. 16), 103.

114 Vgl. den Ton des, natürlich fiktiven, Briefs des Thales an Pherekydes (Diog. Laërt. 1.43).

115 Ch. Meier, Die Entstehung einer autonomen Intelligenz bei den Griechen, in: Sh.N. Eisenstadt (Hg.), Kulturen der Achsenzeit. Ihre Ursprünge und ihre Vielfalt. Teil 1, Frankfurt am Main 1987, 89–127, hier: 96f.

116 Siehe etwa zu Bias von Priene Herodot 1.170.1f.: das ähnelt sehr dem zu Thales Tradierten.

117 E.A. Havelock, Task (wie Anm. 9), 57 gegen eine Betrachtung als „intellectual game", die seiner Meinung nach anachronistisch ist.

118 Im Gegensatz zu den Annahmen der Havelock-Goody-Richtung hat nicht Schrift die zahlreichen kulturellen Sprünge des 7.–4. Jh. ermöglicht, sondern hat als ein nur durch bestimmte soziale Bedingungen überhaupt adaptierbares Medium diesen Sozialstrukturen noch gedient: siehe z.B. A. und J. Assmann, Schrift, Tradition und Kultur, in: W. Raible (Hg.), Zwischen Festtag und Alltag …, Tübingen 1988, 25–49, hier: 40 mit Anm 36; allgemein J. Baines, Literacy (wie Anm. 12), 593; G. Elwert, Schriftgebrauch (wie Anm. 30), 238.

119 Das sieht man etwa an Heraklits Polemik gegen Leute wie Homer, Archilochos, Hesiod, Xenophanes, Hekataios usw. (22 B 39, 40, 42 Diels/Kranz), die er nur vom Hörensagen oder aus Texten kennen kann, und die selbst im Medium des Texts stattfindet.

schicht ist nicht leicht zu erklären: Aristoteliker würden den natürlichen Wissensdrang bemühen. Ein etwas pessimistischerer Ansatz könnte vermuten, daß die Beschäftigung mit praxisfernen, d.h. ‚theoretischen', und damit zweckfreien Gegenständen eine der wenigen Möglichkeiten gewesen ist, Luxus und so Gruppenzugehörigkeit zu demonstrieren,[120] ohne deshalb allzuviel sozialen Neid zu erregen (im Gegensatz zu auffälliger und luxuriöser Kleidung, die Diodoros von Ephesos für Anaximander bezeugt).[121] Eine homologe Abgrenzungsintention ist meines Erachtens auch in der Bevorzugung des Verstands auf Kosten der Sinne, also des Abstrakten, Alltagsentzogenen auf Kosten des Konkreten, Praktischen zu erkennen.[122] Als Abgrenzungshintergrund ist für diese praxisfernen Beschäftigungen eines Teils der Oberschicht die gesamte Zeit hindurch eine Praktikerkultur anzunehmen, die bis in die Spätantike fortdauerte.[123] Diese Sicht auf die früheste Prosa der Theoretiker betrachtet sie als Medium einer gruppen*internen* Kommunikation mit sozial distinguierender Funktion.[124]

ii. Modelle: Nimmt man an, daß die obige Skizze die *Existenz* von Argumentation erklärt, woraus könnte sich dann ein Impuls ergeben, eine solche Argumentation in einem zweiten Schritt zu verschriftlichen? Abgesehen von medialen Verbreitungs- oder Restriktionsgesichtspunkten (dazu unten iii.) dürfte ein solcher Impuls zunächst eintreten, wenn die These so komplex ist, daß sie von der zugehörigen Argumentation nicht zu trennen ist *und* wenn diese These schriftlich materialisiert werden *muß*. Der einfachste Fall, der beide Bedingungen erfüllt, tritt dann ein, wenn die ‚These' ein visuelles Modell ist, das so abstrakt ist, daß es Erklärungs- und Ar-

120 Ch. Meier, Intelligenz (wie Anm. 115), 122f. führt das soziologische Konzept der Selbstabgrenzung in die Betrachtung der frühgriechischen „autonomen Intelligenz" ein. Zu Luxus instruktiv P. Bourdieu, Unterschiede (wie Anm. 47), 102f.: „Zur objektiven Distanz gegenüber der Sphäre des Notwendigen und gegenüber denen, die darin eingebunden sind, kommt jene beabsichtigte Distanzierung hinzu, mit der Freiheit sich verdoppelt, indem sie sich zur Schau stellt."

121 Fr. 12 A 8 Diels/Kranz (Diog. Laërt. 8.70).

122 Zur Polarisierung von Verstand und Sinneswahrnehmung z.B. Anaxagoras Fr. 59 A 46 Diels/Kranz (Bd. 2, S. 18.39–19.1), B 21–21b. – Zum Begriff der Homologie, der soziale Strukturen in ästhetische oder wissenschaftliche Präferenzen übersetzt, mit vielen Beispielen P. Bourdieu, Unterschiede (wie Anm. 47), 365–71, 731ff.

123 Dazu Asper, Mathematik (wie Anm. 24). Es ist auch zu überlegen, ob die Polemik gegen die ‚Vielen' bei Heraklit, Xenophanes, Parmenides und Empedokles als autoritätsverbürgende Strategie letztlich auf dieser Abgrenzung von oberschichtpezifischen *sportsmen* gegen professionelle Praktikergruppen basiert, oder ob umgekehrt diese nur *einen* Aspekt der vielfältigen Abgrenzung der Oberschicht gegen den Normalbürger darstellt. Die Abgrenzung gegen Praktiker schließt natürlich nicht aus, daß die frühgriechischen Theoretiker Probleme und Techniken von diesen übernahmen (siehe z.B. R. Hahn, Architects [wie Anm. 96], 55–85), als Abstraktionsbasis gewissermaßen.

124 Daraus läßt sich erklären, warum bei den physiologischen Theoretikern (im Unterschied zu Historikern und Medizinern *und* zu Aphoristikern wie Heraklit [vgl. Diels/Kranz Bd. 1, S. 150 zu 22 B 1] und Ion [Diels/Kranz Bd. 1, S. 379 zu 36 B 1]: in beiden Fällen wohl Schluß aus der Partikelstruktur des wörtlichen Zitats) namensetzende Einleitungsformeln fehlen (worauf A. Laks, Écriture [wie Anm. 8], 136 hinweist). – Ch.H. Kahn, Anaximander (wie Anm. 80), 209 zur „social coherence" der Milesier und ihrem Wissen als Gruppenbesitz.

gumentationsbedarf vereint und überdies rein mündlich gar nicht vermittelt werden kann.

Solche ‚Modelle' werden dort eingesetzt, wo man sie braucht, d.h. bei Vorhaben, die nicht direkt Handhabbares, an sich nicht Übersehbares, Evidentes, Abzählbares betreffen. Beispiele dafür sind die beiden Probleme, die Thales gelöst haben soll: Wie weit entfernt ist ein Schiff auf See? Wie hoch ist eine Pyramide?[125] Beides ist praktisch schwer zu lösen, da man auf dem Wasser Entfernungen nicht messen[126] und von Pyramiden kein Lot fällen kann, doch bleibt die Einfachheit dieser Probleme ziemlich nah an alltäglichen Meßproblemen: ein typischer Fall für ein Rätsel, dessen Beantwortung die Grenze der Praxis in Richtung Theorie überschreitet. Denn diese beiden Probleme kann man prinzipiell nur mit einer Modellbetrachtung lösen, nicht mit einer verbesserten Meßtechnik oder ähnlichem. ‚Modell' hat hier den Sinn einer abstrahierenden Visualisierung mit Reduktions- und deshalb Evidenzcharakter. Im nächsten Schritt wendet man sich dann geometrischen, also bereits ‚reduzierten' Gesetzmäßigkeiten zu: die Thales zugeschriebenen ‚Sätze' lassen sich alle durch Symmetriebetrachtungen an *einem* Diagramm evident machen, nämlich einem Kreis, dem ein Rechteck einbeschrieben ist, dessen Diagonale der Durchmesser des Kreises bildet. Alle astronomischen Erklärungsversuche erfordern im Gegensatz zu astronomischen *Berechnungen* Modelle: neben der für Thales bezeugten Beschäftigung mit dem Phänomen der Sonnenfinsternis siehe etwa auch Pherekydes' Sonnenwendmarkierung (Diog. Laërt. 1.119): ob diese Nachrichten im Detail glaubwürdig sind, brauchen wir hier nicht zu entscheiden. Wer über die Sonnenbahnen räsonniert, braucht eine Vorstellung der Raumverhältnisse und der relativen Lage der Himmelskörper zueinander. Da diese ja nicht evident sein kann und auch nicht durch schlichtes Abmessen zu finden ist, entsteht Modell- und Argumentationsbedarf. Solche Modellbetrachtungen entstehen ebenfalls nicht abrupt, sondern haben ihre Vorbilder in Praktikerproblemen: der Tunnel des Eupalinos ist ein gutes Beispiel dafür. Seine Konstruktionsidee muß ja außerhalb des Tunnels ausprobiert oder doch wenigstens durchdacht, konzeptualisiert worden sein.[127] Ähnliches gilt für die Planungsunterlagen der großen archaischen Bauvorhaben (παραδείγματα und συγγραφαί), die vor und mit dem Bau entstehen und die Koordination über mehrere Generationen sichergestellt sowie die Kosten fixiert haben. Hier finden wir einen sehr spezifischen Komplex aus Maß- und Proportionsangaben, visuellen Fixierungen und Erläuterungsbedarf zusammen mit der Textfunktion ‚Information'.[128] In einem solchen Textensemble wuchs quasi kontinuierliche Prosa

125 11 A 1 Diels/Kranz (Diog. Laërt. 1.27); A 20 (Proklos, *In Eucl.* 352.13–18). Das erste Problem hat ‚Thales' vielleicht in der Ναυτικὴ ἀστρολογία behandelt (siehe B. Gladigow, Thales [wie Anm. 8], 265f.).

126 Zur Methode, die Thales angewandt haben könnte, B. Gladigow, Thales (wie Anm. 8), 266ff. Bei größeren Entfernungen wäre die von Gladigow favorisierte Methode, die Thales mit einem Zirkel arbeiten läßt, allerdings ungenau und umständlich.

127 Dazu H.J. Kienast, Tunnel (wie Anm. 95), 240f.

128 B. Wesenberg, Architekten (wie Anm. 91), 44: „Eine Vervielfältigung der Planungsunterlagen, die aus einer *Kombination von ausformuliertem Text, Maß- und Proportionslisten samt beschrifteten Skizzen* bestanden haben mögen, ist bereits zu Beginn der Arbeiten unerläßlich, um über alle Wechselfälle hinweg die Fortführung des Baus zu sichern." (meine Kursive). Diese

nach Maßgabe der Komplexität des Modells notwendig aus den verschiedenen Listenteilen heraus.

Und letztlich kann aus derselben Überlegung auch der ‚Beweis' ebenso wie das Kriterium der ‚Wahrheit' entwickelt werden: bewiesen werden muß dort, wo man nicht abzählen kann,[129] Wahrheit als Ergebnis einer logischen Argumentation überzeugt dort, wo man selbst nicht prüfen kann.[130] D.h. der Beweis ist letztlich die Folge eines ‚Modells', dessen erfolgreiche Anwendung eben gezeigt werden muß. Anders gesagt: Theorie wird dort gebraucht, wo eine ‚Lücke' zwischen mehreren Fakten überbrückt werden soll: z.B. zwischen Krankheit, Therapie und Genesung, astronomischen Ausnahmeereignissen wie Sonnenfinsternissen und Normalzustand, wahrnehmbaren geometrischen Figuren und ihren nicht wahrnehmbaren Eigenschaften.[131] Solche Modelle liegen in den bereits erwähnten Diagrammen und in Anaximanders Karte vor. Die Konkurrenten des Theoriespiels dazu zu zwingen, die Angemessenheit des Modells und die Wahrheit der Erklärung zu akzeptieren, führt zu Theoriebildung. Die Motivation, so etwas überhaupt zu versuchen, rührt gleichermaßen aus dem sozialen Distinktionsspiel der eigenen Gruppe auf Kosten anderer Gruppen und dem Streben nach Auszeichnung in der eigenen Gruppe her.

Wir haben jetzt versucht, die Existenz von praxisferner Argumentation ebenso zu erklären wie die Emergenz von abstrakten, erläuterungs- und schriftbedürftigen Visualisierungen und Modellvorstellungen. Wie oben bereits angedeutet, bleibt noch die Frage nach Verschriftlichungsmotiven, die den doppelten Medienwechsel von gesprochener Sprache zu Schriftprosa oder vom Lehrgedicht zur Prosa durchgesetzt haben.

iii. Motive für Medienwechsel: Wenn wir ganz einfach davon ausgehen, daß ein akzeptiert ‚Kluger' wie Thales oder Pherekydes – die soziale Akzeptanz des Theoriespiels einmal vorausgesetzt – als agonal denkender Mensch an der Verbreitung seines Ruhms interessiert war, welchen Schwierigkeiten mußte er begegnen? Wie kam er auf Prosa? Meine These lautet, daß sich hier drei Vorteile verbanden, nämlich einmal die Unbestimmtheit des Mediums, zweitens die Möglichkeit symbolischen Ansehensgewinns. Drittens ermöglichte Prosa eine Form von sozial adäquater Rezeptionskontrolle, die dafür sorgte, daß vor allem sozial Hochstehende dieses Medium wahrnehmen konnten, was der Entwertung des Theoriespiels steuerte.

a. Unbestimmtheit: Jede Textform in wissensvermittelnder Literatur dient dem Versuch, eine an sich unwahrscheinliche Kommunikation doch glücken zu lassen.[132]

Architektentexte waren also ein Zwitter zwischen einer *setzenden* (Vertrag) und einer *informierenden* Textsorte.

129 D. Panchenko, Thales and the Origin of Theoretical Reasoning, Configurations 1, 1993, 387–414, hier: 406f.

130 N. Luhmann, Geschichte als Prozeß und die Theorie sozio-kultureller Evolution, in: ders., Soziologische Aufklärung 3. Soziales System, Gesellschaft, Organisation, Opladen ²1991 [1981], 178–197, hier: 186 (über Wissenschaft): „So … übernimmt [man] auch überraschende, enttäuschende Information oder sogar gedankliche Konstrukte, die man erst nach langer Bemühung versteht, *wenn* sie wahr sind" (Kursive bei Luhmann).

131 Dazu S.C. Humphreys, Riddle (wie Anm. 40), 13.

132 Siehe N. Luhmann, Die Unwahrscheinlichkeit der Kommunikation, in: ders., Soziologische Aufklärung 3 (wie Anm. 130), 25–34, hier: 26f.

Schriftkommunikation ist aufgrund ihrer Dekontextualisierung im Vergleich zu mündlicher Wissensvermittlung immer schon unwahrscheinlich, weil hier der informationsbeglaubigende soziale Kontext verschwindet, der für die intakte Übermittlung des Wissens bzw. die Aufnahmebereitschaft des Empfängers von großer Wichtigkeit ist.[133] Zusätzlich wächst diese Unwahrscheinlichkeit, wenn der zu vermittelnde Inhalt der Alltagswahrnehmung widerspricht (wie es bei Sätzen des Typs „Die ἀρχή von allem ist Wasser." oder „Alles ist eins." der Fall ist).[134] Um nun eine solche Unwahrscheinlichkeit zu kompensieren, benötigt man ein Medium, das, genau wie Mündlichkeit, flexibel eine nahezu unbeschränkte Variabilität und Komplexitätssteigerung und entsprechende Überzeugungstechniken zuläßt, das also seiner Struktur und seiner Komplexität nach zunächst möglichst unbestimmt ist. Prosa läßt eine beliebige Anordnung der Textbestandteile aller Größenordnungen zu, arbeitet mit grundsätzlich unabgeschlossenen Texteinheiten (wohingegen ein ‚Vers' ebenso wie eine ‚typische Szene' oder ähnliches, selbst ein inhaltliches Schema ‚Zornepos' irgendwann beendet sind, bestimmte Bestandteile haben usw., also keine völlig freie Wahl der Anordnung und Form erlauben).[135] Diese Unbestimmtheit garantiert ständige Erweiterbarkeit und möglichste Vielfältigkeit der Anwendung. Prosa ermöglicht damit eine *beliebige* Komplexitätssteigerung.[136] Das allein qualifiziert sie dazu, zur technologisch leistungsfähigen Schriftsprache, d.h. zum Kommunikationsträger einer potentiellen Schriftkultur, zu werden.[137] Unbestimmtheit ist demnach das, was die größere mimetische Qualität von Prosa gegenüber der tendentiellen Unbeweglichkeit von Lehrepik ermöglicht, die von vielerlei Gattungskonventionen dominiert ist.[138] So erweitert Prosa gewiß das Spektrum nutzbarer Begriffe und vielleicht den Gebrauch von Abstrakta.[139]

Diese Unbestimmtheit und Untraditionalität ließ nun einen neuartigen Exaktheits- und damit Wahrheitsanspruch zu.[140] Damit konkurriert der traditionelle, in-

133 Siehe etwa B. Heintz, Die Innenwelt der Mathematik. Zur Kultur und Praxis einer beweisenden Disziplin, Wien/New York 2000, 269: „Unter der Bedingung anonymer und indirekter Kommunikation reichen persönliches Ansehen und informelle Argumentationen nicht mehr aus, um Konsens zu sichern. Es braucht eine präzise Sprache, um Argumentationen mitteilbar, und „strenge" Methoden, um sie überzeugend zu machen. ... Soziologisch gesehen läßt sich diese Entwicklung als eine Umstellung von sozialintegrativen Mechanismen auf symbolisch generalisierte Kommunikationsmedien interpretieren."

134 Zur verblüffenden Attraktivität des Kontra-Intuitiven in der frühgriechischen Philosophie siehe S.C. Humphreys, Riddle (wie Anm. 40), 22.

135 Freilich kann diese größere ‚Bestimmtheit' des Verses auch Vorteile haben: siehe dazu Kleanthes, Fr. 487 (Stoic. Vet. Fragm. hg. v. Arnim, Bd. 1, S. 109) und H. Cherniss, Ancient Forms of Philosophic Discourse [orig. 1970], in: ders., Selected Papers, hg. v. L. Tarán, Leiden 1977, 14–35, hier: 21.

136 Siehe zu „minus-devices" J. Lotman, Text (wie Anm. 5), 99, 103f.

137 Schriftsprache, nicht Alphabetisierung, ist Kennzeichen einer Schriftkultur: siehe G. Elwert, Schriftgebrauch (wie Anm. 30), 259; 260 zur „Informalisierung" der Schriftkultur.

138 Siehe Ch.H. Kahn, Philosophy (wie Anm. 19), 120f.; skeptisch S.C. Humphreys, Riddle (wie Anm. 40), 4f.

139 Dazu E.A. Havelock, Task (wie Anm. 9), 28–41; V. Hösle, Die Philosophie und ihre Medien, in: Th.A. Slezák (Hg.), Platonisches Philosophieren, Hildesheim u.a., 1–16, hier: 9.

140 Siehe S. Goldhill, Prose (wie Anm. 55), 43: „The authority of ‚the bare statement of fact' is the most brilliant rhetorical invention of prose."

zwischen aber offenbar nicht mehr glaubhafte, Anspruch hexametrischer Dichtung, göttlich verbürgte Wahrheiten zu verkünden.[141] Möglicherweise ist die Verweigerung, Schriftmedien zu benutzen, wie sie von den Pythagoreern bezeugt ist, ebenso wie die Entstehung der Prosa eine Reaktion auf die Vermittlungsrisiken des Lehrgedichts, also kurioserweise eine analoge Option zur Prosa. Jedenfalls kann Prosa aufgrund ihrer Unbestimmtheit und Neuartigkeit[142] als Wahrheitsmedium einen symbolischen Anspruch auf Kosten traditioneller Ausdrucksformen erheben.[143] Sie wird damit zu einem Abgrenzungsmedium[144] und deshalb zu einer Provokation.

Diese Unbestimmtheit ermöglichte vor allem die Abkehr von linearer Informationsvermittlung zugunsten zweidimensionaler, d.h. also die Verwendung von Karten und Diagrammen als Informationsmedien mit höherer Vermittlungswahrscheinlichkeit. Z.B. mußte Anaximanders Weltmodell bereits in Prosa vermittelt werden, weil es der Darstellung eines Diagramms bedurfte. Überhaupt ist Modellwahl immer dann, wenn sie zu einer Skizze führt (was bei einem Vergleich von Modell und Realität bzw. der entsprechenden Reduktion stets der Fall ist), zwingendes Indiz für eine Prosaabhandlung. Weiter sicherte die weitgehende Vorbildlosigkeit von diskursiver Prosa dieser auch eine gewisse Autonomie: sie war nämlich durch andere, d.h. traditionelle, Gültigkeitspraktiken und -ansprüche nicht so leicht zu infiltrieren.[145]

b. Anlehnung an symbolische Formen: Oben wurde klar, daß Prosa möglicherweise allein aufgrund ihrer Form bereits einen symbolischen Anspruch erhoben hat, nämlich den Anspruch auf Wahrheit. Niemand käme heute mehr darauf, Prosa selbst schon als symbolische Form anzusehen; doch in einem Gattungssystem, in dem sie vorwiegend für *eine* markante Textsorte reserviert war, dürfte genau das der Fall

141 G.W. Most, Poetics (wie Anm. 6), 343, 353.

142 Ein Bewußtsein von mit Wahrheit verbundener Neuartigkeit findet sich in Xenophanes' Abgrenzung gegen die πλάσματα τῶν προτέρων (21 B 1.22 Diels/Kranz) und vielleicht auch bei Hekataios (FGrHist 1 F 1: ἀληθέα γράφω vs. γελοῖοι λόγοι).

143 G. Wöhrle, Prosa (wie Anm. 2), 33f. sammelt Belege dafür, daß schon früh Prosa als Wahrheitsmedium gegen Lehrgedicht und Epos gesehen wurde; ähnlich A. Laks, Écriture (wie Anm. 8), 146. Ein Konzept medial verstandener Schriftprosa als Anspruch und Provokation geht aus den berühmten Bemerkungen des Thukydides in seinem Methodenkapitel (1.22.4) deutlich hervor. Einen Kohärenzanspruch erkennt H.S. Schibli, Pherekydes (wie Anm. 76), 133 auch bei Pherekydes. – Ein ähnlicher Gegensatz läßt sich auch in der kosmologischen Kommentierung älterer Epen bei assyrischen Schreibern des 7. Jh. fassen: siehe W. Burkert, Weltmodelle (wie Anm. 98), 185. Parallelen aus dem mittelalterlichen Frankreich bei J. Kittay/W. Godzich, Prose (wie Anm. 4), xiv (von manchen frühen französischen Prosaikern wird ‚Reim' als ‚Zwang zur Lüge' interpretiert).

144 Andeutend schon S. Lilja, On the Style of the Earliest Greek Prose (Comm. Human. Litter. Soc. Sci. Fenn. 41.3), Helsinki 1968, 15; H. Cherniss, Discourse (wie Anm. 135), 15; R.L. Fowler, *Historiê* (wie Anm. 25), 103. Vgl. die anhand russischer Literatur des 19. und frühen 20 Jh. für „artistic prose" formulierte Kernthese bei J. Lotman, Text (wie Anm. 5), 101: „Thus artistic prose arose against the background of a poetic system as the negation of that system." Das gilt für griechische ‚wissenschaftliche' Prosa ebensogut.

145 G.W. Most, Poetics (wie Anm. 6), 334 (allerdings nicht speziell zur vorsokratischen *Prosa*): „a discursive space that would be autonomous and privileged over other forms of social communication."

gewesen sein (ähnlich unterstellt man heute einem Philosophen, der nur in Formeln schreibt oder sich bestimmter Begriffe und Argumente bedient, Autoritätsanleihen aus der Naturwissenschaft).[146] Diese These soll jetzt von einer anderen Seite ergänzt werden: Die neuen Texte, so meine These, wählen Prosa in Anlehnung an den etablierten Autoritätsdiskurs der Polis-Gesetze. Sie borgen gewissermaßen deren Gültigkeitsanspruch.

Sachtexte müssen ja immer eine Autoritätskonstruktion betreiben:[147] der Leser muß den Autor schließlich für kompetent halten, damit die angestrebte Wissensvermittlung überhaupt funktioniert. Autoritätskonstruktion gehört damit in den Kreis der Techniken, Unwahrscheinlichkeit zu minimieren. Die spezifische Rhetorik von Sachtexten besteht darin, diese Autorität zu vermitteln oder überhaupt erst zu schaffen. Grundsätzlich kommen für Sachtexte einerseits persönliche, d.h. letztlich soziale, Konstruktionen von Autorität in Frage (man denke an moderne Paratexte wie unsere Klappentexte, die versuchen, das kulturelle Kapital der jeweiligen Autoren beim Leser wuchern zu lassen), etwa ausgedehnte Polemiken oder Verweise auf berühmte Lehrer:[148] der Autor kann sich textimmanent als besonders qualifiziert präsentieren. Andererseits gibt es auch unpersönliche Autoritätskonstruktionen: Man denke an all die heutigen Mittel, dem Leser ,Wissenschaftlichkeit' und damit Wahrheit zu suggerieren: Fußnoten, Statistiken, Diagramme und nicht zuletzt die ,objektive' Unpersönlichkeit des Textes selbst, der allein die vermeintlich reinen Fakten sprechen läßt.[149]

Wiederum *eine* Möglichkeit solcher unpersönlicher Autoritätskonstruktion besteht in der symbolischen Anlehnung an bereits als autoritativ akzeptierte Texte. Nun gibt es in Griechenland seit dem 7. Jh. mindestens die Gesetzesinschriften der Poleis.[150] Sie sind öffentlich, umfassen teilweise erhebliche Textmengen, folgen zumeist kasuistischen Textmustern und sind ausschließlich in Prosa abgefaßt. Die Gesetzesprosa ist alt: sie geht der ionischen Prosa wenigstens 100 Jahre voraus. Die älteste philosophische oder geographische Prosa fand die Gesetzesprosa demnach bereits vor als eine standardisierte Ausdrucksform mit dem Anspruch auf unbedingte Geltung. Wir erkennen nun in diesen archaischen Gesetzesinschriften einige Züge, die mit der ältesten philosophischen Prosa zusammenhängen könnten.[151] Um von Äußerlichkeiten zum Wesentlichen voranzuschreiten:

(1) Gesetze sind Reihen von Sätzen in Prosa, stets argumentationslos. Weil sie ursprünglich nicht nach systematischen Gesichtspunkten, sondern in der Reihenfol-

146 Dazu entlarvend A.D. Sokal/J. Bricmont, Eleganter Unsinn. Wie die Denker der Postmoderne die Wissenschaften mißbrauchen [orig. 1997], München 1999, z.B. 200–5.

147 Zur Autoritätskonstruktion siehe S. Cuomo, Pappus of Alexandria and the Mathematics of Late Antiquity, Cambridge u.a. 2000, 199f.; S. Goldhill, Prose (wie Anm. 55), 114; vgl. G. Elwert, Schriftgebrauch (wie Anm. 30), 248 zum Glaubwürdigkeitsproblem.

148 Dazu vielleicht S.C. Humphreys, Riddle (wie Anm. 40), 11.

149 Auch die ,mündlichen' Wissensgattungen verwenden oft unpersönliche Mittel der Autoritätskonstruktion: siehe andeutend schon G. Rudberg, Gorgias (wie Anm. 29), 131.

150 Darauf weist jetzt auch L. Bertelli, Hecataeus (wie Anm. 38), 79 hin.

151 Ausführlicher dazu M. Asper, Stoicheia und Gesetze. Spekulationen zur Entstehung mathematischer Textformen in Griechenland, Ant. Naturwiss. & ihre Rez. 11, 2001, 73–106, hier: 98–105.

ge ihres Inkrafttretens verabschiedet wurden, zeigen die frühen Sammlungen von Gesetzen keinen über die kasuistische Mikroebene hinausgehenden Aufbau. Sie gleichen deshalb rein äußerlich den Kephálaia des Anaximander oder den Aphorismen Heraklits.[152] So könnte sich erklären, daß man aus den Texten der frühen Theoretiker den Eindruck gewinnt, hier habe man Sorgfalt allenfalls auf die mikrostrukturelle Ebene der Sprachform gewandt.[153] Situation und Funktion regeln den Aufbau eines Textes: doch für beides fehlten der Prosa Konventionen. Überlegungen, wie man einen Prosatraktat eigentlich aufbaut, begegnen erst in der zweiten Hälfte des 5. Jh. bei Diogenes von Apollonia,[154] also bereits in einem Klima weitgehender literarischer Konventionalität und damit Kompatibilität beliebiger Inhalte mit Prosa.

(2) Die Einbindung von fixierten Texten in die soziale Praxis der institutionalisierten Rechtsprechung involviert einige logische Prozesse: am wichtigsten ist die Abstraktion oder Generalisierung, um ein Gesetz zu formulieren;[155] am wichtigsten die Subsumtion, um es anzuwenden. Insgesamt handelt es sich bei kasuistischen Gesetzeskorpora um spekulative Festsetzungen von zukünftigen Folgeereignissen mit dem Ziel, eine soziale Realität durch logische Disjunktionen vollständig auszuschöpfen. So sind bestimmte kognitive Textleistungen, die man typischerweise mit ‚griechischer Rationalität' in Verbindung bringt, durch die Praxis der Gesetze und ihrer öffentlichen Diskussion und Anwendung bereits vorgebildet. In den Argumentationen, die der Rechtsfindungsprozeß notwendig involviert, ist bereits eine implizite Logik ausgebildet, die in irgendeiner Form auf die fixierten Gesetzestexte rekurriert.

(3) Diese Gesetzestexte dokumentieren ihren Anspruch, für alle und für immer gültig zu sein, durch Unpersönlichkeit. Dasselbe gilt für die frühe Prosa, deren Wahrheitsanspruch nicht auf sozialen Qualitäten des Autors beruht, sondern auf Argumentation, Kohärenz und Evidenz.[156] Diese Unpersönlichkeit ist deshalb als ein Merkmal anzusehen, das der Funktion dieser Texte dient, einen Konsens herzustellen oder zu sichern. Im Falle der Gesetze ist dieser Konsens die Basis für ein Funktionieren der Polis trotz rivalisierender Machtgruppen, im Fall der Theoretikerprosa

152 Aristoteles, *Rhet.* III 5.1407 b 11–8 zur Schwierigkeit, Heraklit ohne Interpunktion zu verstehen. D.h. der herakliteische Text muß argumentationsarm bzw. -los gewesen sein; unsere Fragmente stellen also wahrscheinlich keine Auswahl dar, die argumentative Passagen vernachlässigt (siehe in diesem Sinne auch G.W. Most, Poetics [wie Anm. 6], 357 u.ö.; *contra* M.L. West, Philosophy [wie Anm. 34], 112f. Anm. 2). Gegen West und G.S. Kirk/J.E. Raven/M. Schofield, Philosophen (wie Anm. 38), 201 ist zu betonen, daß Heraklits Text sich einen gnomischen Ton zu verleihen sucht, ohne deshalb strikt die Form einer Gnomensammlung gezeigt haben zu müssen (ob die Fr. 22 B 92f. wirklich Sibylle und delphisches Orakel zur Beleuchtung des *eigenen* Stils bemühen, wie oft zu lesen ist, erscheint mir zweifelhaft).

153 Diese Beobachtung bei G.W. Most, Poetics (wie Anm. 6), 350; ähnlich auch schon J.D. Denniston, Greek Prose Style, Oxford 1952, 2, indirekt 5.

154 Fr. 64 B 1 Diels/Kranz; sehr ähnlich *De carnibus* 1, 8.584 Littré.

155 Zur Generalisierung in Kodifikationen siehe das Beispiel aus Gortyn bei J.K. Davies, Deconstructing Gortyn: When is a Code a Code? in: L. Foxhall/A.D.E. Lewis (Hgg.), Greek Law in Its Political Setting. Justifications not Justice, Oxford 1996, 33–56, hier: 47.

156 Vgl. z.B. Heraklit Fr. 22 B 50 Diels/Kranz: οὐκ ἐμοῦ ἀλλὰ τοῦ λόγου ἀκούσαντας ὁμολογεῖν σοφόν ἐστιν ἓν πάντα εἶναι.

der Versuch, einen Diskussions- oder Forschungsstand zu markieren, hinter den nicht mehr zurückgegangen werden kann. In beiden Fällen dient die schriftliche Fixierung dem Interesse an Konsens und Stabilität.

(4) Gesetze wären nach unserer obigen Abgrenzung ‚setzende' Prosa, bei der charakteristischerweise die zu dieser Setzung führende Argumentation nicht mit verschriftlicht wurde: im Gegenteil ist die Fixierung gerade der Versuch, die Diskussion hinter sich zu lassen. Ein Gültigkeitsanspruch wird gerade durch Fixierung valide. Bei den Gesetzen ist die aufwendige Form der Fixierung offensichtlich der Absicht geschuldet, paratextuell eine gewisse Dignität zu dokumentieren. Das einmal verabschiedete Gesetz steht ἐν μέσῳ,[157] jedem zugänglich, doch von niemandem veränderbar, dem Alltagsstreit der Polis entzogen. Diese Fixierung dient gerade dazu, die potentielle Prozessualität einer Diskussion, deren Ergebnisse offen sind und deshalb nicht kontrolliert werden können, durch ‚Monumentalisierung', die eine nur für uns ungewohnte Form der Textualisierung ist, anzuhalten.[158] Literarische Prosa ist nun gerade ebenso verständlich als Versuch, einen autonomen Bedeutungsträger ‚monumentalisiert', d.h. unveränderlich, in die Öffentlichkeit zu stellen.

Mithilfe dieser Annahme läßt sich vielleicht auch die Verschriftlichung von Argumentation verstehen: Diese neuen Bedeutungsträger wiesen nämlich einen sehr erheblichen Unterschied zu ihren symbolischen Vorbildern, den in Stein gemeißelten Gesetzestexten, auf. Diese waren tonnenschwer, unbeweglich, im Zentrum der Polis verankert. Für die Wissensvermittlung und fixierung, die sie zu leisten hatten, war das ein immenser Vorteil. Sie standen am Ort ihres Funktionszusammenhangs, d.h. sie waren stets kontextualisiert. Es gab immer zuständige Rechtskundige, die ihre Funktion überwachten, indem sie die Texte interpretierten, Bedeutungsspielräume einschränkten, Zuständigkeiten diskutierten usw. Solchen kontextualisierten Deutungsprozessen war unsere Sachprosa aber entzogen: deren Trägermaterial war mobil, die Schriften selbst konnten, ja sie *sollten* zirkulieren (freilich in gewissen Grenzen, siehe unten iii.). Schließlich nutzten die Autoren sie als Vehikel ihres Ansehens. Was anfangs zweifellos als Vorteil gesehen wurde, die Beweglichkeit der Sachprosa, barg demnach auch seine Risiken. Dieses ist mit dem Begriff der Dekontextualisierung hinreichend beschrieben: Über die Deutungspraktiken, denen ein unbekannter Leser seinen Text unterwarf, konnte der Autor nicht wachen.[159] Dekontextualisierung bedroht also die Vermittlungswahrscheinlichkeit der angestrebten Kommunikation. Dem war zunächst einfach so zu begegnen, daß die Argumentation, die zu einer These führte, mitfixiert wurde. Uns erscheint das geradezu trivial: Doch ging dieser Schritt bereits erheblich über das Vorbild der Gesetze hinaus, erzeugte erst eine eigentliche textuelle Autonomie und ermöglichte damit ein verstehendes Lesen unter dekontextualisierten Bedingungen.

157 Siehe dazu die guten Bemerkungen von J.K. Davies, Archives (wie Anm. 34), 337.

158 Zur Spannung kulturellen Erinnerns zwischen Monumentalisierung und Prozessualität siehe A. Assmann, Gedächtnis als Leitbegriff der Kulturwissenschaften, in: L. Musner/G. Wunberg (Hgg.), Kulturwissenschaften. Forschung – Praxis – Posititionen, Wien 2002, 27–45, hier: 31f.

159 Dies ist einer der wesentlichen Punkte der platonischen Schriftkritik (*Phaidros* 275 d 5-e 4, vgl. Isokrates, *Phil.* [5] 26–9; W. Kullmann, Hintergründe und Motive der platonischen Schriftkritik, in: ders./M. Reichel [Hgg.], Der Übergang von der Mündlichkeit zur Literatur bei den Griechen, Tübingen 1990, 317–34, hier: 322f.).

Möglicherweise sollte man die Entstehung des *neuen* Mediums *setzend-argumentativer* Prosa, ihrer Produktions- und Rezeptionspraxis generell im Licht ihres Verhältnisses zu Gesetzestexten betrachten.[160] Wem diese These zu stark erscheint, der halte sich an die schwächere, daß die Begrifflichkeit der Gesetzespraxis die Interpretation empirischen Materials beeinflußt hat. Dafür finden sich viele Indizien: Das bekannte Fragment Anaximanders verrät den Einfluß juristischer Begriffe deutlich.[161] Vergleichbar scheint mir die Verwendung des politischen Isonomie-Begriffs durch Alkmaion von Kroton als Beschreibung physiologischer Zustände.[162] Heraklit formuliert sogar eine Analogie von Polisgesetz und rationaler Argumentation nach dem Kriterium intersubjektiver Verbindlichkeit, die eben deshalb unangreifbar werde.[163] Dies ist keine rechtsphilosophische Aussage über das Verhältnis von Polis und Nomos, sondern dieses Verhältnis dient nur als gegebene Vergleichsebene: der Rechtskonsens der Stadt steht für den Vernunftkonsens. Hier ist demnach die Aufgabe von sozialen Konsenstechnologien, nach denen der *anerkannt* Weise eben Recht hat, zugunsten von objektivierten abstrakten Konsenstechnologien zu greifen: wer rational, d.h. objektivierbar, argumentiert, hat Recht. Daß man sich nach Heraklit überhaupt ‚stark machen' muß, ist Reflex einer agonalen Diskussionssituation, hinter der die implizite Analogie streitender Rechtsparteien steht. In vergleichbarer Weise scheint auch die Begrifflichkeit des Verhörs und des prozessualen Agons das metatheoretische Vokabular Heraklits und des Empedokles beeinflußt zu haben.[164] Wenn das Gesetz eine erste Vorstellung von intersubjektiver Gültigkeit allgemeiner Sätze vermittelt hat und der Gerichtsprozeß ein Modell für

160 Ansätze dazu *en passant* bei W. Jaeger, Paideia (wie Anm. 1), 1.211; H. Thesleff, Style (wie Anm. 28), 99f., der sich aber vor allem für Stil- und Prioritätsfragen interessiert; S.C. Humphreys, Riddle (wie Anm. 40), 5, die ebenfalls „impersonality" und „permanent validity" als Berührungspunkte behandelt; bei A. Laks, Écriture (wie Anm. 8), 147; R. Hahn, Architects (wie Anm. 96), 50–5 und jetzt bei M. Gagarin, Greek Law and the Presocratics, in: V. Caston/ D.W. Graham (Hgg.), Presocratic Philosophy. Essays in Honour of A. Mourelatos, Hants/Burlington 2002, 19–24.

161 12 B 1 Diels/Kranz, dazu Ch.H. Kahn, Anaximander (wie Anm. 80), 169; G.E.R. Lloyd, Mentalities (wie Anm. 113), 248; G. Wöhrle, Prosa (wie Anm. 2), 40; J. Martin, Bedingungen der frühgriechischen Philosophie, in: K. Piepenbrink (Hg.), Philosophie und Lebenswelt in der Antike, Darmstadt 2003, 22–35, hier: 25ff.; M. Gagarin, Law (wie vorherg. Anm.), 21f.; allgemein O. Murray, Cities of Reason, in: ders./S. Price (Hgg.), The Greek City, Oxford 1990, 1–25, hier: 19.

162 Zum begrifflichen Kontext vordemokratischer Verfassungsdebatten siehe Ch. Triebel-Schubert, Der Begriff der Isonomie bei Alkmaion, Klio 66, 1984, 40–50, die den hier vorliegenden Isonomiebegriff überzeugend als aristokratischen bestimmt.

163 22 B 114 Diels/Kranz (vielleicht ein Teil der Einleitung: siehe M.L. West, Philosophy [wie Anm. 34], 114, 117): ξὺν νόῳ λέγοντας ἰσχυρίζεσθαι χρὴ τῷ ξυνῷ πάντων, ὅκωσπερ νόμῳ πόλις, καὶ πολὺ ἰσχυροτέρως. Heraklit sagt hier bereits dasselbe wie J.-P. Vernant, Les origines de la pensée grecque, Paris [3]1975 [[1]1962], 50, 106. Konsens als Gültigkeitsgarantie begegnet bei Heraklit noch öfter: siehe K. Held, Heraklit, Parmenides und der Anfang von Philosophie und Wissenschaft, Berlin/New York 1980, 179–181.

164 Vgl. Fr. 22 B 101a Diels/Kranz, 107, wahrscheinlich B 122 (dazu U. Hölscher, Heraklit zwischen Tradition und Aufklärung, Ant. & Abendl. 31, 1985, 1–24, hier: 9); ebenso Empedokles 31 B 21.1 Diels/Kranz, siehe auch B 30.1, 3; B 115; allgemein dazu G.E.R. Lloyd, Mentalities (wie Anm. 113), 95.

Erkenntniskritik, so ist das am besten mit der selbstverständlichen Vertrautheit dieser Polisinstitutionen für Heraklit und sein Publikum zu erklären.[165] Derselbe Befund ergibt sich für Herodot und das *Corpus Hippocraticum*, deren logische Begrifflichkeit die Herkunft aus der Rechts- oder allgemeiner öffentlichen Entscheidungsdebatte noch ganz deutlich verrät.[166]

Alle diese Koinzidenzen so zu deuten, daß manche der Vorsokratiker Kenntnis von der Rechtsprechung ihrer östlichen Nachbarkulturen gehabt hätten, bei denen diese kasuistischen Rechtsregeln natürlich entstanden sind,[167] d.h. in unserer Terminologie: auch für diese Übertragung einen *direkten* Akkulturationsvorgang anzunehmen, ist gewiß nicht die nächstliegende Lösung. Diese liegt vielmehr einfach darin, sich die ‚autonomen Intellektuellen' als natürlich in ihrer Polis verwurzelt und selbstverständlich an den Prozessen der Rechtsprechung ihrer eigenen Polis beteiligt vorzustellen, von der sie bestimmte formale und logische Kategorien und Techniken übernehmen konnten. Letztlich ist der Einsatz schriftlicher Prosa aus dieser Sicht ein Objektivierungsvorgang, der dem wettbewerbsbestimmten Interesse der jeweiligen ‚Weisen' entspringt, ihrem Publikum autoritative Texte zu liefern und diese Autorität sich selbst zuschreiben zu lassen.[168]

Oben hatte ich behauptet, Prosa sei ein *formales* Mittel, quasi ein Signal, um einen Anspruch auf Wahrheit zu erheben. Mit Hilfe der Gesetzesthese kann man diese Behauptung genealogisch noch etwas genauer fassen: Gesetze nämlich verfügten über eine Fülle von Mitteln, Anspruch auf Gültigkeit zu erheben (dazu gehörte auch ihre spezielle Sprache). Buchprosa überträgt also nur Gültigkeit in Wahrheit: die inhaltliche Absicherung durch Konsens bleibt dieselbe, das Signal der Prosa bleibt auch dasselbe. Das alles verstehe ich unter dem Verschriftlichungsmotiv der ‚symbolischen Formadaptation'. Das Skandalon, daß Parmenides und Empedokles, die in einer Zeit schreiben, als Prosa schon längst kurrent war, doch wieder das Lehrgedicht als Medium wählen,[169] ist erklärlich als umgekehrter Fall symbolischer Formadaptation: Hier wird ein Gültigkeitsanspruch durch Erzeugung einer Offenbarungssphäre erzeugt, indem man die dichterischen Formen von Offenbarungstexten borgt.[170] Auch hier arbeitet der Autor mit „geborgtem Charisma",[171] d.h. erwirbt Autorität durch Textmerkmale aus einem anderen Bereich.

165 Und nicht mit einem intertextuellen Bezug auf Anaximander (*pace* Hölscher [wie vorherg. Anm.] 9, 13).

166 Siehe die Darstellung bei R. Thomas, Herodotus in Context. Ethnography, Science and the Art of Persuasion, Cambridge u.a. 2000, 190–200 und öfter.

167 So P. Feyerabend, Conquest of Abundance. A Tale of Abstraction, hg. v. B. Terpstra, Chicago/London 1999, 56. Vor allem Heraklit und den Milesiern wird oft *exklusiver* Bezug zu nahöstlichem Wissen zugetraut: z.B. G. Thomson, From Religion to Philosophy, Journ. of Hell. Stud. 73, 1953, 77–83, hier: 78–81. – Zur Kasuistik der nahöstlichen Kulturen siehe die umfassende Perspektive bei D. Goltz, Heilkunde (wie Anm. 53), 309–312.

168 Zu Objektivierung, Schrift, wissenschaftlichen Praktiken und sozialen Prozessen allgemein siehe P. Bourdieu, Homo academicus (orig. 1984), Frankfurt am Main 1988, 117 Anm. 30.

169 A. Laks, Écriture (wie Anm. 8), 147f.

170 Dazu auch G. Wöhrle, Prosa (wie Anm. 2), 46f., der das mit einem „konservativeren" Klima in Westgriechenland erklärt.

171 Der Begriff geht auf H.-G. Söffner, Geborgtes Charisma – Populistische Inszenierungen, in:

iii. Verbreitung und Kontrolle: Als Entscheidung für ein neues Medium hat die Wahl von Prosa natürlich auch Verbreitung bzw. Kontrolle der neuen Texte involviert, d.h. das Problem der Publikumsselektion berührt.[172] Damit dürften weitere Verschriftlichungsmotive zusammengehangen haben, denen wir uns abschließend zuwenden. Meist nimmt man an, daß die frühe Prosa genauso wie die spätere literarische zur Rezitation bestimmt war.[173] Diese Annahme vereinheitlicht aber die frühe Prosa zu sehr: archivierende Prosatexte waren sicher nicht zum Vorlesen, sondern zum späteren Rekurs bestimmt. Heteronome Erläuterungsprosa zu Graphiken *konnte* nicht einmal funktionsgemäß vorgelesen werden.

Vielleicht muß man sich von unseren Auffassungen verabschieden, die Schrift nahezu automatisch mit Publikation und Prosa mit leichterer Rezeption und demzufolge weiterer Verbreitung verbinden. In einem archaischen Gattungssystem, das nur mündliche und nur kontextuell gebundene Gattungen kennt, kann beides anders gewesen sein. Zunächst ist festzustellen, daß die Gattungslosigkeit, die mit einem neuen Medium zunächst notwendig einhergeht, nicht nur die Produktion, sondern auch die Rezeption von Texten *belastet*. Denn Rezeptionserleichterung ist gerade der Sinn kommunikativer Gattungen. Die Sprachform, die ein Mehr an kontingenten Anteilen enthält, ist diejenige, die mehr Widerstände bei der Rezeption zu überwinden hat, weil sie sich auf keinen Erwartungshorizont verlassen kann und so die Unwahrscheinlichkeit von Kommunikation steigen läßt. Ursprünglich dürfte Prosa deshalb ein gewisses Hemmnis der Produktion wie Rezeption dargestellt haben.[174] In Prosa ist es etwa viel schwieriger, eine Abstimmung von sinnlich und kognitiv erfaßbaren Einheiten, d.h. eine Übereinstimmung von Sprach- und Sinneinheiten, zu erreichen, als in gebundener Sprache, die durch Rhythmik beide synchronisiert.[175]

Wichtiger scheinen die Wirkungen der materiellen Voraussetzungen des neuen Mediums Prosa: Schriftkenntnisse und ‚Buch'kosten. Schriftprosa ermöglicht zwar die Loslösung von der Mnemotechnik und entlastet dadurch das Gedächtnis, genauer: ersetzt die Mnemo- durch Archivtechnik. Doch üben dafür nun das Trägermaterial und die Fixierungstechnik selbst eine gewisse Verbreitungskontrolle aus: Nicht jeder kann lesen oder sich vorlesen lassen, nicht jeder kommt an Schriftstücke. Das gilt noch heute. Über einen organisierten Buchhandel dieser Zeit, überhaupt über die Zirkulation nicht-geschäftlicher Texte sollte man sich keine Illusionen machen. Daraus folgt, daß Texte, die als Mußetechnik selbst *gelesen* werden mußten, nur eine sehr kleine Gruppe überhaupt erreichen konnten, deren Schriftpraktiken damit eine *soziale* Relevanz erhielten.[176] Daraus wiederum folgt, daß die Entscheidung,

ders., Die Ordnung der Rituale. Die Auslegung des Alltags 2, Frankfurt am Main 1992, 177–202 zurück, der ihn aber zur Kennzeichnung von Populisten verwendet.

172 G. Wöhrle, Prosa (wie Anm. 2) wirft am Ende seines Aufsatzes ebenfalls die Frage nach den Publika auf.

173 Überblick bei G. Wöhrle, Prosa (wie Anm. 2), 43.

174 Natürlich sieht man das meist umgekehrt: siehe G.F. Nieddu, Il ginnasio e la scuola: scrittura e mimesi del parlato, in: G. Cambiano u.a. (Hgg.), Lo spazio letterario della Grecia antica, Bd. 1.1: La polis, Rom 1992, 555–85, hier: 555.

175 I. Eibl-Eibesfeldt, Die Biologie des menschlichen Verhaltens, München [3]1997, 947f.

176 Siehe mit Verweis auf W.V. Harris jetzt auch G. Shrimpton, Beyond the Limits. New Thoughts

Prosa zu produzieren, in manchen Fällen wahrscheinlich auf ein *Restriktionsmedium* zielte, das seinen Inhalt nur einem kleineren, relativ gut zu antizipierenden Kreis preisgab.[177] D.h. gerade über den Aufwand der Verschriftlichung und Entzifferung konnte Prosa das Publikum selegieren, und zwar die soziale Oberschicht (die nicht einmal selbst gelesen haben muß, aber sich vorlesen lassen konnte). Genau in diesem sozialen Milieu, das durch interne Hierarchiearmut gekennzeichnet ist, funktionieren aber die Konsenstechnologien sowohl der Polis wie des Wissensdiskurses, die beide auf Argumentation beruhen.

Wer Prosa wählte, grenzte sich und seine Adressaten also wahrscheinlich ab, und zwar in erster Linie vom Massenpublikum des Fest-Agons, der den wichtigsten Kontext für die Rezitation von Lehrdichtung geboten hat, wie sich aus Empedokles und Xenophanes schließen läßt.[178] Als Teil eines Repräsentationsfestes der Polis beruht die integrative Wirkung eines solchen Festagons gerade darauf, daß die *ganze* Polis, jedenfalls irgendwie ein sozialer Querschnitt, sich versammelt. Wer bei einem solchen Agon vortrug, konnte sicher sein, wenigstens polisintern die größtmögliche Diffusion seiner Rezitation zu erzielen.[179] Der zweite quasi institutionalisierte Anlaß, gewissermaßen komplementär zum ersten, für Textpräsentationen war natürlich das Symposium,[180] das zwar eine soziale Kontrolle bot, weil sich hier nur ein sehr kleiner, sozial homogener Kreis versammelte, das aber durch Trinksitten, Kottabos usw. keinen geeigneten Kontext für komplexere Wissensdiskurse geboten haben dürfte.[181] Schon die Institutionsformen des Symposiums schließen die Beschäftigung mit längeren Texten aus. Auch im Symposium wurden Texte rezitiert (Gnomen, Skolia, Epigramme, Lyrik), die, ggf. über das Gruppengedächtnis, eine identitätsstiftende Wirkung auf die jeweilige Gruppe hatten (deutlich etwa bei Tyrtaios und Alkaios).[182] Das aber schließt Kontroversen geradezu aus und damit auch

On the Origin and Development of Ancient Historical Writing, The Anc. Hist. Bull. 15.2, 2001, 50–62, hier: 59f. Alle Vorsokratiker entstammen der Aristokratie: siehe H. Schlange-Schöningen, Reiche Sophisten – Arme Philosophen?, in: A. Goltz u.a. (Hgg.), Gelehrte in der Antike, Köln u.a. 2002, 17–39, hier: 27.

177 Ähnlich S.C. Humphreys, Transcendence (wie Anm. 108), 99f.; A.A. Long bei G. Wöhrle, Prosa (wie Anm. 2), 47 Anm. 56. Restriktionsgesichtspunkte auch bei M.L. West, Philosophy (wie Anm. 34), 5; H. Thesleff, Publicity (wie Anm. 83), besonders 112–4 bestimmt die frühe philosophische Prosa insgesamt als ‚esoterisch'; A. Laks, Écriture (wie Anm. 8), 139; L. Bertelli, Hecataeus (wie Anm. 38), 79.

178 Vgl. Heraklit 22 B 42 (Homer, Archilochos); Empedokles' Καθαρμοί (31 B 112; H. Cherniss, Discourse [wie Anm. 135], 23 Anm. 54); Xenophanes 21 B 2 parallelisiert sportliche Agone mit denen des Lehrdichters.

179 So auch C. Osborne, Verse (wie Anm. 7), 30.

180 Xenophanes 21 B 1 scheint für eine solche Situation geschrieben.

181 A. Cameron, Callimachus and his Critics, Princeton, NJ 1995, 80 zitiert einen Text aus Elephantine, der Symposiumsregeln gibt und geregelten Sprecherwechsel ‚kodifiziert' (ca. 300). Allgemein S.C. Humphreys, Transcendence (wie Anm. 108), 100: „The fact that the first philosophical books were prose works suggests rejection of the conventions and atmosphere of the symposium in favor of a sober meeting at which the philosopher expounded his views to interested listeners, arguing his case and in all probability allowing his hearers to interrupt with questions and objections."

182 Zum Agon im Rahmen eines Polisfestes und zum Symposium als sozialen Identitätspraktiken

kontroverse Diskussionen über Wissensgegenstände.[183] Wie das instruktive Beispiel Solons zeigt, führt selbst die Praxis des Gesetzformulierens, d.h. das Hantieren mit Gesetzesprosa, keineswegs selbsttätig zu literarischer Prosa: Solon nutzt für seine politischen Meinungen symposiumskompatible Medien, d.h. Elegien, Iamben, Epoden: durchwegs kürzere, argumentationsarme Texte. Weiter ist es auffällig, daß Appelle an das Gruppengedächtnis im Rahmen des Symposions zwar lyrische Texte historischen Inhalts hervorbringen konnten (und sogar eine Wurzel der Historiographie geworden sein könnten),[184] daß aber die eigentliche Historiographie sich von einem solchen Rahmen durch ihr Medium geradezu radikal abgegrenzt hat.

Die Favorisierung der Prosa durch bestimmte Gruppen in Ionien läßt sich demnach verstehen als Abgrenzung gegen und Reaktion auf einerseits die unbeschränkte Verbreitung in Agonen, andererseits die ungeeignete Situation des Symposiums. Die Prosa könnte also, weil sie aufgrund ihrer Rezitationsbindung, des ‚Buchpreises' und der Literalitätsquote auf sehr wenig Leute beschränkt blieb, geradezu ein Restriktionsmedium gewesen sein, das Verbreitung behinderte, aber gleichwohl einen Reputationsgewinn im Kreise der Standesgenossen versprach. Ihre thematischen und ihre technischen Implikationen schlossen das Symposium als Podium und Kontext aus. Wie oben schon bemerkt, stellt sich Prosa damit, für uns überraschend, als eine analoge Option zur Schriftlosigkeit der Pythagoreer heraus, die vermutlich ebenso auf das System aus Agon und Symposium reagiert und auf Restriktion abzielt – ganz wie die beginnende Schriftkritik.[185] (Umgekehrt ließe sich die Präferenz von agonal oder symposial rezitierbarer Dichtung durch Xenophanes, Parmenides und Empedokles als erneute Option für eine größere Verbreitung verstehen.)[186]

siehe kurz S. Goldhill, Prose (wie Anm. 55), 2. W. Rösler, Mnemosyne in the Symposion, in: O. Murray (Hg.), Sympotica. A Symposium on the *Symposion*, Oxford 1990, 230–237 bietet reichlich Beispiele.

183 Zum Kommunikationssystem Symposium siehe E. Pellizer, Outlines of a Morphology of Sympotic Entertainment, in: O. Murray, Sympotica (wie vorherg. Anm.), 177–184, bes. 179f.: andere als poetische Kurzformen scheint es als Symposiumsmedien überhaupt *nie* gegeben zu haben. Die literarische Gattung des *Symposion*, wie wir sie von Platon, Xenophon, Plutarch oder gar Athenaios kennen, die natürlich ohnehin den Rahmen des wirklichen Symposiums grenzenlos überdehnt, zeigt noch, wie Kontroversen grundsätzlicher Art durch Rotation vermieden wurden. – Doch immerhin zirkulierten die Geschichten über die ‚Sieben Weisen' vermutlich im Symposion: siehe W. Rösler, Mnemosyne (wie Anm. 182), 233.

184 Diese These bei W. Rösler, Mnemosyne (wie Anm. 182), 236 (nach einigem Material).

185 Ich verstehe Heraklit Fr. 22 B 129 Diels/Kranz als implizite Schriftkritik: das Wissen des Pythagoras wird diskreditiert, indem es heißt ἐκλεξάμενος ταύτας τὰς συγγραφάς (‚herausgestöbert dieses Zusammengeschriebene'; zur Deutung allgemein J. Mansfeld, Fiddling the Books. Heraclitus on Pythagoras [orig. 1989], in: ders., Studies in the Historiography of Greek Philosophy, Assen/Maastricht 1990, 443–8). Das widerspricht nicht der eigenen Prosawahl Heraklits, weil er sich in seinen gravitätischen Aphorismen vermutlich deutlich genug von solchen συγγραφαί abhebt.

186 So auch G.W. Most, Poetics (wie Anm. 6), 352.

Schluß

Wie zu erwarten war, ist die Etablierung von Prosa als literarischem Ausdrucksmittel, d.h. ihre standardmäßige Verschriftlichung, von einer Vielzahl von Gründen abhängig: Akkulturationseinflüsse von außen, die in unserem Falle meist unterschätzt werden, und aus der politischen und Verwaltungssphäre überschneiden sich mit soziologischen Faktoren bestimmter Gruppen und Milieus und vermutlich individuellen Beweggründen, die dem Historiker unzugänglich bleiben.

Man sollte die Verbreitung des Phänomens Prosa deshalb weder allzu punktuell betrachten[187] noch vereinfachen: während archivierende Prosa, etwa in Gestalt von Beamtenlisten, sehr früh akzeptiert ist, bleibt Rhetorik, also argumentierende Prosa, jedenfalls in Athen, noch bis ins 5. Jh. mit Mündlichkeit verbunden. Das liegt eben an den Polis-Institutionen, die auf rhetorischer Präsenz und damit sozialem Kontext beruhen.[188]

Was zunächst wie eine Selbstverständlichkeit anmutet (man schreibt das, was man eben spricht, einfach auf), ist in Wirklichkeit ein Schritt über die grundsätzliche Situationsgebundenheit von Sprache gewesen, der Dekontextualisierung und damit auch erst das volle Potential von Schrift ermöglicht hat. Die spätere relative Vereinheitlichung von setzend-argumentierender Prosa bei Medizinern, Essayisten wie dem ‚Alten Oligarchen', Philosophen und Rhetoren ist das Ergebnis einer Wettbewerbssituation, in der sich bestimmte Argumentations- und Gliederungstechniken (z.B. Gelenksätze, Ringkomposition usw.) durchgesetzt haben. Diese Situation, die alle die genannten Gruppen miteinander ins konkurrierende Gespräch bringt, ist erst in Athen im 5. Jh. gegeben: Symptom dieser Situation sind die Sophisten, die ja gleichzeitig auch die Wirkungen von Texten durchleuchtet haben. Hippias ist „unseres Wissens der erste, der den Unterschied zwischen Poesie und Prosa ausgesprochen und begrifflich fixiert hat."[189] Hier verrät sich erst ein neuer, *einheitlicher* und letztlich moderner Begriff von Prosa, den alle späteren Testimonien über ihre Entstehung anachronistisch zurückspiegeln ins archaische Ionien. Die entscheidende Phase des hier behandelten Medienwechsels ist aber wohl erst das Athen des ausgehenden 5. Jh. gewesen.[190]

Wenn es darum geht, komplexes Wissen zu vermitteln, hat sich das Medium Schriftprosa heute so weitgehend durchgesetzt, daß allein schon die Vorstellung, man könne beliebig komplexes Wissen in poetisch gebundener Sprache vermitteln, auf uns originell wirken muß (was letztlich unser Interesse am antiken Lehrgedicht weitgehend erklärt).[191] Seit Hippias hat sich im Gattungssystem der Wissensver-

187 Ein extremes Beispiel bietet M. Riedel, 'Αρχή und ἄπειρον. Über das Grundwort des Anaximander, Arch. f. Gesch. d. Philos. 69, 1987, 1–17, besonders 2–5.

188 J. Schloemann, Entertainment and Democratic Distrust: the Audience's Attitudes Towards Oral and Written Oratory in Classical Athens, in: I. Worthington/J.M. Foley (Hgg.), Epea and Grammata …, Leiden u.a., 133–146, hier: 144f.

189 A. Patzer, Hippias (wie Anm. 1), 19.

190 In diesem Sinne auch S. Goldhill, Prose (wie Anm. 55), 4f.

191 Ein solcher Punkt war vielleicht schon bei Apollodor erreicht (siehe R. Pfeiffer, Geschichte der Klassischen Philologie. Von den Anfängen bis zum Ende des Hellenismus, München 1978,

mittlung offenbar nichts bahnbrechend Neues mehr ereignet: auch die sog. Neuen Medien haben Textformen erzeugt (wie etwa e-mail, Powerpoint-Präsentation, Hypertext), die nach dem Kriterium beliebig steigerbarer Komplexität die milesische und letztlich babylonische Kombination von Diagramm und Prosa nicht eigentlich überbieten. Diese scheint sich als grundsätzlich unüberholbar zu erweisen.

309). Auch Galens dezidierte Stellungnahme *für* pharmazeutische Lehr*gedichte* aus mnemotechnischer und fixierungstechnischer Hinsicht (dazu siehe H. v. Staden, Gattung und Gedächtnis: Galen über Wahrheit und Lehrdichtung, in: W. Kullmann/J. Althoff/M. Asper [Hgg.], Gattungen wissenschaftlicher Literatur in der Antike, Tübingen 1998, 65–94, hier: 82–92) deutet darauf hin, daß die *communis opinio* gegenteiliger Meinung war. – Ein anderer Beleg für die Umkehrung des Kräfteverhältnisses ist die zunehmende Durchdringung der gebundenen Sprache durch die ungebundene (siehe J. Kittay/W. Godzich, Prose [wie Anm. 4], xii-xiii).

Jochen Althoff (Mainz)

Sokrates als Naturphilosoph in Aristophanes' *Wolken*

Die altattische Komödie ist eine Literaturgattung, die wie kaum eine andere von tagesaktuellen politischen und literarischen Bezügen lebt. Die namentliche Verspottung von real existierenden Politikern und Intellektuellen ist eines ihrer auffälligsten Kennzeichen.[1] Gerade in den *Wolken* bezieht Aristophanes in vielfältiger Weise auch die naturphilosophischen Debatten seiner Tage in seine komische Gestaltung mit ein. Hier können wir in einigen Fällen anhand der erhaltenen Zeugnisse prüfen, wie er die Elemente dieser Diskussionen in sein Werk aufnimmt und wie er sie umgestaltet. Eine Untersuchung solcher Übernahmen kann Aufschlüsse über die ‚komische Technik' des Dichters geben. Und obwohl diese komische Technik in ihren großen Zügen vielfältig behandelt ist, scheint mir in der bisherigen Diskussion eine solche summarische Perspektive zu sehr im Vordergrund zu stehen. Ich möchte daher an wenigen Passagen der Szene *Wolken*, 132–238 einmal etwas detaillierter in die Untersuchung einsteigen, ohne dabei die allgemeinen Züge außer Acht zu lassen. Eine solche Betrachtung soll vor allen Dingen herausarbeiten, in welcher Weise Aristophanes die zeitgenössischen philosophischen Positionen übernimmt und verarbeitet. Dabei verfolge ich nicht das Ziel, Aristophanes als eine historische Quelle für zeitgenössische Strömungen zu benutzen, sondern es sollen die eigentümlichen Gestaltungsmethoden der Gattung Komödie und des Autors Aristophanes im Vordergrund stehen. Dadurch wird am Ende vielleicht auch etwas klarer hervortreten, wie dieser spezifische Reflex philosophischer Positionen in der Gattung der altattischen Komödie beschaffen ist.

Zu Beginn des im Jahre 423 aufgeführten Stückes (das wir aber nur in einer späteren Überarbeitung durch den Dichter selbst vorliegen haben[2]) sehen wir den durch Heirat sozial aufgestiegenen Landbesitzer Strepsiades, der sich nachts unruhig auf seinem Lager wälzt, weil er seine Schulden nicht mehr bezahlen kann. Diese Schulden hat ihm sein fehlgeleiteter Sohn Pheidippides durch sein kostspieliges Reithobby aufgebürdet. Strepsiades beschließt, seinen Sohn der modernen sophistischen Erziehung anzuvertrauen, um ihm die rhetorischen Fertigkeiten zuteil werden zu lassen, von denen er sich Hilfe beim Abwiegeln seiner lästigen Gläubiger

1 Vgl. B. Zimmermann, Aristophanes und die Intellektuellen, in: J.M. Bremer/E.W. Handley (Hrsgg.), Aristophanes (Entretiens sur l'Antiquité Classique, tome 38), Vandoeuvre/Genève 1993, 255ff.

2 Vgl. Aristophanes, Clouds, edited with Introduction and Comm. by K.J. Dover, Oxford 1968, LXXXff. Besonders deutlich wird die Überarbeitung in der Parabase 520ff., wo Aristophanes beklagt, er sei mit diesem Stück durchgefallen. Das kann nur nach der Originalaufführung eingefügt worden sein. Ob die zweite Version je aufgeführt wurde, ist strittig.

verspricht. Pheidippides hat jedoch, wie seine extravagante Sportlernatur schon ahnen läßt, nicht das geringste Interesse daran, sich in die Anstalt des Sokrates und die Genossenschaft der dort inkorporierten bleichen und verwahrlosten Schüler zu begeben, die Strepsiades für diesen Zweck ausgewählt hat. So bleibt dem armen Vater nichts anderes übrig, als trotz seines fortgeschrittenen Alters und seiner mangelnden Begabung *selbst* in Sokrates' Denkerklause einzutreten.[3] Nach einigem Zögern klopft er beherzt an die Tür (131f.).[4]

Die folgende Passage ist in drei Teile gegliedert. Zunächst (132–179) unterhält sich Strepsiades mit einem Schüler, den er durch sein Klopfen vor die Tür geholt hat. Dieser Schüler führt vier kurze Beispiele an, aus denen die Art der ‚wissenschaftlichen' Tätigkeit in der sokratischen Anstalt deutlich wird. Danach begehrt Strepsiades, von soviel kreativem Forschergeist mitgerissen, um so dringender Einlaß in die Denkerwerkstatt und befaßt sich im zweiten Teil (180–217) mit den dort angetroffenen Menschen und Dingen. Schließlich erscheint in einem dritten Schritt der Meister selbst in seinem berühmten, am Kran aufgehängten Korb oder einer Matte (ταρρός). Die Komposition gestaltet also kunstvoll die zunehmende Annäherung an den zentralen Stifter des Lehrinstituts, und zwar nicht so sehr eine lokale Annäherung, als vielmehr eine zunehmende Fokussierung vom weniger Wesentlichen (Bericht des Schülers über die Forschungen), über die gegenständlich-personale Ebene (Schüler und wissenschaftliche Demonstrationsobjekte) bis zum Meister selbst. Auch mit ihm unterhält sich Strepsiades. Diese Szene, die ich hier nur am Rande behandeln will, leitet zur Parodos des Chores der Wolken (263ff.) über.

In der Begrüßungsszene verulkt Aristophanes die sokratische Denkerschule und damit die zeitgenössischen Intellektuellen insgesamt, die spöttisch als Faulpelze[5] und öffentlichkeitsscheue Sektierer herabgesetzt werden. Ein bleicher Angehöriger der Schule führt dem neugierigen Strepsiades verschiedene Forschungsaktivitäten vor, die er wie Geheimnisse eines Mysterienbundes (vgl. 140) scheinbar nur zögerlich preisgibt. Auffallend ist aber, daß der Schüler zwar zwischen der hochmütigen

3 Zum Bild des Sokrates in den *Wolken* vgl. Andreas Patzer, Die Wolken des Aristophanes als philosophiegeschichtliches Dokument, in: P. Neukam (Hrsg.), Motiv und Motivation (Dialog Schule/Wissenschaft, Klassische Sprachen und Literaturen Bd. 27), München 1993, 72–93. Für die Komödienfragmente vgl. dens., Sokrates in den Fragmenten der Attischen Komödie, in: Anton Bierl/Peter von Möllendorff/Sabine Vogt, Orchestra. Drama-Mythos-Bühne (FS H. Flashar zum 65. Geburtstag), Stuttgart/Leipzig 1994, 50–81. Vgl. auch C. Carey, Old Comedy and the sophists, in: D. Harvey/J. Wilkins (Hrsgg.), The Rivals of Aristophanes. Studies in Athenian Old Comedy, London 2000, 419ff.

4 Von Möllendorff hat gezeigt, wie Aristophanes hier mit den unterschiedlichen Lokalisierungen des Hauses des Strepsiades (auf dem Lande im Demos Kikynna) und des sokratischen Phrontisterion (in Athen) spielt, die er ja für seine Bühnenzwecke nahe zusammenrücken muß: Grundlagen einer Ästhetik der Alten Komödie. Untersuchungen zu Aristophanes und Michail Bachtin (Classica Monacensia Bd. 9), Tübingen 1995, 114ff. Den Weg vom Land in die Stadt legt Strepsiades in den Vv. 128–32 zurück, obwohl er 138 behauptet: τηλοῦ γὰρ οἰκῶ τῶν ἀγρῶν. „weit weg auf dem Lande wohne ich nämlich".

5 Zum Epitheton ἀργός vgl. 316, wo Sokrates die Wolken als Schutzmacht der faulen Menschen (ἀνδράσιν ἀργοῖς) anbetet, und 334, wo er von den Wolken sagt: οὐδὲν δρῶντας βόσκουσ' ἀργούς, ὅτι ταύτας μουσοποιοῦσιν. „sie ernähren nichtstuende Faulpelze, weil diese sie besingen".

Verheimlichung der Forschungstätigkeiten und der Bereitschaft, sie wegen ihrer Brisanz mitzuteilen, schwankt, daß aber sein Mitteilungsbedürfnis deutlich überwiegt. Denn auf die bloße Versicherung des Strepsiades, er wolle ja Schulmitglied werden, gibt der Schüler sogleich mehrere der ‚Geheimnisse' preis. Dabei ist es amüsant zu sehen, wie der Schüler immer wieder selbst durch Beteuerung der Großartigkeit des nächsten Punktes das Interesse des Strepsiades auf weitere Mitteilungen weckt, um es dann bereitwillig zu befriedigen. Er steuert also das gesamte Gespräch mit dem ahnungslosen Strepsiades, um stolz seine Arcana offenbaren zu können.

Hier wird in subtiler Weise das komplizierte Verhältnis des (nicht nur) sophistischen Intellektuellen zur Öffentlichkeit thematisiert. Einerseits neigen Intellektuelle zur Bildung abgeschlossener, esoterischer Schulen, andererseits sind sie auf die Vermittlung ihrer Erkenntnisse nach außen angewiesen, um die Ehrfurcht vor ihren Beschäftigungen aufrecht zu erhalten und neue Schüler zu gewinnen. Man fühlt sich in manchem an die Publikationen bestimmter neuzeitlicher Wissenschaften erinnert, die ihrer Sprachform nach esoterisch sind, die aber – insofern sie ja *Veröffentlichungen* sind – immerhin auch irgendeine Öffentlichkeit ansprechen wollen. Auch hier dieselbe komische Dialektik zwischen Esoterik und Exoterik, zwischen Streben nach Nähe zur Öffentlichkeit und gleichzeitigem Willen zur Distanz.

Welchen Forschungen widmen sich nun die Angehörigen der sokratischen Denkerbude? Im ersten Bericht (144–53) geht es um einen Floh, der gerade den Chairephon in die Brauen gebissen hat und dann auf Sokrates' Kopf gesprungen ist. Dieser Anlaß, der die schlimmen hygienischen Zustände jener verlausten Faulpelze veralbern soll, bringt Sokrates auf die Frage, wieviele Flohfüße weit ein solcher Floh denn wohl springe. Dies ist ein meßtechnisches Problem, das auf recht eigenartige Weise gelöst wird. Die beiden Füße des Flohs werden in flüssiges Wachs getaucht, und nach dem Erkalten wird das Maß des Flohfußes abgenommen. Welches Ergebnis der Meßvorgang zutage förderte, wird nicht mitgeteilt, denn ausschließlich die bizarre Methode interessiert.[6]

Hinter diesem Experiment steht sicherlich keine irgendwie geartete mathematische oder philosophische Theorie, wie man es bisweilen angenommen hat, wenn man hier etwa eine Verbindung mit dem *homo-mensura*-Satz des Sophisten Protagoras sah.[7] Gemessen wurde in Griechenland wie auch im Orient seit Urzeiten, und eine der am weitesten verbreiteten Maßeinheiten war dabei der (allerdings menschliche) Fuß.[8] Die Komik liegt hier allein darin, daß das Fußmaß eines außerordentlich kleinen Tieres als Einheit benutzt werden soll, das eben alles andere als schnell

6 Außerdem ist dies ja der Gedanke, den Strepsiades durch sein lautes Klopfen „abgetrieben" hat, vgl. V. 137. Innerhalb des Stückes ist es also schlüssig begründet, daß das Ergebnis verlorenging.

7 80 B 1 Diels/Kranz, zuerst von Merry in seinem Kommentar Oxford 1879 herangezogen, vgl. R.K. Fisher, Aristophanes' Clouds. Purpose and Technique, Amsterdam 1984, 59f., der sich dieser Meinung wohl anschließt. Auch H. Erbse hält diesen Bezug für wahrscheinlich, Sokrates im Schatten der aristophanischen Wolken, Hermes 82, 1954, 411.

8 Vgl. Herodot 2, 149, 3; Platon, *Menon* 82 C 5ff.

bei der Hand ist, sondern erst umständlich ermittelt werden muß.[9] Das komische Mißverhältnis zwischen der Relevanz der Fragestellung und dem Lösungsaufwand verdeutlicht auch die doppeldeutige Antwort des Strepsiades (153): ὦ Ζεῦ βασιλεῦ τῆς λεπτότητος τῶν φρενῶν. „Beim König Zeus, welch eine denkerische Feinheit!" Der Ausdruck λεπτότης kann in dieser Äußerung sowohl auf die Kleinheit des Flohs und des ganzen Problems bezogen werden als auch auf die Scharfsinnigkeit der Forschungsmethode.[10] Die Idee, das Problem mit Hilfe von erkaltendem Wachs zu lösen, ist allerdings ebenso genial wie schwierig: Ein Menschenfloh hat nämlich bei einer durchschnittlichen Körperlänge von ca. 3 mm mit unbewehrtem Auge nur schwer von den Beinen abgrenzbare Füße. Insoweit liegt hier auch noch eine unzulässige Übertragung aus dem menschlichen Bereich, aus dem ja die Maßeinheit „Fuß" stammt, auf das lästige Insekt vor. Art der Fragestellung und Durchführung der Ermittlung gehen also von einem alltäglichen, jedem geläufigen Meßvorgang aus, sind aber ausschließlich wegen des absurden komischen Effekts vom Dichter so gestaltet und bieten darüber hinaus einen Ansatz für einen doppelbödigen Wortwitz („Feinheit" bedeutet auch: „sinnloses Interesse für Nichtigkeiten").

Ähnlich sieht es mit dem zweiten Beispiel für die Forschungen in der sokratischen Denkerwerkstatt aus (154–168). Sokrates war die Frage vorgelegt worden, ob die Stechmücken mit dem Mund summen oder mit dem Hinterteil. Er vertritt die Ansicht, dies geschehe mit dem Hinterteil, und argumentiert folgendermaßen (160–64):

ἔφασκεν εἶναι τοὔντερον τῆς ἐμπίδος
στενόν· διὰ λεπτοῦ δ' ὄντος αὐτοῦ τὴν πνοὴν
βίᾳ βαδίζειν εὐθὺ τοὐρροπυγίου·
ἔπειτα κοῖλον πρὸς στενῷ προσκείμενον
τὸν πρωκτὸν ἠχεῖν ὑπὸ βίας τοῦ πνεύματος.

Er (sc. Sokrates) sagte, daß die Eingeweide der Mücke eng seien. Und durch diese so feinen Eingeweide eile die Luft mit Gewalt hindurch, geradewegs zum Hinterteil. Weil sich dann der Anus (eigentlich: „Arsch") als eine Höhlung an die engen Eingeweide anschließe, töne er durch die Gewalt der Luft.

Die begeisterte Antwort des Strepsiades macht deutlich, mit welcher Analogie hier operiert wird (165): σάλπιγξ ὁ πρωκτός ἐστιν ἄρα τῶν ἐμπίδων „Eine Trompete ist also der Mückenarsch!" Wie eine antike Trompete aus einem geraden, engen Rohr bestand, das sich am Ende zu einem glockenförmigen Schalltrichter weitete,[11] so erklärt Sokrates die Tonentstehung bei der Mücke durch die engen, geradewegs zum Darmausgang sich erstreckenden Eingeweide, die am Ende in die Öffnung des Anus münden, den man mit einigem guten Willen als „gehöhlt" (κοῖλος) bezeichnen kann. Damit wird auch gleich erkennbar, in welche Richtung die Erklärung

9 Nur sehr entfernt erinnert die Fragestellung an Aussagen moderner Biologen, wonach z.B. eine Ameise das Mehrfache ihres Körpergewichts tragen könne. Solche Aussagen dienen der eindrucksvollen Schilderung tierischer Leistungsfähigkeit, was bei Aristophanes nicht erkennbar ist.

10 Vgl. den ganz ähnlich doppeldeutigen Ausruf in 166, wo die Neuprägung διεντέρευμα offenbar sowohl den „Durchblick durch die Eingeweide" bedeutet als auch in einem übertragenen Sinn den „Scharfblick" des Forschers.

11 Vgl. M. Wegener, Das Musikleben der Griechen, Berlin 1949, 60f. und Tafel 26 a) und b).

zielt: Es ist auf Darmflatulenzen angespielt, die sich ebenfalls in vernehmlichen Tönen Abgang verschaffen können, und dies ist, wie bekannt, ein Lieblingsthema der Alten Komödie.

Um die Zielrichtung von Aristophanes' Szene besser zu verstehen, ist es hilfreich, einen Blick auf die wenigen antiken Nachrichten über Mücken, Schallentstehung und Schallwahrnehmung zu werfen.

Aus der zoologischen Forschung der Antike können wir hier nur den späteren Aristoteles nennen, der in der *Historia animalium* IV 9, 535 b 3ff. das Summen der Insekten auf Bewegungen der im Körper eingeschlossenen, angeborenen Luft zurückführt, die Reibungen verursacht.[12] Dies ist auch aus heutiger Sicht richtig, was die Reibungen anbelangt, geht aber natürlich von ganz anderen Voraussetzungen aus als Aristophanes. Immerhin wird die Luft als der entscheidende Faktor der Tonerzeugung beschrieben. Durch die typisch aristotelische Unterscheidung zwischen innerer („angeborener") und äußerer Luft ist aber klar, daß es diese Erklärung vor Aristoteles noch nicht gegeben haben dürfte. Somit kann sie für Aristophanes nicht vorausgesetzt werden.

Dover hat darauf hingewiesen, daß wir über eine wissenschaftliche Beschäftigung mit akustischen Phänomenen zur Zeit des Komödiendichters nur schlecht unterrichtet sind.[13] Interessant sind jedoch zwei Zeugnisse über Alkmaion von Kroton, der um 500 v.Chr. zu datieren sein dürfte.[14] Er hat sich nach einem Referat Theophrasts die Schallwahrnehmung beim Menschen als einen Widerhall der von außen durch den Gehörgang einströmenden Luft in einem leeren Hohlraum im Innenohr vorgestellt. Dabei berief er sich auf den allgemeinen Satz: πάντα γὰρ τὰ κοῖλα ἠχεῖ „denn alles Hohle tönt".[15] Eine ähnliche Erklärung des Hörsinnes findet sich auch bei Empedokles[16] und dem gegen Ende des 5. Jh. v.Chr. schreibenden Autor der hippokratischen Schrift περὶ σαρκῶν (*De carnibus*).[17]

12 τὰ μὲν οὖν ἔντομα οὔτε φωνεῖ οὔτε διαλέγεται, ψοφεῖ δὲ τῷ ἔσω πνεύματι, οὐ τῷ θύραζε· οὐθὲν γὰρ ἀναπνεῖ αὐτῶν ... ὁ γὰρ ψόφος τρίψις ἐστὶ τοῦ ἔσω πνεύματος.

13 Dover (wie Anm. 2), 115f.

14 Vgl. Verf., Formen der Wissensvermittlung in der frühgriechischen Medizin, in: W. Kullmann/ J. Althoff, Vermittlung und Tradierung von Wissen in der griechischen Kultur (Scriptoralia Bd. 61), Tübingen 1993, 211–223, hier: 212, Anm. 6.

15 24 A 6 (Aet. IV 16, 2): Ἀλκμαίων ἀκούειν ἡμᾶς τῷ κενῷ τῷ ἐντὸς τοῦ ὠτός· τοῦτο γὰρ εἶναι τὸ διηχοῦν κατὰ τὴν τοῦ πνεύματος εἰσβολήν· πάντα γὰρ τὰ κοῖλα ἠχεῖ. Vgl. auch 24 A 5 (aus Theophrast, *De sens.* 25f.): ἀκούειν μὲν οὖν φησι τοῖς ὠσίν, διότι κενὸν ἐν αὐτοῖς ἐνυπάρχει· τοῦτο γὰρ ἠχεῖν (φθέγγεσθαι δὲ τῷ κοίλῳ), τὸν ἀέρα δ' ἀντηχεῖν.

16 31 A 86 (Theophr., *De sens.* 9): τὴν δ' ἀκοὴν ἀπὸ τῶν ἔσωθεν γίνεσθαι ψόφων· ὅταν γὰρ <ὁ ἀὴρ, suppl. Kranz> ὑπὸ τῆς φωνῆς κινηθῇ, ἠχεῖν ἐντός. ὥσπερ γὰρ εἶναι κώδωνα τῶν ἴσων (?) ἤχων τὴν ἀκοήν, ἣν προσαγορεύει σάρκινον ὄζον· κινούμενον δὲ παίειν τὸν ἀέρα πρὸς τὰ στερεὰ καὶ ποιεῖν ἦχον. „Die auditive Wahrnehmung rühre von den inneren Geräuschen her, wenn die Innenluft, indem sie vom Schall in Bewegung versetzt werde, einen Klang produziere; das Gehör, das er ‚fleischigen Zweig' nennt, sei nämlich eine Art Glocke [Resonanzboden], die die gleichen Klänge produziere [wie sie draußen produziert werden]. Indem die [Innen-]Luft in Bewegung versetzt werde, schlage sie gegen die festen Teile [die Glocke] und produziere so den Klang." Übersetzung von J. Mansfeld, Die Vorsokratiker Griechisch/Deutsch, Stuttgart 1987, 457/459.

17 XV (197, 17ff. Joly = VIII, 602, 19ff. L.), bes. 198,5 (VIII, 604, 6 L.): τὰ δὲ ἠχέοντα ἀκοὴν ποιεῖ.

In diesen Zeugnissen geht es um die Physiologie des *Hörens*, wogegen Sokrates eine Theorie der *Schallentstehung* entwickelt.[18] Dennoch ist auffällig, wie sehr die Erklärungen einander ähneln. Insbesondere die Rolle der Luft und des hohlen Resonanzgefäßes ist jeweils dieselbe. Es hat den Anschein, als sei es den frühen Physiologen in erster Linie darum gegangen, die Entstehung von Schall im Ohr ganz ähnlich zu erklären wie die Schallentstehung bei Blasinstrumenten.

Auf dem Hintergrund dieser vor Aristophanes entwickelten Thesen gelangt man zu dem Schluß, daß in den *Wolken* möglicherweise ein oberflächlicher Bezug zur zeitgenössischen wissenschaftlichen Debatte vorliegt. Viel wichtiger ist jedoch die Analogie zur alltäglichen, den Zuschauern vertrauten Trompete, wenngleich wir gesehen haben, daß offenbar auch die vorsokratischen Denker mit solch einer Analogie arbeiteten. Der Wiedererkennungseffekt beim Publikum wird sich aber weniger auf diese wissenschaftlichen Autoren beziehen als auf das alltägliche Erfahrungsumfeld.

Dennoch muß man feststellen, daß die Erklärung des Mückensummens ganz unabhängig von dieser wissenschaftlichen Debatte ihre komische Wirkung entfaltet und daß vor allen Dingen die komödientypische skatologische Konnotation im Vordergrund steht.[19] Man kann überdies davon ausgehen, daß, genau wie beim Floh, wohl kein ‚normaler' Mensch daran interessiert ist zu wissen, wie Mücken summen, wenn doch nur hilfreich ist, zu erfahren, wie man sie loswird. Damit wird erneut das theoretische Interesse der Wissenschaft (hier der Biologie) verulkt, die ihren ganzen Scharfsinn auf unbedeutende ‚Mückenprobleme' verschwendet.

Dieselbe Art drastischer Komik liegt auch der folgenden Anekdote aus dem Bericht des Schülers zugrunde (169ff.). Vor kurzem sei Sokrates einer großen Erkenntnis beraubt worden – von einer Echse, wie mit kunstvollem Enjambement antiklimaktisch formuliert wird. Man sieht förmlich das kleine Reptil, wie es mit der Erkenntnis im Maul davonflitzt. Aber es war ganz anders: Sokrates schaute des Nachts nach oben, um den Bahnen und Umlaufgesetzen des Mondes nachzuforschen. Dabei öffnete er seinen Mund weit, und die Eidechse ließ von der Zimmerdecke herab ein Häufchen fallen, gerade in den Mund des armen Astronomen hinein. Auch hier sind es die Verdauungsprodukte der Eidechse, die an der komischen Wirkung beteiligt sind. Merkwürdig ist aber auch die Haltung des Sokrates: Warum ist sein Mund geöffnet? Ich vermute, daß er nicht, wie vielfach angenommen wird, bei einer ernsthaften astronomischen Untersuchung gestört wurde, denn das würde

18 Zur Schallentstehung haben wir nur den Anfang des *Harmonikos* des Archytas von Tarent, der in der ersten Hälfte des 4. Jh. v.Chr. gelebt hat (47 B 1 aus Porph., *In Ptolem. Harm.* 56 Düring). Schall wird dort als ein Zusammenschlagen fester Stoffe definiert, wobei Archytas offenbar ältere Quellen referiert. Eine der besprochenen ähnliche Erklärung findet sich bei ihm nicht. Vgl. noch Aristoteles, *De anima* II 8, 419 a 16ff., der die besondere Schallqualität von Hohlkörpern durch die in ihnen stattfindende Schallreflektion erklärt. Interessant ist der Hinweis von H. Erbse, Sokrates (wie Anm. 7), 411, Anm. 3, auf Archelaos, der nach Diogenes Laertios II, 16f. Lehrer des Sokrates gewesen sein soll. II, 17 heißt es: πρῶτος δὲ εἶπε φωνῆς γένεσιν τὴν τοῦ ἀέρος πλῆξιν. φωνή wird hier allerdings wohl „Stimme" heißen, vgl. Zenon SVF fr. 74 (vol. I, 21); Chrysipp, fr. 140 (vol. II, 43f.).

19 Vgl. vor allem noch 385ff., wo ebenfalls eine ‚Darmanalogie' mit typischem Abgleiten ins Drastische zur Erklärung der Donnerentstehung gebraucht wird.

dem Ton der vorher erwähnten Forschungen widersprechen. Ich glaube, daß Sokrates vielmehr in seiner berühmten Hängematte lag und entweder gar nichts tat und gähnte oder einfach mit offenem Mund schlief, als ihm jenes Mißgeschick passierte.[20] Wenn meine Deutung stimmt, verfolgt also Aristophanes mit dieser Szene die Absicht, die typische ‚Arbeitshaltung' des Intellektuellen zu verulken und damit das klassische Unverständnis der ‚richtig' arbeitenden Bevölkerung gegenüber der theoretischen Tätigkeit der Forscher und Denker komisch auszunutzen.

Die folgende Anekdote (175–180) schließt sich an geometrische Studien mit einem Zirkel auf einem mit Asche bestreuten Zeichenbrett an. Ursprünglich war wohl vorgesehen, daß Sokrates seine hungrigen Studenten mit solchen mathematischen Demonstrationen ablenkt. Denn das Abendessen, so berichtet der Schüler, drohte gestern auszufallen – wohl aus Geldmangel. Ein Indiz dafür ist, daß mit der Asche und dem Zirkel, der aus einem Bratspieß gebogen wird, Dinge zum Einsatz kommen, die eigentlich beim Kochen eine Rolle spielen, jetzt aber nutzlos sind. Diese Ablenkung scheint aber nicht lange funktioniert zu haben, so daß sich Sokrates gezwungen sah, wohl durch Zweckentfremdung des Zirkels einen Mantel zu stehlen, um so das Abendessen doch noch zu sichern.[21] Da wir hier den Intellektuellen anders als in den vorhergehenden Szenen bei einer ganz praktischen, wenngleich unmoralischen Tätigkeit sehen, bricht Strepsiades, der ja mit denselben unmoralischen Intentionen zu Sokrates gekommen ist, in entzückten Jubel aus (180): τί δῆτ' ἐκεῖνον τὸν Θαλῆν θαυμάζομεν; „Warum bewundern wir da noch jenen Thales?" – wenn es doch Sokrates in seiner praktischen Anwendung mathematischer Instrumente ganz offenbar viel weiter gebracht hat.[22]

20 χάσκω hat häufiger eine herabsetzende Bedeutung, wohl auch wegen des dümmlichen Gesichtsausdrucks, der beim Starren mit offenem Mund entsteht. Vgl. *Acharner* 10, wo Dikaiopolis im Theater ungeduldig auf das Aischylos-Stück wartet (ὅτε δὴ 'κεχήνη προσδοκῶν τὸν Αἰσχύλον ...); dazu bemerkt Olson in seinem Kommentar (Aristophanes Acharnians, edited with Introd. and Comm by S. Douglas Olson, Oxford 2002, 69): „Here, as often, an expression of empty-headed expectation (e.g. 133; Eq. 651, 755, 804; Nu. 996); ..."; die Bedeutung „Gähnen vor Langeweile" findet sich etwa auch in den *Acharnern* 30, wo Dikaiopolis sein Verhalten nach dem zu frühen Eintreffen in der Ekklesia beschreibt, vgl. auch dazu weitere Belege bei Olson.

21 Das ist jedenfalls die mir einleuchtende Deutung, die Dover dieser Stelle gibt. H. Erbse, Zur Interpretation der ‚Wolken' des Aristophanes, Hermes 130, 2002, 381ff., hier: 383, will dem Sokrates eine betrügerische Handlung nicht durchgehen lassen, weil dies dem Tenor des Stükkes widerspreche. Er vermutet eine metaphorische Ausdrucksweise (der Gesprächspartner gebe sich nach der mathematischen Demonstration geschlagen, „wirft den Mantel"), die Strepsiades nur im vordergründigen, amoralischen Sinn („stiehlt einen Mantel") verstehe. Ein solches Mißverständnis einer metaphorischen Redeweise ist dem Strepsiades durchaus zuzutrauen, aber ist nicht Sokrates im ganzen Stück als der amoralische Erz-Sophist dargestellt, der am Ende seinen verdienten Lohn erhält?

22 Thales ist bei Aristophanes auch in den *Vögeln*, 1009 der sprichwörtliche Mathematiker. Interessant ist, daß sich bereits um diesen Vorsokratiker Anekdoten sammeln, die einerseits die Lebensferne theoretischer Wissenschaft (Platon, *Theaitet* 174 A: die thrakische Magd verspottet Thales, der bei der Himmelsbetrachtung in einen Brunnen fällt), andererseits die geschickte wirtschaftliche Verwertung seiner Forschungsergebnisse betonen (Diogenes Laertios, I, 26: Hieronymos von Rhodos, ein Peripatetiker des 3. Jh.s v.Chr., berichtet, Thales habe vor einer von

Nach diesen vier Beispielen wissenschaftlicher Betätigung im sokratischen *Phrontisterion* endet dieser Teil der Szene mit einer kurzen Übergangsrede des geradezu ekstatisch gestimmten Strepsiades, der angesichts solch aufregender Forschungen nichts dringender wünscht als in diese Schule einzutreten (180–83). Er bedrängt den Schüler vehement, die Tür zu öffnen, und so wird, wahrscheinlich auf dem Ekkyklema herausgerollt, das Innenleben der Denkerwerkstatt sichtbar.[23]

Im folgenden werden in einem regen Wechsel von Frage und Antwort die sichtbaren Einzelheiten der neuen Szene erklärt. Strepsiades fragt zunächst entsetzt, was denn das für Tiere (θηρία, 184) seien, die dort zum Vorschein kämen. Die in der Denkerwerkstatt tätigen ausgehungerten und bleichen Gestalten erinnern ihn an die Spartaner, die Athen 425 v.Chr. vor Pylos auf Sphakteria gefangengenommen hatte.[24] Damit ist eine bis heute geläufige Charakterisierung der Intellektuellen wiederholt, die sich Pheidippides bereits zu Beginn des Stückes zueigen gemacht hatte und die den kernigen Sportsmann davon abgehalten hatte, selbst bei Sokrates in die Lehre zu gehen.[25] Es soll das Unnatürliche, Ungesunde ihrer Lebensweise spöttisch hervorgehoben werden.

Die weiteren Witze, die sich an die gebückte Haltung der Studenten und an ihre schwächliche Konstitution, aber auch ihre erstaunliche Empfindlichkeit in frischer Luft anschließen, übergehe ich hier.

Eine neue komische Ebene wird betreten, als Strepsiades den Schüler nach einzelnen Gegenständen der Schule befragt, die ihm unbekannt und unverständlich sind (200–217). Nacheinander werden ihm „die Astronomie“ (ἡ ἀστρονομία, 201), „die Geometrie“ (γεωμετρία, 202) und eine περίοδος γῆς πάσης (206) gezeigt. Unklar ist, in welcher Form diese Gegenstände auf der Bühne präsentiert werden. Bei dem letzten Gegenstand handelt es sich ohne Zweifel um eine Karte, wie die daran anschließenden Witze zeigen.[26] Bei den ersten beiden Objekten wird man vielleicht

ihm prognostizierten guten Olivenernte in großem Stil Ölpressen ausgeliehen und diese zur Erntezeit mit Gewinn untervermietet).

23 Dies ist jedenfalls eine Möglichkeit, sich die folgende Szene bühnentechnisch realisiert zu denken, vgl. Fisher (wie Anm. 7), 63. Dover denkt an eine bewegliche Stellwand mit einer Tür, die während der Verse 182ff. zur Seite geschoben wird und den Blick auf das Interieur freigibt, vgl. Dover (wie Anm. 2), LXXVf. Gegen den Gebrauch des Ekkyklema sprechen sich C.F. Russo, Aristophanes. An Author for the Stage, London/New York 1994 (Übers. v. Aristofane autore di teatro, Florenz 1962, überarbeitete Auflagen 1984 und 1992), 113, und H.-J. Newiger, Ekkyklema und Mechané in der Inszenierung des griechischen Dramas, in: ders., Drama und Theater. Ausgewählte Schriften zum griechischen Drama (Drama, Beiheft 2), Stuttgart 1996, 96ff., hier: 105 (Original: Würzbg. Jahrbb. N.F. 16, 1990, 173ff.) aus.

24 Vgl. Thukydides 4, 37f.

25 102f.: αἰβοῖ πονηροί γ', οἶδα. τοὺς ἀλαζόνας / τοὺς ὠχριῶντας τοὺς ἀνυποδήτους λέγεις, ... vgl. auch 119f.: οὐ γὰρ ἂν τλαίην ἰδεῖν / τοὺς ἱππέας τὸ χρῶμα διακεκναισμένος. Der körperliche Gegensatz wird noch einmal in der Gegenüberstellung ausgebeutet, die der Δίκαιος λόγος von alter und neuer Erziehung gibt (1005ff.): Wer sich der alten Ausbildung unterzieht, wird eine muskulöse Brust, leuchtende Haut, breite Schultern usw. aufweisen, wer sich dagegen auf die neue Erziehung einläßt, dem droht von allem das Gegenteil (bes. 1016f.: ἕξεις / χροιὰν ὠχράν, ...).

26 Anaximander von Milet soll als erster einen γεωγραφικὸν πίνακα herausgegeben haben (Strabo, 1, 1, 11 C 7 = 12 A 6 Diels/Kranz). Eine (umstrittene) Karte auf einer ionischen Münze aus

an Instrumente denken, die in den betreffenden Wissenschaften benutzt werden, denn Strepsiades mißversteht die „Geometrie" und die Karte, insofern er sie für Instrumente hält, mit denen man bestimmte konkrete Operationen durchführen kann.[27] Im Falle der Astronomie könnte dies ein Gnomon oder sogar ein Himmelsglobus gewesen sein,[28] zur Veranschaulichung der Geometrie dienten wohl Lineal und Zirkel.[29] ‚Astronomie' und ‚Geometrie' übergehe ich hier.

Voll ausgeschöpft wird das komische Potential der Erklärung wissenschaftlicher Hilfsmittel bei dem dritten Objekt, der Karte. Es handelt sich dabei um eine Weltkarte (περίοδος γῆς πάσης), die in der Tradition der ionischen Kosmologie den ersten Kartentyp darstellte.[30] Man wird an eine grob schematisierte, großmaßstäbliche Darstellung denken, die folglich nicht allzuviele Details aufweist, wie sie etwa die modernen Rekonstruktionsversuche der Weltvorstellung des Hekataios von Milet veranschaulichen können.

An dieses Merkmal wird der erste Witz geknüpft. Der Schüler zeigt Strepsiades auf der Karte Athen (206f.), wobei vielleicht Athen selbst dort gar nicht eingetragen ist, denn auf die erste ungläubige Erwiderung des Strepsiades hin fügt er hinzu (209): ὡς τοῦτ' ἀληθῶς Ἀττικὸν τὸ χωρίον. „Auf jeden Fall ist das da wahrhaftig Attika." Dies klingt, als sei nur Attika wirklich erfaßt. Strepsiades jedenfalls glaubt ihm nicht, weil er die Richter auf der Karte nicht sieht, für die Athen berüchtigt ist (wie Aristophanes nicht nur in den *Wespen* gezeigt hat). Auch Attika will er auf der Karte nicht

der ersten Hälfte des 4. Jh. v. Chr. identifiziert A.E.M. Johnston, The Earliest Preserved Greek Map: A New Ionian Coin Type, Journ. of Hell. Studies 87, 1967, 86–94. Vgl. A. Stückelberger, Bild und Wort. Das illustrierte Fachbuch in der antiken Naturwissenschaft, Medizin und Technik, Mainz 1994, 47ff.

27 Vgl. Robert S. Brumbaugh, Scientific Apparatus Onstage in 423 B.C., Yale Classical Studies 22, 1972, 215–221, der allerdings annimmt, daß Aristophanes hier eine ernsthafte wissenschaftstheoretische Aussage formuliere: Er wolle den Gebrauch von Modellen in der Wissenschaft grundsätzlich ablehnen (etwa 217: „… that Aristophanes rejects all such appeals to models as a *non sequitur*;"). Die Theorielastigkeit des Komikers wird dabei überschätzt, das Erzielen komischer Effekte unterschätzt.

28 Anaximander von Milet gilt als Erfinder sowohl des Gnomons als auch des Himmelsglobus (12 A 1 Diels/Kranz, aus Diogenes Laertios II, 1 und 2). Vgl. auch Stückelberger (wie Anm. 26), 29ff., der sich an unserer Stelle für einen Globus ausspricht.

29 Dies waren die beiden Instrumente, die zur Konstruktion geometrischer Aufgaben benutzt wurden, vgl. A.D. Steele, Über die Rolle von Zirkel und Lineal in der griechischen Mathematik, in: Oskar Becker (Hrsg.), Zur Geschichte der griechischen Mathematik (WdF Bd. 33), Darmstadt 1965, 146–202 (Auszug des Originals, das in den ‚Quellen und Studien zur Geschichte der Mathematik, Astronomie und Physik', Abt. B: Studien, Bd. 3 Berlin 1934, 313–69 erschienen ist). Vgl. auch die Meton-Episode in den *Vögeln*, 991–1020, wo Meton als Geometer mit κανόνες ἀέρος (999) und καμπύλος διαβήτης (1002f.) auftritt.

30 Vgl. Anm. 26 und Hans-Joachim Gehrke, Die Geburt der Erdkunde aus dem Geiste der Geometrie. Überlegungen zur Entstehung und zur Frühgeschichte der wissenschaftlichen Geographie bei den Griechen, in: W. Kullmann/J. Althoff/M. Asper, Gattungen wissenschaftlicher Literatur in der Antike (Scriptoralia Bd. 95), Tübingen 1998, 163ff. Über die schematische (kreisrunde) Gestalt der ihm bekannten Weltkarten macht sich Herodot IV, 36, 2 lustig. V, 49, 1ff. berichtet er von Aristagoras, der zur Unterstützung seiner Mission nach Sparta eine Weltkarte mitbringt: … ἔχων χάλκεον πίνακα ἐν τῷ γῆς ἁπάσης περίοδος ἐνετέτμητο καὶ θάλασσά τε πᾶσα καὶ ποταμοὶ πάντες.

erkennen, denn er kann seinen kleinen Demos Kikynna nicht identifizieren. In völliger Verkennung des Abbildungscharakters sucht er also Mikrostrukturen, die eine Weltkarte natürlich nicht hergibt. Dem Publikum muß dagegen die grobe Struktur einer solchen Karte geläufig gewesen sein, denn sonst wären die Witze wirkungslos geblieben.[31]

Ein zweiter Scherz schließt sich an die Erwähnung Euboias an, das offenbar auch auf der Karte eingezeichnet ist. Seine Lage relativ zu Attika wird exakt beschrieben, wenn es heißt, es sei weit entlang der Küste ausgestreckt (211f.: ἡ δέ γ' Εὔβοι', ὡς ὁρᾷς, / ἡδὶ παρατέταται μακρὰ πόρρω πάνυ). Strepsiades ist diesmal eher überzeugt, aber nicht, weil er es auf der Karte einwandfrei erkennen kann, sondern weil er selber dabei war, als Euboia im Jahre 446 v.Chr. von einer Streitmacht unter Perikles ‚hingestreckt', d.h. den Athenern wieder unterworfen wurde.[32] Der Witz knüpft hier also nicht an die Karte an, sondern in einer auch sonst zu beobachtenden Weise an ein doppeldeutiges Wort. παρατέταται kann sowohl konkret geographisch „sie ist entlanggestreckt" als auch übertragen „sie ist (durch Gewalteinwirkung) hingestreckt, unterworfen" bedeuten. Während Strepsiades in anderen Fällen seine Einfalt durch sein Festhalten an der konkreten, wörtlichen Bedeutung eines Ausdrucks demonstriert,[33] läßt ihn der Dichter hier die übertragene Bedeutung aufgreifen, um einen komischen Effekt zu erzielen. Auch hier ist der persönliche Erfahrungshorizont für Strepsiades' Verständnis maßgeblich.

Die dritte komische Situation ergibt sich wieder aus einem Mißverständnis der Funktion einer Karte. Strepsiades läßt sich vom Schüler Sparta zeigen (214ff.), und ist erschrocken darüber, wie nah der Erzfeind bei Athen liegt. Dies ist natürlich eine Folge des großen Maßstabes. Er verlangt daraufhin vom Schüler und seinen Kollegen, sie möchten Sparta weiter von Athen entfernen, was dieser als unmöglich ablehnen muß. Hier wird ganz wie bei der Geometrie ein sehr konkretes Verständnis der Karte erkennbar, die Strepsiades für ein Instrument hält, bestimmte praktische Ziele zu erreichen. Genauso ist seine Hinwendung zu Sokrates generell motiviert, denn er will ja ganz konkret seine Gläubiger betrügen. Deshalb reagierte er auch so enthusiastisch auf den Diebstahl, den Sokrates mit dem Zirkel durchführen konnte. Diese Art von praktischem Nutzen schwebt ihm als Lernziel vor. Es ist natürlich

31 Vgl. die Anekdote bei Aelian, *var. hist.* 3, 28, auf die Erbse, Sokrates (wie Anm. 7), 410, Anm. 2 hinweist: Sokrates führt den auf seinen Reichtum stolzen Alkibiades zu einer Erdkarte, läßt ihn zunächst Attika und dann seine eigenen Ländereien suchen. Letztere findet er natürlich nicht, worauf Sokrates ihm die Nichtigkeit seines Reichtums vorhält. Alkibiades scheint hier, ganz wie Strepsiades, den Charakter einer Erdkarte nicht zu kennen, was die Anekdote doch sehr unwahrscheinlich klingen läßt. Das Argumentationsmuster (Nichtigkeit des irdischen Besitzes und Machstrebens, wenn man es aus großer Entfernung betrachtet) verwendet später Lukian an mehreren Stellen (z.B. im *Ikaromenippos,* wo eine Mondfahrt eine Vogelperspektive verschafft, oder im *Charon,* wo dies durch zwei aufeinander getürmte Berge geschieht). Es geht wohl auf kynische Anschauungen zurück.

32 Vgl. Thukydides 1, 114.

33 Eines der komischsten Mißverständnisse widerfährt ihm, als er den abstrakt gedachten δῖνος, den kosmischen Weltwirbel, den Sokrates als Verwalter der Weltnotwendigkeit preist (380ff.), mit einem auf der Bühne befindlichen Tongefäß (δῖνος) verwechselt, von dem er annimmt, daß es jetzt die Weltherrschaft innehabe (1472ff.).

unsinnig, sich darüber Gedanken zu machen, wie Strepsiades sich dies im Fall der Karte wirklich vorgestellt hat; der komische Effekt zählt, und der gründet in dem richtigen Verständnis, das die Zuschauer von einer Weltkarte haben, und dem absurden Kontrast dazu, den Strepsiades durch seine einfältigen Bemerkungen repräsentiert.[34] Damit verbunden ist natürlich eine feinsinnige Schmeichelei an die Adresse der Zuschauer, die sich mit ihrer Kenntnis über Strepsiades' Dummheit erhaben fühlen können. Die Zielrichtung der aristophanischen Komik ist also nicht einfach die spöttische Ausgrenzung der Intellektuellen, wobei ja die Zuschauer und Strepsiades einen gemeinsamen Verständnishorizont besitzen müßten. Es wird vielmehr auch die Hauptfigur des Stückes in manchen Zügen als allzu unterbelichtet dargestellt, so daß die Zuschauer sich über diesen Bauerntölpel ihrerseits lustig machen können.

Nachdem die komischen Möglichkeiten erschöpft sind, die sich aus der Vorführung wissenschaftlicher Instrumente und Gerätschaften ergeben, läßt Aristophanes ab V. 218 die Szene ihren Höhepunkt erreichen, indem Strepsiades plötzlich den Meister der Schule selbst, Sokrates, in seinem Korb erblickt. In einer kurzen Übergangsszene (218–220) verschwindet der Schüler, der bisher als Vermittler gewirkt hat, von der Bühne, um sie Strepsiades und Sokrates zu überlassen.

Sokrates hängt in einer Art Korb oder einer Matte[35] am Bühnenkran, als er das erste Mal in diesem Stück sichtbar wird. Damit nimmt er einen Platz ein, der in der Tragödie traditionell den Göttern vorbehalten ist (*deus ex machina*), wenngleich man zweifeln kann, ob je ein Gott in einem Korb oder einer Hängematte erschienen ist. Und obwohl Strepsiades mit seinem Anruf durchaus keine religiöse Ehrfurcht zeigt, sondern sich in komischer Weise anbiedert (221f.: ὦ Σώκρατες, ὦ Σωκρατίδιον[36]), antwortet Sokrates ganz im Tone göttlicher Distanz (223): τί με καλεῖς ὦφήμερε; „was rufst du mich, Sterblicher?" Nach allem, was die Zuschauer und wir bisher von der Schule des Sokrates kennengelernt haben, und auch angesichts der merkwürdigen Lage, in der er am Kran aufgehängt ist, muß diese hehre Attitüde bereits komisch wirken. Auch die Antwort auf die weitere Frage des Strepsiades, was er denn dort tue, ist in etwas höher gestimmtem Ton formuliert (225): ἀερο-

34 Vgl. hierzu von Möllendorff (wie Anm. 4), 116, der diese Szene als ein Beispiel für seine auf Bachtin beruhende Deutung heranzieht, wonach die Bühnendarstellung eine notwendige Ergänzung der Zuschauerperspektive biete. Die Zuschauer wüßten, daß Sparta real viel weiter entfernt sei, als es auf der Karte scheine; dennoch habe auch Strepsiades, insbesondere mit seinem Ausspruch νὴ Δί' οἰμώξεσθ' ἄρα (217), recht, denn immerhin habe die Entfernung nicht ausgereicht, einen Krieg mit Sparta zu verhindern. Mir scheint hier eher einmal mehr die subtile Komik des Aristophanes zutage zu treten, der einen Zug der tagespolitischen Realität (den peloponnesischen Krieg) in Strepsiades Mund zu einem *vaticinium ex eventu* werden läßt, das aber auf ganz absurden Voraussetzungen beruht (der Karte, deren Funktion mißverstanden wird).

35 Dies sind wohl die beiden möglichen Deutungen des umstrittenen Ausdrucks ταρρός in V. 226, der jedenfalls eine Art Flechtwerk zu bezeichnen scheint; vgl. Dover 126 z. St.

36 Vgl. 80, wo Strepsiades seinen Sohn aufweckt: Φειδιππίδη, Φειδιππίδιον. Dort steht, wie in 221, der Gedanke im Hintergrund, daß Strepsiades den Angeredeten um etwas bitten will und ihn darum besonders schmeichelnd apostrophiert. Auch einen Gott bittet man für gewöhnlich um etwas, redet ihn aber nicht schmeichelnd, sondern ehrfürchtig an. Insofern ist der Ton in 221f. deutlich deplazierter, wenngleich Sokrates natürlich in Wirklichkeit kein Gott ist.

βατῶ καὶ περιφρονῶ τὸν ἥλιον. „Ich durchschreite die Luft und bedenke den Lauf der Sonne.“ Mit diesem Vers, den Strepsiades selbst noch einmal in sarkastischer Umdeutung am Ende des Stückes gebrauchen wird (1503, wo Strepsiades dem Sokrates ganz wörtlich aufs Dach steigt und sein Phrontisterion abfackelt) und der besonders durch seine Neuprägung des poetischen Wortes ἀεροβατεῖν noch bis zum Prozeß des Sokrates über 20 Jahre später in Erinnerung bleiben sollte,[37] spielt Sokrates auf seine astronomischen Forschungen an.

Nun könnte man meinen, daß allein durch die Idee, astronomische Beobachtungen von einer bizarr erhöhten Warte aus vorzunehmen, bereits ein komischer Effekt erzielt wird. Aber Aristophanes treibt den Spott hier noch weiter. Mit zwei charakteristischen Wortveränderungen[38] fragt Strepsiades V. 226f. nach, warum Sokrates denn von einem aufgehängten Korb und nicht von der Erde aus „auf die Götter herabschaue“ (226: τοὺς θεοὺς ὑπερφρονεῖς[39] statt: περιφρονῶ τὸν ἥλιον, 225). 1. Sokrates hatte V. 225 vom Nachdenken „über die Sonne“ gesprochen, Strepsiades nennt „die Götter“ als Forschungsobjekt. Dies ist der Ausdruck des traditionellen Götterverständnisses, nach dem die Himmelskörper Götter sind. 2. Statt doppeldeutigem περιφρονεῖν, das sowohl neutral „von oben betrachten, bedenken“ als auch wertend „von oben herabschauen = verachten“ bedeuten kann,[40] benutzt Strepsiades das eindeutige ὑπερφρονεῖν, das immer herabsetzend „hochmütig sein, verachten“ bedeutet.[41] Er verengt also die Wortbedeutung zum Negativen. Beide Veränderungen bereiten die ab V. 246 ausgeführten theologischen Neuerungen des Sokrates vor,[42] aber auch den perversen Lernerfolg, den die sokratisch-sophistische

37 Vgl. Platon, *Apologie* 19 C 3, wo Sokrates ‚selbst‘ (jedenfalls wie ihn Platon darstellt) diesen Vorwurf aufgreift. Es ist allerdings nicht zu entscheiden, ob dies eine Äußerung des historischen Sokrates ist oder ob nicht vielmehr Platon als Literat auf Aristophanes zurückgreift (den er offenbar schätzte, vgl. *Symposion* 189 C-193 D). Ebenso wenig ist klar zu beweisen, ob es wirklich die Nachwirkung der aristophanischen *Wolken* war, daß Sokrates gut 25 Jahre später in Athen so unbeliebt wurde, daß man ihn durch eine Justizmanipulation kaltblütig beseitigen konnte. Mir persönlich scheint dies unwahrscheinlich.

38 Vgl., was oben zu λεπτότης (153) und διεντέρευμα (166) gesagt wurde.

39 Mit dieser Veränderung nützt Strepsiades eine Doppeldeutigkeit aus, die bereits im περιφρονεῖν des Sokrates angelegt war, wenngleich dieser den Ausdruck wahrscheinlich wertneutral verwendet. Denn περιφρονεῖν bedeutet erstens, daß Sokrates gleichsam von oben auf die Götter herabschaut, zweitens daß er sie durch seine Forschungen auch verachtet, vgl. Dover 126f. z. St.

40 Es scheint allerdings so, als finde sich die neutrale Bedeutung nur bei Aristophanes, vgl. Liddel/Scott/Jones. Das Wort hat also bereits eine deutliche Tendenz zu dem, was Strepsiades aus ihm macht.

41 Vgl. besonders V. 1399f., wo Pheidippides nach seiner Lehrzeit die Vorteile seiner neuen Kenntnisse preist: ὡς ἡδὺ καινοῖς πράγμασιν καὶ δεξιοῖς ὁμιλεῖν, / καὶ τῶν καθεστώτων νόμων ὑπερφρονεῖν δύνασθαι.

42 Es sind allerdings eher Neuerungen, die dem Vorsokratiker Anaxagoras aus Klazomenai zugesprochen werden, vgl. Diogenes Laertios II, 12. Der Vorwurf der Gottlosigkeit (ἀσέβεια) gegenüber Sokrates ist aber sowohl in Platons als auch in Xenophons *Apologie* dokumentiert: Bei Platon erscheint er als Anklage des Meletos (24 B 8ff. Duke/Hicken/Nicoll etc.): Σωκράτη φησὶν ἀδικεῖν ... θεοὺς οὓς ἡ πόλις νομίζει οὐ νομίζοντα, ἕτερα δὲ δαιμόνια καινά. Dort ist es also das berühmte Daimonion, das als Beleg für die Einführung einer neuen Gottheit herhalten muß. Ganz ähnlich bei Xenophon, *Apologie* 10: κατηγόρησαν ..., ὡς οὓς μὲν ἡ πόλις νομί-

Methode bei Pheidippides hervorrufen wird (1399ff.): Der meint sich am Ende über alle Konventionen hinwegsetzen zu können, will gar seinen Vater verprügeln und behauptet darüber hinaus auch noch, die Gerechtigkeit dieses Vorgehens beweisen zu können.

In der Antwort des Sokrates wird nun auf die philosophischen Thesen des Diogenes von Apollonia zurückgegriffen. Sokrates begründet seine erhöhte Position damit, daß sein Verstand sich mit der dünnflüssigen Luft (ἀήρ, 230) der Höhe vermischen müsse, um zu brauchbaren Forschungsergebnissen zu gelangen. Diese Höhenluft sei nämlich von ähnlicher Beschaffenheit (ὅμοιον, 230) wie das Denken selbst, je weiter man jedoch in die Nähe der Erde gelange, desto mehr ziehe diese Erde mit Gewalt die Feuchtigkeit des Denkens zu sich und verhindere so eine klare Erkenntnis.

Für unseren Zusammenhang ist besonders ein indirektes Zeugnis aus Theophrasts *De sensu* wichtig, wo er die Meinung des Diogenes über den Denkvorgang referiert (64 A 19 Diels/Kranz, § 44f.). Das Denken, so heißt es dort, funktioniere vermittels reiner und trockener Luft, feuchte Luft dagegen behindere es. Beim Menschen zeige sich das daran, daß er nach dem Essen, im Rausch und im Schlaf nicht denken könne. Die geringe Intelligenz der Tiere könne ebenfalls durch diese These erklärt werden, denn die auf vier Füßen gebückt einhergehenden Tiere atmeten die am Boden befindliche feuchtere Luft ein und nähmen zugleich eine feuchtere Nahrung zu sich. Die Pflanzen schließlich könnten überhaupt nicht denken, weil sie weder atmeten noch irgendwelche Hohlorgane besäßen, in die sie Luft aufnehmen könnten.[43]

Vergleicht man diese doxographische Überlieferung mit der Verarbeitung durch Aristophanes, so erweist sich der erste Teil der sokratischen Antwort als recht originalgetreu. Wenn eine besonders feinteilige Luft für das Denken verantwortlich ist und diese Qualität sich hauptsächlich in größerer Entfernung von der Erde findet, dann ist es folgerichtig, daß Sokrates sich mit seinem Korb in eine erhöhte Position begibt, um besonders klare Gedanken fassen zu können. Im zweiten Teil seiner Antwort kommt jedoch ein neuer Gedanke hinzu: Die Erde, so heißt es V. 232f., ziehe mit Gewalt die Feuchtigkeit des Denkens (τὴν ἰκμάδα τῆς φροντίδος) an sich und erfahre dabei dasselbe wie die Kresse.

ζει θεοὺς οὐ νομίζοι, ἕτερα δὲ καινὰ δαιμόνια εἰσφέροι …, was klingt, als sei es direkt von Platon oder direkt aus der Anklageschrift übernommen. Diese Anklageschrift hat Diogenes Laertios II, 40 überliefert: ἀδικεῖ Σωκράτης, οὓς μὲν ἡ πόλις νομίζει θεοὺς οὐ νομίζων, ἕτερα δὲ καινὰ δαιμόνια εἰσηγούμενος. Stark ins Zentrum rückt den Aspekt der Asebie jetzt R. Janko, God, Science, and Socrates, Bulletin of the Inst. of Classical Studies 46, 2002–03, 1ff., der den Derveni-Papyrus auf den „Atheisten" Diagoras von Melos zurückführt, der in Athen 415 v.Chr. zum Tode verurteilt wurde. In V. 830 der *Wolken* verbindet Aristophanes Sokrates mit diesem Diagoras, indem er ihn „Sokrates den Melier" nennen läßt.

43 64 A 19 = Theophr. *De sens.* 44: φρονεῖν δ', ὥσπερ ἐλέχθη, τῷ ἀέρι καθαρῷ καὶ ξηρῷ· κωλύειν γὰρ τὴν ἰκμάδα τὸν νοῦν· διὸ καὶ ἐν τοῖς ὕπνοις καὶ ἐν ταῖς μέθαις καὶ ἐν ταῖς πλησμοναῖς ἧττον φρονεῖν· ὅτι δὲ ἡ ὑγρότης ἀφαιρεῖται τὸν νοῦν, σημεῖον, διότι τὰ ἄλλα ζῷα χείρω τὴν διάνοιαν· ἀναπνεῖν τε γὰρ τὸν ἀπὸ τῆς γῆς ἀέρα καὶ τροφὴν ὑγροτέραν προσφέρεσθαι. … τὰ δὲ φυτὰ διὰ τὸ μὴ εἶναι κοῖλα μηδὲ ἀναδέχεσθαι τὸν ἀέρα παντελῶς ἀφῃρῆσθαι τὸ φρονεῖν.

Im Gegensatz zur These des Diogenes ist es also nicht die eingeatmete feuchte Luft in Erdnähe, die einer Beobachtung von der Erde aus abträglich ist, sondern ein neuer Effekt der Feuchtigkeitsanziehung wird als Hinderungsgrund eingeführt. Auffällig ist dabei vor allem, daß das Denkvermögen nun plötzlich eine Feuchtigkeit aufweist, die es nach Diogenes' Ausführungen gar nicht haben dürfte.[44] Der Verdacht liegt nahe, daß Aristophanes hier entweder eine Aussage des Diogenes in ganz eigenständiger Weise umdeutet, um so den Übergang zur in komischer Weise unangemessenen Kresse zu schaffen. Vielleicht nimmt er auch andere mehr oder weniger zeitgenössische Theorien, etwa des Empedokles,[45] hinzu, um den nächsten Witz vorzubereiten.

Das die Antwort des Sokrates abschließende Beispiel der Kresse wirkt in zweierlei Hinsicht komisch. Zum einen stellt es nach dem geistigen Höhenflug über das Denken und die Objekte der Meteorologie eine Antiklimax dar. Zweitens illustriert das Beispiel nicht sehr genau den Vorgang, der kurz vorher dargestellt worden war. Bei der Kresse zieht jedenfalls nicht die Erde irgendwelche Feuchtigkeit ein, sondern umgekehrt die Pflanze die Erdfeuchtigkeit. Dadurch erscheint es ein wenig unangemessen und soll vielleicht nur ein komisches Exempel für eine Mode wissenschaftlichen Begründens durch Pflanzenanalogien liefern. Mit dem Übergang von den vornehmsten menschlichen Fähigkeiten der Wahrnehmung und des Denkens zur wertlosen Kresse verhält sich Aristophanes hier ganz ähnlich wie bei den unscheinbaren Insektenproblemen und der Störung (scheinbar) astronomischer Beobachtung durch ein kleines Reptil: Immer sind es unerwartet bedeutungslose Ereignisse aus Tier- und Pflanzenwelt, die in Kontrast zu hochgeistiger Betätigung gesetzt werden.

Strepsiades versteht nun die Antwort des Sokrates ganz falsch, indem er nur einige Kernworte seiner Ausführungen zu einem bizarren Blödsinn zusammenfügt (235f.): τί φῄς / ἡ φροντὶς ἕλκει τὴν ἰκμάδ' ἐς τὰ κάρδαμα; „Was sagst du? Der Verstand zieht die Feuchtigkeit in die Kresse?" Dies hat natürlich mit den Aussagen des Sokrates nichts mehr zu tun, ergibt aber auf einer anderen Ebene durchaus einen gewissen Sinn: Der forschende Verstand ist es schließlich, der erkennt, daß die Kresse wie jede andere Pflanze aus der Erde Feuchtigkeit aufnimmt. Insofern ist er in

44 64 A 33 (= Alex., *Quaest.* II, 23) ist der magnetische Anziehungseffekt erläutert. Demnach ist der Magnetstein poröser und erdhafter (ἀραιοτέραν … καὶ γεωδεστέραν) als Eisen und saugt daher mehr Feuchtigkeit von der benachbarten Luft auf, als er selbst abgibt. Ob daraus allerdings eine generelle Aussage der Art abgeleitet werden kann, daß Erde grundsätzlich Feuchtigkeit anzieht, ist zweifelhaft. Möglicherweise bedeutet γεωδεστέραν hier „härter" oder gar „tönerner = poröser". Es scheint mir ebenfalls äußerst zweifelhaft, ob die Stelle aus *De morbis* IV, 34, die Diels/Kranz unter 64 C 3 b als Diogenesimitation zitieren, überhaupt hierher gehört. Dort ist von den vielfältigen Fähigkeiten der Erde die Rede, die etwa auch allem, was in ihr wachse, die angemessene Feuchtigkeit und Nahrung biete. I.M. Lonie, The Hippocratic Treatises „On Generation", „On the Nature of the Child", „Diseases IV". A Commentary (Ars Medica II. Abt. Bd. 7), Berlin/New York 1981, 271 denkt eher an Anaxagoras als Vorbild. Allerdings ist die Pflanzenanalogie ein eigenständiges Charakteristikum dieser hippokratischen Werke, und möglicherweise übernimmt Aristophanes diese Analogie aus medizinischem Schrifttum.

45 Für Empedokles war das (feucht/flüssige) Blut der Sitz des Verstandes, 31 B 105 Diels/Kranz.

gewisser Weise dafür verantwortlich, daß die Kresse die Feuchtigkeit aufnimmt. Es läge dann wieder eine (von Strepsiades unbeabsichtigte) Doppeldeutigkeit des Satzes auf verschiedenen Ebenen vor, so wie Aristophanes es schon mit einzelnen Worten bei Strepsiades (λεπτότης, 153) oder ganzen Sätzen (die Bemerkung über Spartas bedrohliche Nähe angesichts der Weltkarte) vorgeführt hat.

Mit diesem Satz schließt die Passage, in der Strepsiades mit den Betätigungen in der sokratischen Denkerschule erste Bekanntschaft macht. Es läßt sich unschwer vorhersehen, welche Schwierigkeiten er während seiner weiteren Ausbildung dort haben wird.

Wenn man abschließend versucht, die besprochenen komischen Elemente noch einmal zu überschauen, so ist der erste Eindruck der einer großen Vielfalt. Bei der Darstellung der Denkerschule des Sokrates geht es um eine Karikatur und Verspottung der Intellektuellen als einer gesellschaftlichen Gruppe, deren Beschäftigung allgemein nicht verstanden wird und die von ordentlich arbeitenden Menschen als Nichtstun und Herumlungern aufgefaßt wird. Als Folge dieser intellektuellen Tätigkeit haben die Philosophen kein Geld, sind ungepflegt und wissen nicht immer genau, wie sie ihre nächste Mahlzeit bestreiten sollen. Sie sind von bleichem, bemitleidenswertem Aussehen und stark verminderter Vitalität, und sie können an der frischen Luft des wirklichen Lebens schnell Schaden nehmen.

Aber auch der normalerweise recht gewitzte Hauptheld des Stückes wird bisweilen als deutlich unterdurchschnittlich begabt dargestellt und kann so nicht durchgängig als Identifikationsfigur für das Publikum dienen.

Die Schule gibt sich als geschlossene Anstalt, wie ein Club von eingeweihten Mysten, hat aber keine ernsthaften Intentionen, ihre Geheimnisse für sich zu behalten. Hier verbindet Aristophanes Elemente der Verspottung von Intellektuellen mit solchen der Mysterienparodie.[46] Ähnlich ist die Szene von Sokrates' erstem Hereinschweben als eine Tragödien- und Götterparodie gestaltet.

Im Fall des Messens des Flohfußes wird ein alltäglicher Vorgang in irrelevante, unwichtige Kleinstbereiche übertragen und mit großem methodischen Aufwand durchgeführt, der zur Wichtigkeit der Fragestellung in starkem Gegensatz steht. Das Summen der Mücke stellt durchaus eine ernstzunehmende wissenschaftliche Fragestellung dar, für die allerdings dem Durchschnittsbürger ebenfalls wegen ihrer praktischen Bedeutungslosigkeit jedes Verständnis gefehlt haben dürfte. Nicht zufällig sind beide Male kaum wahrnehmbare Insekten Gegenstand der Untersuchung. Die Erklärung greift in allgemeinster Weise auf wissenschaftliche Debatten über die Hörphysiologie zurück, bezieht ihren Witz aber ausschließlich aus den skatologisch-drastischen Verbindungen. Gleiches gilt für das Mißgeschick des Sokrates bei seinen scheinbaren astronomischen Forschungen.

Die Ausstattung der Denkerbude eröffnet durch ihre Gegenständlichkeit andere Felder der Komik.[47] Die auf der Bühne befindlichen Geräte, die für die einzelnen

46 Vgl. noch besonders M.C. Marianetti, Religion and Politics in Aristophanes' Clouds, Hildesheim etc. 1992.

47 Mit der Frage der Vergegenständlichung intellektueller Eigenschaften und Prozesse in der Komödie befaßt sich (etwas oberflächlich) J. Whitehorn, Aristophanes' Representations of ‚Intellectuals', Hermes 130, 2002, 28ff.

Wissenschaften stehen, legen es nahe, die Wissenschaft auf ihre praktisch nutzbare Seite zu reduzieren. Dies ist ohnehin, wie bereits an den Insektenforschungen gezeigt, die Verständnisebene des Durchschnittsbürgers (und neuerdings auch wieder der modernen Gesellschaft). So resultiert dort die Komik jeweils aus Strepsiades' Unvermögen, den allgemeineren, theoretischeren Anspruch der Wissenschaft zu begreifen.

In der Hängemattenszene schließlich wird auf die Thesen des Diogenes von Apollonia rekurriert, die aber mutwillig abgeändert und ergänzt werden, um einen gelehrt klingenden, aber sachlich nicht nachvollziehbaren Blödsinn zu kreieren. Diese bereits verdrehten Vorgaben werden schließlich von Strepsiades durch die Verwechslung von Bild- und Sachbereich auf die Spitze des Unsinns getrieben, der allerdings wie jeder gehobene Blödsinn auf einer anderen Ebene durchaus einen gewissen Sinn enthält.

Es kam Aristophanes also nicht darauf an, die zeitgenössischen Reflexe, seien sie naturwissenschaftlicher, seien sie politischer oder (in den *Fröschen*) literarkritischer Art,[48] exakt oder irgendwie sachgerecht wiederzugeben. Vielmehr ändert er sie an allen möglichen Stellen ab und verfährt völlig frei mit ihnen. Die Alte Komödie hat das eigenständige Ziel, die Zuschauer in ihrer ganzen intellektuellen Bandbreite zu unterhalten und zum Lachen zu bringen. Diesem Ziel sind alle Übernahmen unterworfen, und Aristophanes zündet als der Meister dieser Form ein großartiges Feuerwerk komischer Ideen.

Es ist längst erkannt, daß Sokrates und sein Phrontisterion nur eine Chiffre darstellen für das, was wir heute die Sophistik nennen. Sokrates wurde als Aushängeschild dieser Gruppe gewählt, weil er offenbar die bekannteste Figur Athens war, die man mit dieser ersten intellektuellen Bewegung in Verbindung brachte. Gerade mit den naturphilosophischen Fragestellungen allerdings, an die Aristophanes in den besprochenen Szenen anknüpft, hat sich Sokrates, nach allem was wir wissen, in seinen späteren Jahren nicht beschäftigt.[49]

Allerdings berichtet er selbst in seiner ‚Autobiographie' (die natürlich Platon geschrieben hat), daß er am Beginn seiner philosophischen Bemühungen durchaus großes Interesse für naturphilosophische Fragen im Sinne der Vorsokratiker gehabt habe (Platon, *Phaidon* 96 A 5ff.).[50] Er habe sich aber nach einiger Zeit gänzlich ungeeignet für diese Art der Philosophie gefühlt, sei dann jedoch auf das Buch des

48 Vgl. Ernst-Richard Schwinge, Griechische Tragödie und zeitgenössische Rezeption: Aristophanes und Gorgias. Zur Frage einer angemessenen Tragödiendeutung (Berr. aus den Sitzgg. d. Joachim Jungius-Gesellschaft der Wissenschaften E. V., Hamburg, 1997, H. 2), Hamburg 1997.

49 Vgl. Aristoteles, *Metaphysik* A 6, 987 b 1ff.: Σωκράτους δὲ περὶ μὲν τὰ ἠθικὰ πραγματευομένου περὶ δὲ τῆς ὅλης φύσεως οὐθέν, ... Ebenso schreibt K. Döring im Artikel „Sokrates, die Sokratiker und die von ihnen begründeten Traditionen" (Grundriss der Geschichte der Philosophie, begründet v. F. Überweg, völlig neubearbeitete Ausgabe, Die Philosophie der Antike Bd. 2/1, hrsg. v. H. Flashar, Basel 1998), 157: „Sokrates war durch und durch praktischer Philosoph."

50 Die Problematik dieses Textes als historisches Zeugnis beschreibt Döring (wie vorige Anm.), 154: „In dem Bericht sind drei Elemente, nämlich die philosophische Entwicklung des Sokrates, diejenige Platons und Gedanken Platons zur Entwicklung der Philosophie bis hin zu ihm selbst, so eng miteinander verwoben, dass es unmöglich ist, sie klar voneinander zu trennen."

Anaxagoras gestoßen, dessen Nous-Prinzip ihn interessiert habe (97 B 8ff.).[51] Bei der Lektüre habe sich aber gezeigt, daß Anaxagoras von seinem Nous-Prinzip bei der Erklärung der Natur gar keinen Gebrauch gemacht habe, sondern vielmehr wieder in die materialistische Argumentationsweise der anderen Vorsokratiker verfallen sei. Eine Antwort auf die Frage, was denn die wirkliche Ursache der Welt sei, habe er aber bei niemandem gefunden, und daher habe er sich selbst aufgemacht, sie in einem zweiten Anlauf (δεύτερος πλοῦς, 99 D 1 Duke/Hicken/Nicoll etc.) herauszufinden. Leider können wir nicht mehr klären, wann diese Neuorientierung der sokratischen Philosophie erfolgt ist; Aristophanes zeigt uns jedenfalls einen Sokrates, der noch recht intensiv mit den naturphilosophischen Konzepten der Vorsokratiker vertraut ist, aber es besteht der starke Verdacht, daß das meiste davon auf Aristophanes zurückgeht, der eine synthetische Intellektuellenfigur schafft.

Man kann indes ziemlich sicher sein, daß die normale Athener Öffentlichkeit nicht so genau innerhalb der einzelnen philosophischen Gruppen (Vorsokratiker, Sokrates, Sophisten) differenzierte und somit auch das von Aristophanes geschaffene Sokratesbild goutierte. Denn was Aristophanes in seiner Komödie voraussetzt, ist diese etwas undifferenzierte Haltung des ‚normalen' Menschen gegenüber dem ersten massiven Auftreten von Intellektuellen oder Wissenschaftlern. Man versteht nicht genau, was diese Theoretiker tun, man verachtet die Abseitigkeit und Praxisferne ihrer Fragestellungen, hält ihre Beschäftigung für kaum verbrämtes Faulenzen und macht sich über ihre mangelhafte praktische Lebensbewältigung lustig. Zugleich ahnt man, daß diese Art der Beschäftigung irgendwie doch sinnvoll ist, und sei es allein deshalb, weil man sie nicht versteht. In der komischen Herabsetzung kann sich der normale Mensch über jene Intellektuellen erheben und sein Selbstwertgefühl gegenüber dieser doch immer als etwas unheimlich empfundenen Gruppe behaupten.[52]

Diese Ressentiments nutzt Aristophanes geschickt für seine komische Zielsetzung, er setzt sich aber wohl nicht ernsthaft mit diesen intellektuellen Strömungen auseinander.[53] Immerhin gehört er in einem weiteren Verständnis ja selbst zu dieser intellektuellen Elite.[54] Die Verspottung von mehr oder minder hochstehenden Repräsentanten der Gesellschaft findet in der altattischen Komödie vielmehr genau

51 Nach Auskunft von Diogenes Laertios II, 16 ist Archelaos aus Athen oder Milet der Lehrer des Sokrates gewesen. Archelaos selbst sei wiederum ein Schüler des Anaxagoras gewesen. Vgl. Döring (wie Anm. 44), 154 und oben Anm. 18.

52 Vgl. B. Zimmermann, Spott als Medium der Gruppenbildung und Ausgrenzung in der griechischen Komödie des 5. Jahrhunderts v.Chr., in: M Fludernik/H.-J. Gehrke (Hrsgg.), Normen, Ausgrenzungen, Hybridisierungen und ‚Acts of Identity' (Identitäten und Alteritäten Bd. 18), Würzburg 2004, 45ff., bes. 55.

53 Dies ist allerdings schwer zu beweisen, vgl. Zimmermann (wie vorige Anm.), 56: „Diese sozialhygienische Funktion schließt jedoch keineswegs aus, daß der Dichter durch die Verspottung gewisser Personen auf tatsächliche Mißstände in der Gesellschaft hinweisen will; in den Spott, vor allem den entlarvenden Spott, kann also, wie Freud (…) schreibt, das aufklärerische Moment der ‚Mahnung' eingebettet sein."

54 Besonders deutlich wird dies bei der Verspottung des Dithyrambendichters Kinesias in den *Vögeln*, 1372ff., der sich in einer ganz vergleichbaren Weise auf die Wolken und die himmlische Herkunft seiner überdrehten Dichtkunst beruft. Vgl. Zimmermann (wie Anm. 1), 270ff.

wie im Karneval in einer begrenzten Zeit der Umkehrung der gesellschaftlichen Werte statt und stellt höchsten *e negativo* eine exakte Aussage über die gesellschaftliche Wirklichkeit dar. Die denkerischen Strömungen waren um die 420er Jahre in Athen offenbar so vielfältig und bestimmten das öffentliche Leben so sehr, daß sie als Sujet für Komödien mit ihren eigenständigen Zielsetzungen taugten. Sie sollten allerdings zu allererst in ihrer gattungs- und kontextgebundenen Funktion verstanden und analysiert werden. Als exakte historische Quellen für diese Bewegungen taugen sie dagegen nur, wenn sie mit großer Vorsicht verwendet werden.

Maria Liatsi (Ioannina)

Philia bei Aristoteles: Ethische Tugend oder äußeres Gut?

1.

In den Büchern acht und neun der *Nikomachischen Ethik* stellt Aristoteles seine Lehre von der φιλία dar und analysiert dieses umfassende soziale Phänomen, das mit dem Begriff ‚Freundschaft' nur approximativ erfaßt ist. Denn der Begriff der Philia bildet bei Aristoteles ein breites Spektrum. Er beinhaltet sowohl die Verwandtschaft (z.B. die Beziehung zwischen Mutter und Kind und jene zwischen Mann und Frau) wie auch jede Form von Kameradschaft oder auch nur von Bekanntschaft bis zur politischen Freundschaft zwischen Staaten.[1] Kurz: Philia umfaßt das ganze Netz der gesellschaftlichen Beziehungen der Menschen. Sie ist die fundamentale Form jeder menschlichen Gemeinschaft.[2] Was jedoch ist Philia für Aristoteles? Wie bestimmt er sie? Ist sie eine Tugend (ἀρετή) oder bloß ein „Gut" (ἀγαθόν)?[3] Seine scheinbar widersprüchlichen Ausführungen darüber haben vielfach Irritationen in der Forschung verursacht und bieten den Kritikern seiner Freundschaftstheorie Anlaß zu Argumenten gegen seine Konzeption. Wir wollen prüfen, ob überhaupt Widersprüche vorliegen und, wenn ja, wie sie sich ergeben und ob und wie sie gelöst werden können.

Am Anfang des achten Buches der *Nikomachischen Ethik* heißt es:

1 Vgl. z.B. *EN* VIII 1. 1155 a 22f.: ἔοικε δὲ καὶ τὰς πόλεις συνέχειν ἡ φιλία. Zur Pluralität der Bedeutung der φιλία siehe R.A. Gauthier et J.Y. Jolif, L'Éthique à Nicomaque, Louvain/Paris [2]1970, Bd. II, 655–658. Vgl. J.M. Cooper, Aristotle on the Forms of Friendship, Review of Metaphysics 30, 1976/77, 619–648; siehe auch M.W. Blundell, Helping Friends and Harming Enemies, Cambridge 1989, 39ff.

2 Siehe *EN* VIII 14. 1161 b 11–14: ἐν κοινωνίᾳ μὲν οὖν πᾶσα φιλία ἐστίν, καθάπερ εἴρηται. ἀφορίσειε δ' ἄν τις τήν τε συγγενικὴν καὶ τὴν ἑταιρικήν. αἱ δὲ πολιτικαὶ καὶ φυλετικαὶ καὶ συμπλοϊκαί, καὶ ὅσαι τοιαῦται, κοινωνικαῖς ἐοίκασι μᾶλλον; vgl. IX 12. 1171 b 32f.: κοινωνία γὰρ ἡ φιλία.

3 Vgl. U. Wolf, Aristoteles' 'Nikomachische Ethik', Darmstadt 2002, bes. 218f., die die These vertritt, daß die Philia bei Aristoteles „sich nicht als *aretê* einordnen lässt" und daß man vermuten könne, „daß er die Freundschaft nicht unter die *aretai* einordnen will". Vgl. auch F. Ricken, Ist Freundschaft eine Tugend?, Theologie und Philosophie 75, 2000, 481–492, der auch bezweifelt, daß die Freundschaft die Kriterien des Begriffs der ethischen Tugend erfüllt. Zu der weiteren Problematik, in welcher Hinsicht die Freundschaft ein Gut für das Leben des Menschen darstellt, siehe ausführlich P. Schulz, Freundschaft und Selbstliebe bei Platon und Aristoteles, Freiburg/München 2000, 138ff., bes. 283ff.

„Danach wird wohl von der Philia zu reden sein. Denn sie ist eine Tugend[4] oder doch eng mit der Tugend verbunden. Außerdem ist sie etwas höchst Notwendiges im Leben. Denn niemand würde bevorzugen, ohne Philoi zu leben, auch wenn er alle übrigen Güter besäße."

VIII 1. 1155 a 3–6: Μετὰ δὲ ταῦτα περὶ φιλίας ἕποιτ' ἂν διελθεῖν· ἔστι γὰρ ἀρετή τις ἢ μετ' ἀρετῆς, ἔτι δ' ἀναγκαιότατον εἰς τὸν βίον. ἄνευ γὰρ φίλων οὐδεὶς ἕλοιτ' ἂν ζῆν, ἔχων τὰ λοιπὰ ἀγαθὰ πάντα.

Bereits die aristotelische Formulierung weist auf einen doppelten Status der Philia hin: Der erste Teil des ersten Satzes bestimmt sie als ἀρετή τις oder μετ' ἀρετῆς. Der zweite Teil des definitorischen Satzes besagt, daß die φιλία zudem zum Notwendigsten im Leben gehört (1155 a 4f.: ἔτι δ' ἀναγκαιότατον εἰς τὸν βίον [*sc.* ἐστίν]). Diese Ausführung ist meines Erachtens so zu verstehen, daß die φιλία *nicht nur* eine Arete oder mit Arete verbunden ist, sondern überdies auch etwas ganz Notwendiges ist; die φιλία ist zwar wohl eine Arete, aber auch noch (ἔτι) ein ἀναγκαῖον. Das ἀναγκαῖον steht häufig im Zusammenhang mit dem Vorhandensein der äußeren Güter.[5] Und tatsächlich: Der gleich folgende Satz (1155 a 5f.) weist auf das Besitzen von äußeren Gütern hin, wenn er sagt, daß niemand ohne Freunde (ἄνευ φίλων) leben möchte, auch wenn er alle übrigen Güter (τὰ λοιπὰ ἀγαθὰ πάντα) besäße.

Aristoteles geht davon aus, daß die Güter dreigeteilt sind: in die äußeren Güter, in die seelischen und in die körperlichen (vgl. *EN* I 8. 1098 b 12–14: νενεμημένων δὴ τῶν ἀγαθῶν τριχῇ, καὶ τῶν μὲν ἐκτὸς λεγομένων τῶν δὲ περὶ ψυχὴν καὶ σῶμα).[6] Die Freunde gehören offensichtlich zu den äußeren Gütern. Das sagt Ari-

4 Bereits im zweiten Buch der *Nikomachischen Ethik* (7. 1108 a 26–30) hatte Aristoteles der Philia ihren systematischen Ort angewiesen, indem er sie neben eine ganze Reihe von anderen ethischen Aretai stellt. Diese sind zur Erhellung seiner Lehre angeführt, die besagt, daß die Arete die jeweils richtige Mitte zwischen den unvernünftigen Extremen (dem Zuviel und dem Zuwenig) sei, zu denen die natürlichen Triebe, Begierden und Affekte (πάθη) den Menschen führen, wenn er sie nicht mit Hilfe der Vernunft beherrscht. Diese Mitte sei eine Arete, wenn sie eine feste, permanente, durch Übung und Wiederholung gewonnene Haltung (ἕξις) konstituiert, eine Haltung, die auf freier Wahl und Entscheidung (ἕξις προαιρετική) des Menschen beruht (vgl. *EN* II 6. 1106 b 36 – 1107 a 2 Ἔστιν ἄρα ἡ ἀρετὴ ἕξις προαιρετική, ἐν μεσότητι οὖσα τῇ πρὸς ἡμᾶς, ὡρισμένῃ λόγῳ καὶ ᾧ ἂν ὁ φρόνιμος ὁρίσειεν). In diesem Kontext wird Philia als die richtig gewählte Mitte zwischen Schmeichelei und Streitsucht definiert bzw. der Freund wird als in der Mitte stehend zwischen einem Schmeichler (ἄρεσκος – κόλαξ) und einem Streitsüchtigen (δύσερις καὶ δύσκολος) bestimmt. Diese Bestimmung der Philia ist zwar für unsere Behandlung irrelevant, zumal sie im Zusammenhang des achten und neunten Buches nicht wieder vorkommt. (F. Dirlmeier, Aristoteles, Nikomachische Ethik [= Aristoteles, Werke in deutscher Übersetzung, hrsg. v. E. Grumach, Bd. 6], Darmstadt 1956, 510, weist darauf hin, daß mit der Philia in *EN* II 7 gar nicht die Freundschaft in *EN* VIII–IX gemeint sein kann, sondern nur eine „Gesellschaftstugend", die dann in *EN* IV 12. 1126 b 20 von Aristoteles „faute de mieux zögernd auch als φιλία bezeichnet worden war"). In diesen Büchern (VIII–IX) wird Philia tatsächlich aus einer anderen Perspektive behandelt. Aber wichtig ist, daß sie von Anfang an mit Entschiedenheit den Status der Arete, also der richtigen *Hexis* des Menschen seinen Pathe gegenüber, erhält. Vgl. *EN* VIII 7. 1157 b 29: ἡ δὲ φιλία ἕξει; siehe auch *EE* VII 1. 1234 b 27f.: φιλία ἠθική τις εἶναι ἕξις.

5 Vgl. z.B. *EN* I 10. 1099 b 27f. Zur Erörterung des Ausdrucks ἀναγκαιότατον siehe M. Pakaluk, Aristotle, Nicomachean Ethics Books VIII and IX, Oxford 1998, Komm. zur Stelle.

6 Über die Dreiteilung der Güter bei Platon siehe Dirlmeier (wie Anm. 4), 281f.

stoteles ganz explizit auch an einer anderen Stelle: im neunten Buch der *Nikomachischen Ethik* (9. 1169 b 8–10), im Rahmen der Erörterung der Frage, ob der Glückliche der Freunde bedarf oder nicht. Dort führt Aristoteles aus, daß es unsinnig sei, wenn man dem Glücklichen alle Güter zuteilt, ihm aber keine Freunde gibt, was doch das Größte der äußeren Güter zu sein scheine (ὃ δοκεῖ τῶν ἐκτὸς ἀγαθῶν μέγιστον εἶναι).[7]

Eine andere Passage, wo Aristoteles die Freunde den äußeren Gütern zuschreibt, findet sich bereits im ersten Buch. An der Stelle 9. 1099 a 31 – 1099 b 8 unterstreicht Aristoteles die Bedeutung der äußeren Güter überhaupt für das Glück (εὐδαιμονία) des Menschen. Seine pragmatische Sicht der Dinge kommt da deutlich zum Ausdruck: Es sei unmöglich oder auf jeden Fall nicht einfach, gute Dinge ohne Unterstützung zu tun. Denn vieles werde erreicht mittels der Freunde, des Reichtums und der politischen Macht wie durch Werkzeuge (καθάπερ δι᾽ ὀργάνων). Man kann nach Aristoteles nicht wirklich glücklich sein, wenn man ein häßliches Aussehen hat oder von geringer Herkunft ist oder wenn man einsam und kinderlos ist. Noch schlimmer ist es, wenn man schlechte Kinder oder schlechte Freunde hat oder gute durch den Tod verloren hat (1099 b 5f.: ἔτι δ᾽ ἴσως ἧττον, εἴ τῳ πάγκακοι παῖδες εἶεν ἢ φίλοι, ἢ ἀγαθοὶ ὄντες τεθνᾶσιν). Aristoteles' Aussage ist eindeutig: Edle Herkunft (εὐγένεια), wohlgeratene Kinder (εὐτεκνία) und Schönheit (κάλλος) sind repräsentative Beispiele für die äußeren Güter,[8] die zum Glücklichsein dazugehören. Ihr Mangel macht das Glück unvollkommen und trübt es (1099 b 2: ἐνίων δὲ τητώμενοι ῥυπαίνουσι τὸ μακάριον). Genauso verhält es sich im Falle der Freunde: Schlechte Freunde oder gute, aber verstorbene Freunde mindern, mehr noch als dies beim Mangel anderer äußerer Güter geschieht, das Glück, während das Vorhandensein von guten Freunden offenbar zum Glück beiträgt.

Nun ist das Folgende auffällig: Alle soeben erwähnten äußeren Güter haben etwas Gemeinsames: Ihre Existenz im Leben eines Menschen hängt nicht von der προαίρεσις, d.h. von dem Vorsatz und der Entscheidung dieses Menschen ab. Der Mensch ist also, anders als im Falle der Arete, für das Existieren oder Nichtexistieren dieser Güter nicht selber verantwortlich. Man kann nichts dafür, ob man schön oder häßlich, adelig oder niedrig geboren wird. Es ist eine Frage des Zufalls. Deswegen setzen manche, wie Aristoteles sagt, den glücklichen Zufall der Eudaimonia gleich (1099 b 7f.: ὅθεν εἰς ταὐτὸ τάττουσιν ἔνιοι τὴν εὐτυχίαν τῇ εὐδαιμονίᾳ). Auf derselben Ebene sieht Aristoteles auch den Besitz guter oder schlechter Kinder und Freunde. Selbst das ist also gemäß den aristotelischen Ausführungen eine Frage der guten τύχη, des glücklichen Zufalls. Entweder hat man das Glück (Glück im modernen geläufigen Sinne), guten Freunden zu begegnen, oder man hat das Pech, an üble Freunde zu geraten.

Es steht fest: Alle diese äußeren Güter (also auch die Freunde) sind Bestandteile eines Wohlergehens, dessen man neben den seelischen Gütern (bzw. den Aretai) auch noch bedarf, um vollkommen glücklich zu sein (1099 a 31f.: φαίνεται δ᾽ ὅμως

7 Vgl. auch *EE* VII 1. 1234 b 32: τῶν μεγίστων ἀγαθῶν τὸν φίλον εἶναι.

8 Schönheit gehört allerdings eher zu den physischen Gütern. Das ist jedoch hier irrelevant. Aristoteles scheint an dieser Stelle daran interessiert zu sein, die Bedeutung der Güter, die nicht psychischer Natur sind, für das menschliche Glück zu erfassen.

καὶ τῶν ἐκτὸς ἀγαθῶν προσδεομένη [*sc.* ἡ εὐδαιμονία]; vgl. 1099 b 6f.: ἔοικε προσδεῖσθαι καὶ τῆς τοιαύτης εὐημερίας). Der Widerspruch, auf den wir am Anfang hingewiesen haben, wird jetzt ganz deutlich: Soll die Philia der Kategorie der Aretai angehören, wie Aristoteles *expressis verbis* ausführt, dann ist die Freundschaft ein ethisches Verhalten, für welches sich der Mensch allein frei entscheidet und somit selbst verantwortlich ist. Sollte die Philia aber der ontologisch verschiedenen Kategorie der äußeren Güter angehören, so ist sie nicht das Ergebnis seiner freien Wahl und Entscheidung, und der Mensch trägt dann nicht selber die Verantwortung für sie. Unter anderem ist die Philia dann der Gefahr ausgesetzt, daß sie nur als Mittel zu einem anderen, außer ihr selbst liegenden Zweck verstanden wird, und dann ist sie nicht kompatibel mit der Auffassung des Aristoteles, daß die Philia um ihrer selbst willen da ist.[9] Außerdem: Wie sollte es möglich sein, daß die Philia sowohl ein seelisches, also inneres Gut als auch ein äußeres Gut ist? Zwei Faktoren sind meines Erachtens die Ursache für die herrschende Konfusion: a) Die breit ausgefächerte ethische Terminologie des Aristoteles bei gleichzeitiger gelegentlicher Lückenhaftigkeit in der begrifflichen Struktur und b) die verkürzte Ausdrucksweise der aristotelischen Phänomenologie *in ethicis*.

Eine erste Bemerkung sei vorausgeschickt: Wenn Aristoteles von der Philia als Arete redet, spricht er von φιλία. Wenn er von der Philia als einem äußeren Gut redet, dann spricht er nicht von φιλία, sondern von φίλοι.[10]

Die φίλοι gehören offensichtlich zu den äußeren Gütern, die nicht nur behilflich und nützlich sind, so wie Werkzeuge, sondern außerdem notwendig,[11] also unentbehrlich, und zwar in allen Lebenssituationen. Der Freunde bedürfen sowohl die Reichen, die Mächtigen und die Glücklichen als auch die Armen und die Unglücklichen, sowohl die jungen Leute als auch die alten.[12] Die Gegenwart der Freunde – so Aristoteles – sei angenehm (ἡδεῖα) im Glück wie im Unglück. Im Unglück seien Freunde notwendiger (ἀναγκαιότερον), da sie Trost und Hilfe bieten; im Glück sei es schöner (κάλλιον), Freunde zu haben, um ihnen Gutes tun zu können und mit ihnen zusammenzuleben.[13] Diese Äußerung des Aristoteles ist eindeutig und braucht nicht weiter erläutert zu werden. Inwiefern aber ist die φιλία eine Arete? Zunächst wollen wir sehen, welche Art von φιλία überhaupt als Arete *stricto sensu* bezeichnet werden kann.

9 *EN* VIII 9. 1159 a 26f.: καὶ ἡ φιλία καθ' αὑτὴν αἱρετὴ εἶναι. Vgl. auch *Top.* III 3. 118 b 3–9.

10 Siehe jedoch *Pol.* II 4. 1262 b 7f.: φιλίαν τε γὰρ οἰόμεθα μέγιστον εἶναι τῶν ἀγαθῶν. Zu der engeren Bedeutung des Begriffes φίλος und zu der vielfältigeren Bedeutung des Begriffes φιλία vergleiche D. Konstan, Greek Friendship, AJPh 117, 1996, 71–94, insb. 75 und 78 wie auch ders., Friendship in the Classical World, Cambridge 1997, 55.

11 Vgl. *EN* I 10. 1099 b 27f.: τῶν δὲ λοιπῶν ἀγαθῶν τὰ μὲν ὑπάρχειν ἀναγκαῖον, τὰ δὲ συνεργὰ καὶ χρήσιμα πέφυκεν ὀργανικῶς. Zu der Unterscheidung der äußeren Güter in zwei Kategorien siehe T.H. Irwin, Permanent Happiness: Aristotle and Solon, in: J. Annas (Hrsg.), Oxford Studies in Ancient Philosophy 3, Oxford 1985, 89–124; N. Sherman, The Fabric of Character. Aristotle's Theory of Virtue, Oxford 1989, 124ff.

12 Siehe *EN* VIII 1. 1155 a 5–15; vgl. auch IX 9. 1169 b 13–16. Hierzu siehe J.M. Cooper, Aristotle on the Goods of Fortune, The Philosophical Review 94, 1985, 173–196.

13 Siehe *EN* IX 11. 1171 a 21 – b 28. Vgl. VIII 1. 1155 a 28f.: οὐ μόνον δ' ἀναγκαῖόν ἐστιν ἀλλὰ καὶ καλόν.

Aristoteles unterscheidet drei Arten von φιλία (VIII 3. 1156 a 7ff.): Die φιλία, die sich auf das Gute gründet (διὰ τὸ ἀγαθόν), die, die auf der Lust beruht (δι' ἡδονήν), und diejenige, die als Fundament und Motiv das Nützliche hat (διὰ τὸ χρήσιμον). Entsprechend schätzen wir unsere Freunde aus dem einen oder dem anderen Grund. Sie sind uns liebenswert entweder wegen der Vorteile, die wir durch sie haben, oder wegen des Vergnügens, das ihre Gesellschaft uns vermittelt, oder wegen des Guten, das uns in ihnen und durch sie begegnet.[14] Die Schlußfolgerung, die Aristoteles zieht, ist klar: Die wahre bzw. vollkommene Philia ist nur die Philia der Guten, d.h. derer, die sich hinsichtlich der Höchstform der Arete gleich sind (VIII 4. 1156 b 7f.: τελεία δ' ἐστὶν ἡ τῶν ἀγαθῶν φιλία καὶ κατ' ἀρετὴν ὁμοίων). Diese Gleichheit in der Höchstform der Arete ist die beste Form der Philia.[15] Philoi auf diesem Niveau sind um ihrer selbst willen Philoi (vgl. *EN* VIII 6. 1157 b 3: οἱ δ' ἀγαθοὶ δι' αὑτοὺς φίλοι· ᾗ γὰρ ἀγαθοί).[16] Diese Sichtweise spitzt sich zu in der Formulierung, „gut sein und Freund sein sei dasselbe".[17] Als Freunde (φίλοι) werden, wie Aristoteles ausführt, von den Menschen auch jene bezeichnet, die wegen des Nutzens Freunde sind, oder jene, die auf Grund der Lust einander zuneigen. Darum sieht sich Aristoteles quasi gezwungen, diese Art von Beziehungen abgeleiteterweise auch φιλία zu nennen und die daran Beteiligten φίλοι.[18] Als φιλία *par excellence* gilt jedoch für Aristoteles die „Freundschaft der Guten, sofern sie gut sind". Das bedeutet, daß die beiden guten Menschen nur *um des andern willen* einander Freunde sind und nicht wegen einer nützlichen oder lustvollen Gegenleistung, wie das der Fall in den beiden anderen Formen der Freundschaft ist, die eher dem Geschäftsleben bez. dem Warentausch ähneln. Diese Freundschaften, die auf Nutzen oder Lust beruhen, werden abgebrochen, wenn die Gegenleistung nicht mehr erbracht wird.[19] Die Freundschaft der Guten, die in erster Linie und hauptsächlich als Freundschaft zu bezeichnen ist,[20] ist beständig und dauert, wie Aristoteles ausführt, solange die Freunde gut sind (VIII 4. 1156 b 11f.: διαμένει οὖν ἡ τούτων φιλία ἕως ἂν ἀγαθοὶ ὦσιν; vgl. 1156 b 17f.: ἡ τοιαύτη δὲ φιλία μόνιμος εὐλόγως ἐστίν).[21]

14 Vgl. hierzu C. Rowe and S. Broadie, Aristotle. Nicomachean Ethics, Oxford 2002, 57–65, bes. 57–59.

15 Vgl. *EN* VIII 7. 1157 b 36 – 1158 a 1: λέγεται γὰρ φιλότης ἰσότης, μάλιστα δὲ τῇ τῶν ἀγαθῶν ταῦθ' ὑπάρχει.

16 Vgl. auch VIII 7. 1157 b 25ff., bes. 31f.; 5. 1157 a 18f.

17 VIII 1. 1155 a 31: τοὺς αὐτοὺς οἴονται ἄνδρας ἀγαθοὺς εἶναι καὶ φίλους.

18 Siehe *EN* VIII 5. 1157 a 25–32.

19 *EN* VIII 3. 1156 a 19–21: εὐδιάλυτοι δὴ αἱ τοιαῦταί εἰσι, μὴ διαμενόντων αὐτῶν ὁμοίων· ἐὰν γὰρ μηκέτι ἡδεῖς ἢ χρήσιμοι ὦσι, παύονται φιλοῦντες; 5. 1157 a 14–16: οἱ δὲ διὰ τὸ χρήσιμον ὄντες φίλοι ἅμα τῷ συμφέροντι διαλύονται· οὐ γὰρ ἀλλήλων ἦσαν φίλοι ἀλλὰ τοῦ λυσιτελοῦς; vgl. IX 1. 1164 a 8–11, 3. 1165 b 1–4. Zu einer anderen Interpretation, daß nämlich in allen drei Formen der Freundschaft der Mensch sich für den anderen um seinetwillen sorgt, siehe J.M. Cooper, Friendship and the Good in Aristotle, The Philosophical Review 86, 1977, 290–315; vgl. ders., Aristotle on Friendship, in: A.O. Rorty (Hrsg.), Essays on Aristotle's Ethics, Berkeley 1980, 301–340.

20 *EN* VIII 5. 1157 a 30f.: εἴδη δὲ τῆς φιλίας πλείω, καὶ πρώτως μὲν καὶ κυρίως τὴν τῶν ἀγαθῶν ᾗ ἀγαθοί.

21 Aristoteles schließt keineswegs die Möglichkeit aus, daß auch eine τελεία φιλία abgebrochen

Wenn er also am Anfang des achten Buches, beim Beginn seiner Behandlung der Freundschaft, eine Bestimmung des Begriffes φιλία gibt und sie dabei als Arete definiert, hat er die Freundschaft in ihrer vollkommensten Form, das heißt die Freundschaft im eigentlichen, strengen und höchsten Sinne[22] im Auge. Die relativierend hinzukommende Ausdrucksweise μετ' ἀρετῆς, daß die φιλία nämlich eine Funktion der Arete ist, steht alternativ zu der klaren und bestimmten Aussage, daß die φιλία eine Arete sei, und deutet auf die weniger vollkommenen Freundschaften hin, die Aristoteles in seiner Analyse berücksichtigen und erläutern wird, um eine möglichst vollständige Deskription der Phänomenologie der Freundschaft zu geben.

2.

Die Arete wird getragen, wie wir bereits gesehen haben, von den entscheidenden Momenten der ἕξις und der προαίρεσις, dem durch Übung und Wiederholung gefestigten, gewollten und bewußt gewählten, also überlegten Verhalten. Die τῶν ἀγαθῶν φιλία ist ein solches gegenseitiges Verhalten. Der Gute wünscht seinem Freund gute Dinge nicht auf Grund seiner Triebe, Neigungen und Emotionen, also nicht aus πάθος, sondern gemäß seiner ἕξις, eben seiner Arete. Ein Beweis dafür ist, daß er ihm das Gute um des Freundes selbst willen wünscht.[23] Wenn dieser Freund auch ein Guter ist, dann wünscht er seinerseits seinem Freund gute Dinge, und zwar wegen des Freundes selbst. Darum sagt Aristoteles, daß „der Gute, der zu einem Freund geworden ist, zu einem Gut für den wird, dessen Freund er geworden ist" (VIII 7. 1157 b 33f.: ὁ γὰρ ἀγαθὸς φίλος γινόμενος ἀγαθὸν γίνεται ᾧ φίλος). Dieser Satz gibt uns Anlaß, zwei für unsere Überlegungen wichtige Sachverhalte zu unterstreichen.

Erstens: Die Freundschaft als Phänomen, als Faktum, setzt die Verbindung von zwei Menschen voraus. Sie ist die einzige ethische Arete, die ein reziprokes Verhältnis voraussetzt, um überhaupt verwirklicht zu werden. Solange sie sich nur auf das Wohlwollen (εὔνοια) *eines* Menschen bezieht, kann man nicht von einer realisierten Freundschaft sprechen, sondern nur von einer potentiellen.[24] Erst sobald das aktive Wohlwollen gegenseitig wird, also zwei gleiche ethische Haltungen vorhan-

werden kann. Sie muß nicht „ewig" sein (wie es Cicero vertreten hat, *De amicitia* IX 32). Die Eventualität des Abbrechens und die Gründe dafür bespricht er in IX 3. 1165 a 36 – b 36. Zur Begründung der Beständigkeit der τελεία φιλία bei Aristoteles siehe A. Fürst, Streit unter Freunden. Ideal und Realität in der Freundschaftslehre der Antike, Stuttgart/Leipzig 1996, 86ff.

22 Vgl. *EN* VIII 4. 1156 b 7: τελεία δ' ἐστὶν ἡ τῶν ἀγαθῶν φιλία; 7. 1157 b 25: μάλιστα μὲν οὖν ἐστὶ φιλία ἡ τῶν ἀγαθῶν. Zu der Auffassung, daß die τελεία φιλία, also die Freundschaft der Guten, auch die beiden anderen, auf Nutzen oder Lust beruhenden Freundschaftsformen umfasst und implizit enthält, siehe W.W. Fortenbaugh, Aristotle's Analysis of Friendship: Function and Analogy, Resemblance, and Focal Meaning, Phronesis 20, 1975, 51–62.

23 Vgl. *EN* VIII 7. 1157 b 28–32, bes. 31f.

24 Vgl. *EN* IX 5. 1167 a 10f.: φαίη τις ἂν αὐτὴν (*sc.* τὴν εὔνοιαν) ἀργὴν εἶναι φιλίαν; siehe auch 1167 a 3f.: ἔοικε δὴ (*sc.* ἡ εὔνοια) ἀρχὴ φιλίας εἶναι. Vgl. hierzu P. Hadreas, Εὔνοια: Aristotle on the Beginning of Friendship, Ancient Philosophy 15, 1995, 393–401.

den sind, kann man von einer wirklichen φιλία sprechen.[25] Die wechselseitige Abhängigkeit beider an der Freundschaft beteiligten Teile ist offensichtlich.

Wir können also feststellen, daß die φιλία die einzige ethische Arete ist, die in der angegebenen Weise in einer wechselseitigen Relation steht und in diesem Sinne reflexiv ist. Alle anderen ethischen Aretai, die in der *Nikomachischen Ethik* präsentiert und behandelt werden, wie z.B. die Tapferkeit (ἀνδρεία), die Sanftheit (πραότης), die Gerechtigkeit (δικαιοσύνη) stellen ein individuelles Verhalten dar, auch wenn dieses immer im Hinblick auf die Gesellschaft und die Mitmenschen betrachtet wird. Man kann von der Gerechtigkeit und von der Tapferkeit eines Menschen reden, unabhängig von der Haltung der anderen Menschen, die Nutznießer eines z.B. gerechten oder tapferen Verhaltens sind. Wenn die φιλία nur die Tugend des Charakters eines einzelnen Menschen, der sich als φίλος verhält, bezeichnet, ist das unvollständig. Sie wird aktualisiert und vollständig, sobald auch der Andere zum φίλος wird. Vorher ist sie unvollständig. Die Freundschaft ist also ein Verhältnis, eine Relation, während die Arete ein Verhalten ist. Nur wenn dieses Verhältnis das Spiegelbild eines aretemäßigen Verhaltens, also umkehrbar ist, weil es dem Verhalten des Partners genau korrespondiert, kann es mit der Arete gleichgesetzt werden.

Zweitens: Der ἀγαθός, der Träger der Arete und ‚Täter' in dem Sinne ist, daß er die Arete der φιλία aktiviert und realisiert, verwandelt sich dabei (φίλος γινόμενος) zu einem äußeren Gut für den Anderen (ἀγαθὸν γίνεται), also zu etwas ‚Passivem'. Anders formuliert: Die φιλία ist an sich eine Tätigkeit, der φίλος ist das Ergebnis dieser Tätigkeit. Das Eine impliziert das Andere, das Eine ist ohne das Andere nicht vorhanden. In moderner Begrifflichkeit: Das Subjekt beim aktiven Handeln ist gleichzeitig mit dem Objekt – und umgekehrt.

Der ἀγαθὸς φίλος spielt also gleichzeitig eine doppelte Rolle: eine aktive und eine passive. In seiner aktiven Rolle fungiert er als der Wohltäter, derjenige, der den Menschen das Gute antut. Denn dem Freund kommt eher das εὖ ποιεῖν und das εὐεργετεῖν als das εὖ πάσχειν zu, wie Aristoteles ausführt.[26] In seiner passiven Rolle bildet er, sofern er gut ist, ein (äußeres) Gut für den Menschen, an den er seine Wohltat richtet (vgl. 1157 b 33f.). Für diese seine Haltung ist, wie bei jeder Arete, der Mensch selbst verantwortlich. Ob er eine ἀντιφίλησις (vgl. VIII 2. 1155 b 28; 3. 1156 a 8) erfahren wird, und zwar in gleichem Maße, beziehungsweise ob er seinerseits zu seinen äußeren Gütern einen ἀγαθὸς φίλος zählen wird, dafür ist er nicht allein verantwortlich. Er braucht eine gute Portion „Glück" (εὐτυχία), und er ist auch vom Zufall abhängig, so wie es auch beim Erwerben anderer äußerer Güter der Fall ist. Mit anderen Worten: Die φιλία als vollständiges Phänomen ist das Ergebnis des Zusammenspiels der Arete beziehungsweise der eigenen Tätigkeit und Verantwortung mit dem unbestimmten und unsicheren Moment des Zufälligen. Die φιλία hat also einen Sonderstatus im Pantheon der ethischen Aretai der Menschen.

25 Siehe *EN* VIII 2. 1155 b 33f.: εὔνοιαν γὰρ ἐν ἀντιπεπονθόσι φιλίαν εἶναι; vgl. 1156 a 3–5.

26 *EN* IX 9. 1169 b 10–12: εἴ τε φίλου μᾶλλόν ἐστι τὸ εὖ ποιεῖν ἢ πάσχειν, καὶ ἔστι τοῦ ἀγαθοῦ καὶ τῆς ἀρετῆς τὸ εὐεργετεῖν …

3.

Das Hauptcharakteristikum der φιλία als Arete, als ethisch gutes Verhalten, ist, wie Aristoteles ausführt, eher das Lieben (φιλεῖν) als das Geliebtwerden (φιλεῖσθαι) (VIII 9. 1159 a 27f.: δοκεῖ δ' ἐν τῷ φιλεῖν μᾶλλον ἢ ἐν τῷ φιλεῖσθαι εἶναι).[27] Ganz analog zu dieser Darlegung führt Aristoteles auch in IX 9. 1169 b 10f. aus, daß dem Freund eher „Gutes zu tun" als „Gutes zu erfahren" zukommt (φίλου μᾶλλόν ἐστι τὸ εὖ ποιεῖν ἢ πάσχειν). Im φιλεῖν beziehungsweise im εὖ ποιεῖν befindet sich nun das Wesen (εἶναι) der wahren Freundschaft, die an sich wünschbar ist (VIII 9. 1159 a 26–28: ἡ φιλία καθ' αὑτὴν αἱρετὴ εἶναι. δοκεῖ δ' ἐν τῷ φιλεῖν μᾶλλον ἢ ἐν τῷ φιλεῖσθαι εἶναι). Das ist durchaus nachvollziehbar: Die (τελεία) φιλία ist eine Arete. Arete ist eine ἕξις (vgl. II 6. 1106 b 36). Die ἕξις wird durch eine wiederholte Tätigkeit, durch das „Am-Werke-Sein" (ἐνέργεια) bestimmt (vgl. z.B. IV 4. 1122 b 1: ἡ ἕξις ταῖς ἐνεργείαις ὁρίζεται). Die φιλία muß also das wesentliche Attribut der Arete teilen, sie muß eine ἐνέργεια sein.[28] Das φιλεῖν *ist* tatsächlich eine solche ἐνέργεια. Damit hängt auch das wichtige Moment des Zusammenlebens (συζῆν) und des Beisammenseins (συνημερεύειν) zusammen als unentbehrliche Voraussetzung, nicht für die freundliche Verfassung und Disposition und für die Freundschaft schlechthin, sondern für die Betätigung (ἐνέργεια) der Freundschaft. Denn nichts ist so sehr charakteristisch für die Freunde, wie Aristoteles sagt, als das συζῆν.[29] Συζῆν und ἐνέργεια fallen in der Freundschaft zusammen.

Aristoteles sagt nicht, daß die Freundschaft *nur* auf dem φιλεῖν beruht, sondern daß sie *eher* (μᾶλλον) darin besteht. Das φιλεῖσθαι muß also miteinbezogen werden, wenn auch nur sekundär. Wenn das φιλεῖν die Ousia der Freundschaft konstituiert, kommt ihr das φιλεῖσθαι als συμβεβηκός zu (vgl. *EE* VII 4. 1239 a 32: τὸ μὲν γὰρ φιλεῖσθαι συμβεβηκός): nicht jedoch im Sinne eines bloß akzidentiellen Merkmals, das auch nicht vorhanden sein kann, sondern im Sinne eines συμβεβηκός, das eine notwendige, dauernd begleitende Eigenschaft des Freundschaftsphänomens darstellt, also im Sinne eines συμβεβηκός καθ' αὑτό.[30] Das Eine ist nicht ohne das Andere. Das φιλεῖσθαι bildet also das zweite Moment des Phänomens der Freundschaft als solcher. Denn ohne Erwiderung des φιλεῖν ist die Philia, wie wir gesehen haben, unvollständig. Das φιλεῖσθαι als Ousia der Freundschaft kommt offensichtlich den anderen Formen der Freundschaft zu: denjenigen, die auf dem Nutzen oder auf der Lust beruhen und diese als Zweck haben. Wenn diese Basis wegfällt, hört auch die Freundschaft auf. Denn der Freund wird ja geliebt nur *soweit*

27 Vgl. auch *EN* VIII 10. 1159 a 33–35; siehe ferner *EE* VII 4. 1239 a 33f.

28 Vgl. *EE* VII 2. 1237 a 32–35: ἡ φιλία ἡ πρώτη ... ἔστι δ' αὐτὴ ἡ φιλία ἕξις ἀφ' ἧς ἡ τοιαύτη προαίρεσις. τὸ γὰρ ἔργον αὐτῆς ἐνέργεια, αὕτη δ' οὐκ ἔξω, ἀλλ' ἐν αὐτῷ τῷ φιλοῦντι ...

29 Vgl. *EN* VIII 6. 1157 b 5–24; bes. b 10f.: οἱ γὰρ τόποι οὐ διαλύουσι τὴν φιλίαν ἁπλῶς, ἀλλὰ τὴν ἐνέργειαν; 1157 b 19: οὐδὲν γὰρ οὕτως ἐστὶ φίλων ὡς τὸ συζῆν.

30 Zur Bedeutung des συμβεβηκός bei Aristoteles siehe M. Liatsi, „Akzidens" (συμβεβηκός) bei Aristoteles. Der Begriff des SYMBEBÊKOS im philosophischen und naturwissenschaftlichen Sprachgebrauch des Aristoteles, Zeitschrift für philosophische Forschung 57, 2003, 211–232, bes. 212–215.

er einen Gewinn oder *soweit* er Lust verschafft (vgl. VIII 3. 1156 a 16: ᾗ χρήσιμος ἢ ἡδύς). Mit einem Wort: Diese Freundschaften bestehen nur, solange man φιλεῖται beziehungsweise solange man εὖ πάσχει.

Es kann erneut festgestellt werden, daß die τῶν ἀγαθῶν φιλία sich aufgrund eines reziproken φιλεῖν – φιλεῖσθαι – Vorganges ergibt. Sie ist nicht nur ein εὖ ποιεῖν, sondern auch ein εὖ πάσχειν, sie hat einen ‚aktiven' und einen ‚passiven' Aspekt. Sie vollzieht in sich den Prozeß, der zum Phänomen der τελεία φιλία führt. Darum ist sie auch, wie der von Aristoteles hier verwendete Ausdruck erkennen lassen soll, *vollkommen* und im Sinne der Vollkommenheit vollständig (4. 1156 b 7: τελεία δ' ἐστὶν ἡ τῶν ἀγαθῶν φιλία).

Aristoteles scheint sich also des doppelten – scheinbar widersprüchlichen – Charakters der φιλία bewußt zu sein: Φιλία als seelisches, also inneres, und als äußeres Gut zugleich: Φιλία als ἀρετή, insoweit sie die jeweils individuelle Grundhaltung bezeichnet, und φιλία als ἀγαθόν, insoweit sie ein auf Gegenseitigkeit beruhendes und somit ein soziales Phänomen ist. Die τελεία φιλία setzt zwei verschiedene Momente voraus: Dabei handelt es sich zum einen um das ἀρετή-gemäße Verhalten eines Menschen beziehungsweise um einen guten Charakter (ἔθος). Denn die φιλία in ihrer vollkommenen Form ist eine ethische Arete, d.h. eine durch freie Wahl und Entscheidung bestimmte Haltung, also ein moralischer Wert.[31] An dem Punkt der vernünftigen Entscheidung gegen die leidenschaftlichen Regungen wird das Moment der Freiheit hervorgehoben. Zum anderen ist eine Portion „Glück" (τύχη) erforderlich – so wie bei jedem anderen Gut –, damit der ἀγαθός eine Korrespondenz seiner φιλία erfährt, also eine ἀντιφίλησις, die für ihn das Erwerben eines „äußeren Gutes" (in Form eines guten Freundes) bedeutet. Denn das Beste, was einem guten Menschen passieren kann, ist, mit einem guten Menschen befreundet zu sein. Keineswegs ist damit gesagt, daß die Freundschaft dem glücklichen Zufall zugeschrieben wird. Das würde dem ganzen ethischen System des Aristoteles widersprechen.[32] Der Mensch soll, wie bei den anderen ethischen Aretai, selber der Hauptverantwortliche für sein Verhalten bleiben. Dem glücklichen Zusammentreffen, dem Zufall, wird jedoch bei der Freundschaft auch eine Rolle, wenn auch nur eine mindere, eingeräumt, so wie auch bei den anderen äußeren Gütern eine gute

31 Anders Ricken (wie Anm. 3), bes. 488f., der glaubt, daß die vollkommene Freundschaft keine ethische Tugend im vollen Sinn des Wortes sei, weil sie zwar eine lobenswerte Haltung gegenüber einem anderen Menschen sei, „aber diese lobenswerte Haltung allein befähigt nicht zur richtigen Entscheidung". Wahrscheinlich kommt er zu dieser Schlußfolgerung, weil er von der falschen Prämisse ausgeht, daß die ethische Tugend „zu einer durch Vernunft bestimmten Entscheidung befähigen muß", während Aristoteles unseres Erachtens meint, daß die ethische Tugend selbst das Ergebnis einer freien Wahl und Entscheidung ist, und nicht, daß sie zu einer anderen außer ihr selbst liegenden Entscheidung befähigen muß.

32 Siehe auch *EN* I 10. 1099 b 24f., wo Aristoteles in bezug auf die Eudaimonia sagt, daß es zu leichtfertig und fehlerhaft wäre, wenn man das Größte und Schönste im Leben dem Zufall zuschreiben würde (τὸ δὲ μέγιστον καὶ κάλλιστον ἐπιτρέψαι τύχῃ λίαν πλημμελὲς ἂν εἴη).

33 Die Eudaimonie, das oberste Ziel im Leben, das der Mensch anstrebt, beinhaltet die Freundschaft; sie ist eine ihrer Komponenten. Der Mensch ist von Natur aus auf andere Menschen, also auf Freunde, angewiesen (vgl. z.B. *EN* IX 9. 1169 b 18f.: πολιτικὸν γὰρ ὁ ἄνθρωπος καὶ συζῆν πεφυκός; I 5. 1097 b 11; vgl. auch *Pol.* I 2. 1252 b 29f.; III 6. 1278 b 19–21). Die Frage,

Portion Glück mit dazugehört.[33]

Unsere Ausgangsfrage läßt sich jetzt eindeutig beantworten. Wir fragten danach, wie Aristoteles den Begriff der Philia bestimme, ob sie eine Arete sei oder doch bloß ein Gut, ein Agathon. Sowohl textanalytisch als auch phänomenologisch, das heißt im Blick auf das Phänomen der Freundschaft selbst, hat sich gezeigt, daß der Begriff der Freundschaft für Aristoteles beides umfaßt, daß dieser aber semantisch eine Hauptbedeutung von Nebenbedeutungen unterscheidet. Damit ist der Nachweis erbracht, daß Aristoteles auch im Fall des Begriffes der Philia sein semantisch-ontologisches Axiom der Zentralbedeutung (englisch ‚focal meaning') zur Anwendung gebracht hat. Dieses Axiom besagt, daß wenn auch von etwas auf vielerlei Weise geredet wird (πολλαχῶς λέγεται), es nicht im strengen Sinne homonym sein muß, sondern daß diese verschiedenen Weisen alle bezogen sind auf einen einzigen zentralen Sachverhalt und so eine Einheit bilden, „in bezug auf ein Eines gesagt sind" (πρὸς ἕν λέγεται). Das πρὸς ἕν λέγεσθαι, das „in Beziehung auf ein Eines Ausgesagtwerden" ist nach Aristoteles immer dann möglich, wenn das Verhältnis eines Teils zum Ganzen so beschaffen ist, daß der Teil Inbegriff und Prinzip dieses Ganzen ist.[34] Die ab- oder hergeleiteten Bedeutungen meinen nicht das Wesen, die Substanz oder das Prinzip, sondern leiten sich nur in einem abgeschwächten Sinne von dem Ersten, Einen her. Dabei geht vieles von der ursprünglichen Wesenhaftigkeit und Substanzialität des Prinzips verloren. So auch beim Begriff der Freundschaft. Es gibt mehrere Arten der Freundschaft, die Aristoteles unter dem Begriff der Philia zusammenfaßt. Aber nur eine Art der Freundschaft ist die wesenhafte, substanzielle, eigentliche und wahre und erste: die Freundschaft der Guten, die einander um ihrer selbst willen schätzen oder lieben. Es scheint mir ein weiterer Beleg für die relativ späte Abfassungszeit der *Nikomachischen Ethik* zu sein, daß Aristoteles das logische und ontologisch-semantische Axiom der Zentralbedeutung des πρὸς ἕν λέγεσθαι hier nicht mehr eigens betont und erläutert und zitiert, wie das in den Schriften des Organons und in den frühen Büchern der *Metaphysik* geschieht.

ob der glückliche Mensch Freunde braucht, eine Frage, die Aristoteles bejaht (vgl. IX 9. 1169 b 3–1170 b 19), wird eigentlich nicht von ihm selbst gestellt. Denn gemäß der aristotelischen Konzeption hat man, wenn man wirklich glücklich ist, bereits Freunde. Wenn man also glücklich ist, hat man einen sittlich guten Charakter, der einen zum Freundsein befähigt, und zugleich das dazu gehörige Glück, das einem das Freunde-Haben ermöglicht.

34 In *Met.* Γ 2. 1003 a 33 – b 12 wählt Aristoteles das Beispiel des Begriffes der Gesundheit: Wie alles, was gesund genannt wird, auf Gesundheit hin ausgesagt wird, so findet sich das auch bei dem Seienden, das in vielfacher Weise, aber doch alles in bezug auf eine wesentliche Grundbedeutung, auf ein Prinzip, die πρώτη οὐσία, hin ausgesagt wird.

Doris Meyer (Strasbourg)

Die verborgene Wahrheit der Dichtung.
Zur allegorischen Interpretation in Porphyrios' Schrift über die Nymphengrotte in der *Odyssee**

Die methodischen Grundsätze der Homerinterpretation des Neuplatonikers Porphyrios von Tyros, sei es das Ὅμηρον ἐξ Ὁμήρου σαφηνίζειν[1], sei es die platonisierende Allegorese, sind bis in jüngste Zeit Gegenstand der wissenschaftlichen Erforschung gewesen. Dabei hat man vor allem nach dem Verhältnis der porphyrianischen zur christlichen Allegorese und nach der Stellung seiner Interpretationstheorie innerhalb der Gesamtentwicklung einer literarischen Hermeneutik in der Antike gefragt.[2] Einen anderen Schwerpunkt bilden Fragen nach der Kohärenz oder Systematik der exegetischen Methode des Porphyrios.[3] Im folgenden soll es dagegen

* Wertvolle Anregungen zu diesem Beitrag erhielt ich im Rahmen eines interdisziplinären Seminars über diesen Text, das Hartmut Westermann (Philosophie), Eckhard Wirbelauer (Alte Geschichte) und ich im Sommersemester 1999 an der Universität Freiburg veranstaltet haben; beiden Genannten bin ich sehr zu Dank verpflichtet.

1 *Quaest. Hom.* I, 11, p. 56 (Sodano), s. hierzu J.I. Porter, Hermeneutic Lines and Circles. Aristarchus and Crates on the Exegesis of Homer, in: R. Lamberton/J.J. Keaney (Hgg.), Homer's Ancient Readers. The Hermeneutics of Greek Epic's Earliest Exegetes, Princeton 1992, 67–114; M. Zambon, Porphyre et le Moyen-Platonisme, Paris 2002, 193–195.

2 F. Buffière, Les Mythes d'Homère et la pensée grecque, Paris 1956, 419–459; J. Pépin, Porphyre, exégète d'Homère, in: Porphyre. Entretiens sur l'Antiquité Classique XII, Vandoeuvres-Genève/Genève 1966, 229–266; A. Meredith, Allegory in Porphyry and Gregory of Nyssa, in: Studia Patristica XVI, Part II, Berlin 1985, 423–427 (= Papers presented to the 7th International Conference on Patristic Studies, ed. E.A. Livingstone); R. Lamberton, Homer the Theologian. Neoplatonist Allegorical Reading and the Growth of the Epic Tradition, Berkeley/Los Angeles 1986, 108–143; Ph. Sellew, Achilles or Christ? Porphyry and Didymus in Debate over Allegorical Interpretation, Harvard Theological Review 82, 1989, 79–100; R. Lamberton, The Neoplatonists and the Spiritualization of Homer, in: R. Lamberton/J.J. Keaney (Hgg.), Homer's Ancient Readers (wie Anm. 1), 115–133; A. Dihle, Studien zur Homer-Allegorese, in: M. Reichel/A. Rengakos (Hgg.), Epea Pteroenta. Beiträge zur Homerforschung. Festschrift für Wolfgang Kullmann zum 75. Geburtstag, Stuttgart 2002, 35–51; Zambon, Porphyre (wie Anm. 1), 62–73; 190–196.

3 Seit K. Praechter, Richtungen und Schulen im Neuplatonismus (Genethliakon Carl Robert zum 8. März 1910), Berlin 1910, 103–156, bes. 127f., beschäftigt sich die Forschung etwa mit dem bei Porphyrios noch nicht gelösten Problem der mehrfachen Auslegbarkeit der Zeichen, der fehlenden Hierarchisierung der *significata* und anderen strukturellen Mängeln seiner Allegorese, vgl. dazu aber Pépin, Porphyre (wie Anm. 2), 241–250; K. Alt, Homers Nymphengrotte in der Deutung des Porphyrios, Hermes 126, 1998, 466–487; Dihle, Homer-Allegorese (wie Anm. 2), 48. Das mitunter widersprüchlich scheinende Verhältnis von philologischer und philosophischer Exegese versucht Porter, Hermeneutic Lines (wie Anm. 1), zu klären. In jedem Fall mar-

weniger um die methodischen Probleme der in *De antro nympharum* entfalteten Theorie der Interpretation gehen als vielmehr um die Rolle, die Porphyrios der Dichtung für die Vermittlung seines philosophischen Anliegens zuschreibt. Wie wird mit Dichtung argumentiert, wo ist ihr Ort innerhalb des philosophischen Gebäudes des Neuplatonikers und welches sind die spezifischen Qualitäten, die der Poesie gegenüber anderen Formen der intellektuellen Betätigung zugewiesen werden?

Der Abhandlung über die Nymphengrotte in Homers *Odyssee* kommt, wie man gerne betont hat, eine Ausnahmestellung innerhalb des antiken philologischen und philosophischen Schrifttums zu: *De antro* ist der erste, uns vollständig erhaltene, ausführliche Kommentar zu einer Homer-Perikope, einem mehrzeiligen, zusammenhängenden Textabschnitt, und zudem die älteste komplett vorliegende Durchführung einer allegorischen Exegese.[4] Die sorgfältig aufgebaute, in sich geschlossene Abhandlung geht in philosophischer Hinsicht weit über alles hinaus, was wir sonst bis zum 3. Jh. n.Chr. an vergleichbarer Literatur noch kennen.[5] Es handelt sich um einen Text, der eine Interpretation entfaltet, indem er in geordnetem Gang entlang der homerischen Beschreibung der Nymphenhöhle auf Ithaka Formulierungen des Dichters erklärt, die er als Zeichen und Hinweise[6] auf die transzendente Struktur der Wirklichkeit deutet. Auf diese eine, sehr präzise vorgestellte Realität hin, ein neuplatonisch verstandenes, von πρόνοια und νοῦς durchwaltetes Universum mit seinem Zyklus von Werden und Vergehen der in die Materie hinabsteigenden Einzelseelen, werden alle besprochenen Elemente der Odysseepassage ausgelegt. Für Porphyrios ist die Höhle zunächst ein Bild des materiellen Kosmos, in den die Seelen, die Homer Nymphen genannt habe, von der Milchstraße herkommend zur Leiblichkeit und zur Geburt hinabgelangen; sie wird aber auch als ein Zeichen für die innerhalb des Kosmos unsichtbar wirkenden Kräfte sowie für die immaterielle Realität als solche, die νοητὴ οὐσία, interpretiert.[7] Am Ende werden wir sehen, daß das

kiert *De antro* den Beginn einer Systematisierung in der neuplatonischen Homerauslegung, die nach Porphyrios vor allem von Jamblich, Syrian und Proklos geleistet wurde.

4 A. Dihle, Die griechische und lateinische Literatur der Kaiserzeit. Von Augustus bis Justinian, München 1989, 386. – Zur Geschichte der allegorischen Interpretation in der Antike vgl. außer der in Anm. 2 genannten Literatur noch J. Pépin, Mythe et Allégorie, Paris ²1976; R. Pfeiffer, Geschichte der Klassischen Philologie. Von den Anfängen bis zum Ende des Hellenismus, München ²1978, 26; 55f.; 176; 289f.; 276f.; J.A. Coulter, The Literary Microcosm. Theories of Interpretation of the Later Neoplatonists, Leiden 1976; W. Burkert, Antike Mysterien. Funktionen und Gehalt, München ³1994, 56–74; W. Bernard, Zwei verschiedene Methoden der Allegorese in der Antike, in: H.-J. Horn/H. Walter (Hgg.), Die Allegorese des antiken Mythos, Wiesbaden 1997, 63–83; R. Lamberton, Language, Text, and Truth in Ancient Polytheist Exegesis, in: J. Whitman (Hg.), Interpretation and Allegory. Antiquity and the Modern Period, Leiden u. a. 2000, 73–88.

5 Aus Zitaten bei Porphyrios und anderen Autoren wissen wir jedoch, daß die allegorische Deutung der Grotte mindestens bis auf den Platoniker Numenios zurückgeht; s. hierzu Buffière, Mythes (wie Anm. 2); Lamberton, Homer (wie Anm. 2), 318–324 (Appendix IV: The History of the Allegory of the Cave of the Nymphs); Alt, Nymphengrotte (wie Anm. 3), 467f., und unten Anm. 13.

6 Das häufigere Wort ist σύμβολα (z. B. *De antro* 4. 21; 4. 26, insgesamt 27 Belege) gegenüber εἰκόνες (z. B. *De antro* 6. 13; 8. 19; 21. 3; 36. 4; insgesamt 7 Belege).

7 Pépin, Porphyre (wie Anm. 2), 241f.

homerische Gleichnis nach Porphyrios auch psychologisch-ethische Fragen thematisiert.[8]

Zu Beginn des erhaltenen Textes kündigt das elliptische ὅτι ποτέ eine mit dem Publikum gemeinsam durchzuführende Untersuchung an[9] und konstatiert zugleich das hermeneutische Problem, dessen Lösung die Schrift verspricht. Die wichtigste methodische Vorgabe ist in dem Hinweis enthalten, daß sich in den anschließend zitierten Versen des Homer ein Rätsel[10] verberge:

Ὅτι ποτὲ Ὁμήρῳ αἰνίττεται τὸ ἐν Ἰθάκῃ ἄντρον, ὃ διὰ τῶν ἐπῶν τούτων διαγράφει λέγων·
„αὐτὰρ ἐπὶ κρατὸς λιμένος τανύφυλλος ἐλαίη,
ἀγχόθι δ' αὐτῆς ἄντρον ἐπήρατον ἠεροειδές,
ἱρὸν νυμφάων αἳ νηιάδες καλέονται.
ἐν τῷ κρητῆρές τε καὶ ἀμφιφορῆες ἔασι
λάινοι· ἔνθα δ' ἔπειτα τιθαιβώσσουσι μέλισσαι.
ἐν δ' ἱστοὶ λίθεοι περιμήκεες, ἔνθα τε νύμφαι
φάρε' ὑφαίνουσιν ἁλιπόρφυρα, θαῦμα ἰδέσθαι·
ἐν δ' ὕδατ' ἀενάοντα. δύω δέ τέ οἱ θύραι εἰσίν,
αἱ μὲν πρὸς βορέαο καταβαταὶ ἀνθρώποισιν,
αἱ δ' αὖ πρὸς νότου εἰσὶ θεώτεραι· οὐδέ τι κείνῃ
ἄνδρες ἐσέρχονται, ἀλλ' ἀθανάτων ὁδός ἐστιν."

Worauf weist nur für Homer das Rätsel der Höhle in Ithaka, die er in den folgenden Versen beschreibt:[11]

„Doch am Kopf der Bucht ist ein blätterstreckender Ölbaum und dicht bei ihm eine anmutige, dämmrige Höhle, ein heiliger Ort der Nymphen, die Naiaden genannt sind. Darin sind Mischgefäße und doppelhenklige Krüge, steinerne, und es bereiten dort dann auch die Bienen ihre Nahrung. Und darinnen sind steinerne Webstühle, gar lange, auf denen die Nymphen ihre Tuche weben, die meerpurpurnen, ein Wunder anzusehen. Und darin sind Wasser, immer strö-

8 Zur protreptischen Funktion der Allegorese in *De antro* vgl. etwa Pépin, Porphyre (wie Anm. 2), 259–266, und Zambon, Porphyre (wie Anm. 1), 66.

9 Vgl. *De antro* 32. 1–3: λείπεται δὴ παραστῆσαι καὶ τὸ τῆς πεφυτευμένης ἐλαίας σύμβολον ὅτι ποτὲ μηνύει („So bleibt noch darzulegen, was wohl das Zeichen des dazugepflanzten Olivenbaums bedeutet"). Zu dieser auf sokratische Art mit ὅτι ποτέ eingeleiteten indirekten Frage nach der Bedeutung eines Begriffs oder einer Äußerung vgl. u.a. Plat. *Crat.* 383 B 8; 414 B 6; 414 D 2; *Theat.* 145 C 8; *Men.* 76 B 1; 80 D 4; *Tim.* 48 B 6. Auch hier befinden wir uns in einer Situation der Unterweisung.

10 Zu den *termini technici* αἴνιγμα und αἰνίττεσθαι vgl. Lamberton, Homer (wie Anm. 2), 41; 48; 125 Anm. 122.

11 *Odyssee* 13. 102–112 (Üb. W. Schadewaldt). Dieses und die folgenden Zitate aus Porphyrios nach J.M. Duffy u. a. (Hgg.), Porphyry. The Cave of the Nymphs in the Odyssey. Revised Text with Transl., Arethusa Monographs I, New York 1969, wiederabgedruckt mit verändertem Zeilenumbruch bei L. Simonini, Porfirio. L'Antro delle Ninfe, Milano 1986, 36–85; für die Übersetzungen wurden ferner R. Lamberton, Porphyry. On the Cave of the Nymphs. Translation and Introductory Essay, New York 1983, Th. Taylor, Porphyry, Translated from Greek, Chippenham 1994 (zuerst 1823), sowie G. Lardreau, Y. LeLay (Trad.), Porphyre. L'Antre des nymphes dans l'Odyssee, Dijon 1989, und P. Sainyves, J. Trabucco (Trad.), Porphyre. L'Antre des Nymphes, Paris 1918, herangezogen. Die niederländische Übersetzung von C. Verhoeven, Porphyrius. De grot van de nimfen. Over een passage uit de Odyssee van Homerus, Baarn 1984, lag mir bis Abschluß des Manuskripts nicht vor.

mende. Und zwei Türen hat sie, die eine nach dem Nord zu, zugänglich für Menschen, die andere nach dem Süd zu, göttlichere, und durch diese gehen nicht die Männer hinein, sondern der Weg der Unsterblichen ist es."

Die doppelt geöffnete, heilige Grotte der Nymphen, bei der die Phäaken im 13. Buch der *Odyssee* den Heimkehrer absetzen – für Odysseus eine entscheidende Etappe im Rahmen der Gesamthandlung seines νόστος – wird in der Interpretation des Neuplatonikers mit einer Metapher aus der zweiten Nekyia im 24. Buch assoziiert, wo die Seelen der getöteten Freier wie Fledermäuse durch eine Höhle ziehen und anschließend von den beiden ‚Toren der Sonne' die Rede ist.[12] Diese Zusammenschau der Ekphrasis eines Heiligtums, durch die Homer den Wendepunkt im Schicksal des Odysseus markiert, mit einer eschatologischen und einer astrologischen Metapher desselben Autors ist die Grundlage einer schon vor Porphyrios bezeugten platonisierenden Interpretation[13], die das Schicksal der Einzelseele und den Aufbau des Kosmos in den Mittelpunkt stellt. Die Darstellung des Odysseedichters wird dabei wie ein platonischer Mythos kommentiert und ausgelegt, und nicht zufällig sind es verschiedene Elemente und Zitate aus dem Mythos des Pamphiliers Er im 10. und aus dem Höhlengleichnis im 7. Buch der platonischen *Politeia*, die sich in der Abhandlung über die Nymphengrotte wiederfinden.[14] Wenn auch die der Interpretation zugrundeliegende Idee in ebendieser Kombination mehrerer homerischer und platonisch-pythagoreischer Höhlen- und Himmelsbilder zu liegen scheint, so ist es doch nicht die Lehre des Platon selbst, die Porphyrios in diesem Text des frühgriechischen Epikers sucht. Einen solchen geistesgeschichtlichen Anachronismus hätte sich der hochgebildete Philologe und Philosophiehistoriker Porphyrios wohl auch nicht gestattet. Zahlreiche Verweise auf Mithras und die persische Astraltheologie,[15] die Weisheit der Ägypter,[16] der griechischen Dichter, Philosophen und Orakel[17] machen vielmehr deutlich, daß es dem neuplatonischen Homerkommentator um die Darlegung einer von alters her bekannten, universellen Wahrheit zu tun ist, die für ihn – mehr noch als mit Platon – mit dem Namen des Pythagoras und mit den Pythagoreern verbunden ist.[18] Für die Auslegung des Textes über die Nym-

12 *Od.* 24. 1–14, vgl. *De antro* 27f.

13 J.-H. Waszink, Porphyrios und Numenios, in: Entretiens (wie Anm. 2), 33–78; Lamberton, Homer (wie Anm. 2); Zambon, Porphyre (wie Anm. 1), 171–250.

14 Plat. *Rep.* 617 E – 621 A (Mythos des Er); 514 A – 518 A (Höhlengleichnis); Buffière, Mythes (wie Anm. 2), 442–444; Lamberton, Homer (wie Anm. 2), 37, 115; C. J. Rapp, Porphyry and the Platonic-Aristotelian Tradition, Diss. Freiburg 2002, 22–35; s. ferner Zambon, Porphyre (wie Anm. 1), 84f. zu Porph. Fr. 271. 33–38 (Smith), einer weiteren Interpretation des Er-Mythos durch Porphyrios, und 192.

15 *De antro* 6. 8ff.; 24. 10ff. (‚die Perser', Mithras und Zoroaster, als griechischer Gewährsmann wird Eubulos genannt).

16 *De antro* 10. 12ff.; 23. 7; 24. 1ff.; 27. 3ff.

17 z.B. *De antro* 8. 12ff. (Platon, Empedokles); 8. 4ff. (Apollonhymnos); 10. 16ff.; 11. 18f. (Heraklit); 14. 13ff.; 16. 8 (Orpheus); 18. 3ff. (Sophokles); 23. 6f. (Parmenides); 30. 4ff. (Hesiod).

18 *De antro* 8. 11f.; 27. 4ff.; 28. 5ff. Bei den Neuplatonikern des 2. Jh. n.Chr. und bei Porphyrios erscheint Pythagoras als ein platonischer Philosoph, dessen Ansichten durch die orientalischen Religionen bestätigt werden. In der porphyrianischen *Vita Pythagorei* wird die Philosophie des Pythagoras als ein Streben nach Weisheit geschildert, die im Wissen um die immateriellen Realitäten besteht und durch die Befreiung des Geistes aus dem Körpergefängnis erlangt werden

phengrotte und die in ihr befindlichen heiligen Geräte werden zahlreiche Autoritäten aus der griechischen Wissenschaft, Philosophie und Literatur angeführt; tatsächliche oder scheinbare Analogien aus anderen Bereichen ‚barbarischer' und griechisch-römischer Kultur,[19] insbesondere dem der religiösen Lehren und der Mysterienkulte,[20] werden in einer Vielfalt präsentiert, die Porphyrios bisweilen den Vorwurf eingetragen hat, er präsentiere sich hier mehr als Literaturexperte und Religionslehrer denn als systematischer Philosoph.[21] Aus der Fülle der angeführten klassischen Autoritäten und Exempla ergeben sich eine historische und eine ethnologisch-komparatistische Argumentationslinie: der Verweis auf das Alter bestimmter Phänomene oder auf Vergleichbares in anderen Kulturen. Die Schrift gleicht darin manch einer modernen Interpretationsarbeit. In der angelsächsischen Forschung hat man den Text dementsprechend als einen *essay* charakterisiert,[22] aus religionshistorischer Perspektive ist der Vergleich mit einem ἱερὸς λόγος, der Erklärung eines Kultes oder Rituals, berechtigt.[23] Porphyrios selbst kündigt im letzten Satz der Schrift eine weitere Pragmatie an, die letzten Worte von *De antro* konstatieren das Ende der vorliegenden ἑρμηνεῖα. ‚Abhandlung' und ‚Interpretation' nennt also der Autor selbst sein Werk, wobei die philosophische Untersuchung nichts Geringeres als τὰ θειότερα, die göttlicheren Wahrheiten, herausarbeiten will, die Homer in Bildern, εἰκόνες, verrätselt habe.[24] Was wie ein literaturwissenschaftlicher Kommentar beginnt, ist hier zu einer Form des philosophisch-theologischen Traktats geworden, in der die philologische und die philosophische Methode des Fragens und Erklärens ebenso verschmolzen sind wie die Weisheit Homers mit der Weisheit der Platoniker.

Diese suggestive Verschmelzung von Homerphilologie – der Exegese des „göttlichsten" Dichters der Griechen[25] – und platonisierender Theologie verweist uns darauf, daß es Porphyrios nicht allein um die Kommentierung eines vielgelesenen Dichters geht, sondern mindestens ebensosehr um den überzeugenden Nachweis

kann, vgl. hierzu D.J. O'Meara, Pythagoras Revived, Oxford 1989, 25–29; Lamberton 1986 (wie Anm. 2), 31–43; Zambon, Porphyre (wie Anm. 1), 79, 186–190.

19 Z.B. *De antro* 28. 14 (Kelten, Thraker, Skythen); 23. 7ff.; 24. 2 (Römer).

20 Z.B. *De antro* 7. 6ff.; 18. 6ff. (Demeter); 13. 7ff. (Dionysos); 6. 8ff.; 17. 7f. (Mithras).

21 Vgl. z.B. R. Beutler, RE XXII, 1, 1954, Sp. 280, sowie oben Anm. 3; *De antro* wird daher bisweilen als Frühwerk des Porphyrios angesehen, s. zuletzt Alt, Nymphengrotte (wie Anm. 2), 487. Die genaue Datierung ist allerdings ebenso umstritten wie die Frage einer möglichen Beeinflussung durch Plotin, zu dessen Kreis in Rom Porphyrios ab 263 n.Chr. gehörte.

22 Lamberton, Homer (wie Anm. 2), 119; 124.

23 H. Dörrie, Porphyrios' „Symmikta Zetemata". Ihre Stellung in System und Geschichte des Neuplatonismus nebst einem Kommentar zu den Fragmenten, München 1959, 165; Burkert, Mysterien (wie Anm. 4), 59–61.

24 *De antro* 36. 4f. τὰ θειότερα greift einen ‚Hinweis' in *Od.* 24. 111, das Bild der ‚göttlicheren Tür', auf; vgl. die Ermunterung zum Aufspüren verborgener Wahrheiten in *De antro* 4. 24ff.: τοσούτῳ τῆς παλαιᾶς σοφίας πλῆρες τὸ ἀνάθημα εὑρεθήσεται καὶ διὰ τοῦτο ἄξιον ἐρεύνης καὶ τῆς ἐν αὐτῷ καθιδρύσεως δεόμενον τῆς παραστάσεως („ … umso mehr wird sich der heilige Ort als voll von alter Weisheit herausstellen; er ist darum der Erforschung wert und benötigt eine Darlegung seiner symbolischen Einrichtung"). Zur Mysteriendeutung bei Platon und im Platonismus, insbesondere bei Plutarch, vgl. Burkert, Mysterien (wie Anm. 4), ebd.

25 Lamberton, Homer (wie Anm. 2), 1–10; 22–36.

der Wahrheit seiner Philosopheme, wenn nicht gar um die Verteidigung der platonischen Philosophie. Auch die Menge der in *De antro* angeführten Gewährsmänner sowie die Ausführlichkeit der wörtlichen Zitate aus ihren Werken bezeugen einen besonderen philosophischen und didaktischen Eifer. In den rahmenden Kap. 1–4 und 32–36 werden der protreptische Charakter der Schrift und die Rolle autoritativ gestützter Wahrheiten besonders deutlich. Die Aussagen in den auf die Durchführung der Exegese hinführenden Textpassagen werden als eine durch Kronios[26] verbürgte Gewißheit präsentiert, der sich Porphyrios anschließt. In Kap. 21, 24 und 34 macht er deutlich, daß die theologisch-spirituelle Interpretation der Höhle auf den mittelplatonischen Philosophen Numenios zurückgeht.[27] Während also auf der einen Seite Homer, ‚die Pythagoreer' und ‚die Theologen' die Wahrheit der „göttlicheren Dinge" verbürgen, stützen Numenios und Kronios die Richtigkeit der porphyrianischen Interpretation. Was er mit anderen oder auf anderen aufbauend für wahr hält, gibt uns Porphyrios deutlich zu erkennen. Das Streben nach klaren Erkenntnissen und ihrer Vermittlung an die potentielle Hörer- oder Leserschaft prägt auch den Duktus der Argumentation.[28]

Die Philosophen des 2. Jh. n.Chr. erscheinen nicht nur als die Schöpfer der allegorischen Interpretation der ithakesischen Nymphengrotte, sondern auch als Urheber einer neuplatonischen Gesamtinterpretation der Odysseehandlung und der Figur eines nach Vergeistigung strebenden Odysseus, ein Zusammenhang, auf den Porphyrios in den Schlußkapiteln der Pragmatie verweist:

> οὐ γὰρ ἀπὸ σκοποῦ οἶμαι καὶ τοῖς περὶ Νουμήνιον ἐδόκει Ὀδυσσεὺς εἰκόνα φέρειν Ὁμήρῳ κατὰ τὴν Ὀδύσσειαν τοῦ διὰ τῆς ἐφεξῆς γενέσεως διερχομένου καὶ οὕτως ἀποκαθισταμένου εἰς τοὺς ἔξω παντὸς κλύδωνος καὶ θαλάσσης ἀπείρους·
>
> Denn ich glaube, die Anhänger des Numenios lagen ganz richtig, die meinten, daß Odysseus für Homer in der *Odyssee* das Bild (eines Menschen) darstelle, der die Stationen der Entstehung durchlaufe und so zu denen zurückkehre, die außerhalb von jeder Woge und vom unendlichen Meer seien ...[29]

Am deutlichsten wird diese wahrheitsversichernde Funktion der autoritativen Texte dort, wo Homer, methodisch nicht ganz einwandfrei, selbst zum Interpreten seines Textes gemacht wird, so in der Passage, die der eben zitierten unmittelbar vorausgeht:

26 Der sonst kaum bekannte Kronios gilt als Freund und Gefolgsmann des Numenios (vgl. die folgende Anm.), s. hierzu Simonini, Porfirio (wie Anm. 11), 89f.; Lamberton, Homer (wie Anm. 2), 121 Anm. 109.

27 S.o. Anm. 5 und 13.

28 Das porphyrianische Vokabular der Klärung in *De antro* (ἀσάφεια/ἀσαφές, δηλοῦν/δῆλον) ist das des philologischen Kommentars, zugleich aber auch die Sprache des Mysterienkults und des philosophischen Fragens. Implizit enthalten diese Wendungen zudem die Aufforderung, dem Gedankengang zu folgen, vgl. etwa 3. 1f.: Κρόνιος ... φησὶν ἔκδηλον εἶναι οὐ τοῖς σοφοῖς μόνον ἀλλὰ καὶ τοῖς ἰδιώταις („Kronios sagt, daß dies nicht nur für die Weisen, sondern auch für die Uneingeweihten klar sei"). Zu dieser Einheit von Philologie, Philosophie und Religion s. auch unten Anm. 39.

29 *De antro* 34. 6ff. Es folgt das berühmte Stück aus der Prophezeihung des Teiresias, *Odyssee* 11. 122f. (Üb. W. Schadewaldt): „ ... bis du zu solchen Männern kommst, die nichts von dem Meere wissen noch mit Salz gemischte Speise essen".

Εἰς τοῦτο τοίνυν φησὶν Ὅμηρος δεῖν τὸ ἄντρον ἀποθέσθαι πᾶν τὸ ἔξωθεν κτῆμα, γυμνωθέντα δὲ καὶ προσαίτου σχῆμα περιθέμενον καὶ κάρψαντα τὸ σῶμα καὶ πᾶν περίττωμα ἀποβαλόντα καὶ τὰς αἰσθήσεις ἀποστραφέντα βουλεύεσθαι μετὰ τῆς Ἀθηνᾶς, καθεζόμενον σὺν αὐτῇ ὑπὸ πυθμένα ἐλαίας, ὅπως τὰ ἐπίβουλα τῆς ψυχῆς αὐτοῦ πάθη πάντα περικόψῃ.

An dieser Höhle also, sagt Homer, müsse man den ganzen äußerlichen Besitz ablegen, sich aber die Gestalt eines Bettlers zulegen und, am Körper verwelkt, alles Überflüssige fortwerfen und sich von den Wahrnehmungen abwenden und mit Athena[30] Rat halten, indem man mit ihr unter dem Stamm des Olivenbaums sitze, um alle seine Leidenschaften zu vertreiben, die der Seele nachstellen.[31]

Natürlich ist es nicht Homer, der dazu ermuntert, die Welt der Körperlichkeit hinter sich zu lassen. Vielmehr handelt es sich auch hier um eine philosophische Interpretation, die auf Numenios zurückzuführen ist. Wer könnte aber den moralischen Appell eindrucksvoller vertreten als Homer selbst, dessen Weisheit und Verständigkeit in allen Könnensgebieten Porphyrios in Kap. 36 eigens betont:

Οὐ δεῖ δὲ τὰς τοιαύτας ἐξηγήσεις βεβιασμένας ἡγεῖσθαι καὶ εὑρεσιλογούντων πιθανότητας, λογιζόμενον δὲ τὴν παλαιὰν σοφίαν καὶ τὴν Ὁμήρου ὅση τις φρόνησις γέγονε καὶ πάσης ἀρετῆς ἀκρίβειαν μὴ ἀπογινώσκειν ὡς ἐν μυθαρίου πλάσματι εἰκόνας τῶν θειοτέρων ᾐνίσσετο.

Man darf solche Auslegungen nicht für gezwungen halten und für von erfindungsreichen Leuten vorgetragene Wahrscheinlichkeiten, sondern muß die alte Weisheit in Rechnung stellen und auch im Fall des Homer, wie groß seine Verständigkeit war und seine Perfektion in allen Könnensgebieten; und man darf nicht verkennen, daß er in der Erfindung einer Mythenerzählung Bilder von göttlicheren Dingen in Form von Rätseln angedeutet hat.[32]

Diese Ineinssetzung des homerischen Textes mit seiner Interpretation, die den Unterschied zwischen dem, was Homer wörtlich sagt, und dem, was die neuplatonische Exegese seit Kronios und Numenios darunter verstehen wollte, ignoriert, ist eine rhetorisch äußerst wirksame Strategie. Sie entspricht einer antiken Konzeption der ‚Herstellung' von Bedeutung, die als ἀλληγορία bezeichnet wird. Der Begriff wird sowohl für eine Aussageweise, das verrätselte Sprechen, als auch für eine Methode der Textauslegung verwendet.[33] Nicht der Interpret – so die antike Vorstellung – konstruiert das Referenzsystem des ‚eigentlich Gemeinten' (*significatum*), es liegt bereits im Text verborgen und muß nur noch ‚enträtselt' werden. Für den Verfasser von *De antro* bedeutet dies, daß alle Aussagen, sei es des Homer, sei es der anderen ‚Theologen' und Interpreten, auf dieselbe, universell gültige und überall vorhandene Wahrheit zu beziehen sind, die er schlichtweg voraussetzt.[34]

30 Zur allegorischen Deutung der Athena als νοῦς vgl. Buffière, Mythes (wie Anm. 2), 279–289; 534; Pépin, Mythe et Allégorie (wie Anm. 4), 564 (Index); Meredith, Allegory (wie Anm. 2), 424 Anm. 6; Lamberton, Homer (wie Anm. 2), 93f.

31 *De antro* 34. 1ff.

32 *De antro* 36. 1ff.

33 Vgl. LSJ *s.v.* ἀλληγορία; Lamberton, Homer (wie Anm. 2), 20. Das moderne Wort ‚Allegorese' bezeichnet dagegen nur die Methode.

34 Bezeichnenderweise ist die Vorstellung der verbürgten Gewißheit oder auch Weisheit, Klugheit und Genauigkeit (σοφία, φρόνησις, ἀκρίβεια, z. B. 36. 2ff.) in *De antro* wichtiger als der Begriff der ἀλήθεια, den Porphyrios hier nur einmal, in einem traditionell dichtungstheoretischen Zusammenhang verwendet (36. 6).

Diese rhetorisch äußerst wirksame Strategie der Suggestion von Wahrheit, die in den stark appellhaften Schlußkapiteln der Pragmatie besonders eindrucksvoll zutage tritt, kennzeichnet jedoch auch schon die einleitenden Abschnitte von *De antro*. Hier ist es allerdings nicht nur der Gedankensprung (*translatio*) von dem, was Homer gesagt, zu dem, was er gemeint habe oder wie ihn seine Interpreten verstanden.[35] Ineinsgesetzt werden in der Darstellung des Porphyrios das Zeichensystem der von Homer geschilderten Höhle und das Zeichensystem einer realen, noch vor Homer von den παλαιοί oder θεολόγοι ausgestatten Kulthöhle auf Ithaka, deren Existenz er in Kap. 4 deduziert. So ist das „Rätsel der Höhle“[36], das Porphyrios in *De antro* vorlegt und zu dessen Lösung er seine Hörer und Leser anleitet, nicht nur ein literarisches und philosophisches, sondern zugleich auch ein (religions)historisches. Der Autor von *De antro* macht nicht immer deutlich, ob er nun die von Homer beschriebene oder die historische Kulthöhle erklärt, die Textauslegung geht nahtlos in den ἱερὸς λόγος über.[37] Ein Grund für diese Unschärfe mag ebenfalls in dem Bemühen des Porphyrios liegen, den Hörern und Lesern die Historizität der Gegenstände und die Korrektheit ihrer Deutung mit allen zur Verfügung stehenden Mitteln zu suggerieren.

Indem sie Rätsel postuliert, verspricht die Interpretationsmethode der Allegorese Wahrheit. So ist sie überaus geeignet für einen Kontext, in dem es um konkurrierende Ansprüche auf die Errettung der individuellen Menschenseele geht. Man hat zu Recht hervorgehoben, daß das Insistieren des Porphyrios auf der Wahrheit und Methode seiner Interpretation Gründe haben muß, die außerhalb der Philosophie selbst oder auch der Persönlichkeit dieses Philosophen liegen. Auch wenn wir in *De antro* keinen direkten Hinweis darauf finden, so ist es doch wahrscheinlich, daß die Abhandlung vor dem Hintergrund der polemischen Auseinandersetzung mit der christlichen Allegorese vor allem des Origines zu sehen ist.[38]

Die unausgesprochene Identifikation von Gesagtem, Gemeintem und historischer Realität in der porphyrianischen Allegorese gehört zu den subtilen Formen der Beeinflussung von Hörern und Lesern. Sie scheint für diejenigen besonders ge-

35 Vgl. W. Freytag, Art. Allegorie, Allegorese, in: G. Ueding (Hg.), Historisches Wörterbuch der Rhetorik, Bd. 1, Darmstadt 1992, Sp. 330–393, hier 330: „Die *sprachliche Aussageform der Allegorie* wird häufig zuerst als rhetorischer Tropus verstanden, als etwas unklare, durch Bedeutungsveränderungen schwierige Wortkombination, die Eines sagt, ein Anderes meint und wie alle Tropen einen Gedankensprung erfordert, Sinnübertragung (*translatio*) vom gesagten Bedeutenden (*significans*) zum gemeinten Bedeuteten (*significatum*).“

36 τοῦ ἄντρου τὸ αἴνιγμα, *De antro* 32. 8.

37 Vgl. bes. *De antro* 13ff.

38 Fragen der Textauslegung werden auch in Porphyrios’ Κατὰ Χριστιανῶν thematisiert; insbesondere ein auf Papyrus erhaltenes Fragment bietet eine enge Parallele zur Homerauslegung in *De antro*, s. dazu G. Binder, Eine Polemik des Porphyrios gegen die allegorische Auslegung des Alten Testaments durch die Christen, Zeitschr. f. Papyrol. u. Epigraph. 3, 1968, 81–95; Sellew 1989 (wie Anm. 2); T.D. Barnes, Scholarship or Propaganda? Porphyry *Against the Christians* and its Historical Setting, Bull. of the Inst. of Class. Stud. 39, 1994, 53–65; A. Carlini, La polemica di Porfirio contro l’esegesi ‚tipologica‘ dei cristiani, Stud. Class. e Orient. 46, 1996–1998, 385–394; J.W. Hargis, Against the Christians. The Rise of Early Anti-Christian Polemic, New York 1999, 63–90.

eignet, die den Thesen des Autors bereits zuneigen.[39] Der offene Austausch von Argumenten dagegen kommt ins Spiel, wenn es gilt, die Skeptiker und Gegner zu überzeugen. Erinnert sei nur an die verschiedenen Argumentationslinien, mit denen Porphyrios seine Homerauslegung zu stützen versucht, und an die charakteristische ‚Kumulation' von Argumenten.[40] So spielt die rationale Argumentation auch auf der Ebene der Rechtfertigung der Interpretation eine entscheidende Rolle.

Da der Neuplatoniker die Einsicht in die Wahrheiten über den Kosmos, die Seelen und das Göttliche durch die Auslegung des Homer gewinnen und vermitteln will, muß er einerseits erklären, in welchem Verhältnis Homer zu diesen Wahrheiten steht, und andererseits die Richtigkeit seiner eigenen exegetischen Methode begründen. *De antro* 1–4 sowie 34–36 enthalten eine Theorie der Interpretation, die einerseits durch die Fortführung und Kritik an Porphyrios' wichtigster Vorlage, der Homerinterpretation des Numenios und Kronios, andererseits durch die Abgrenzung von den Gegnern der Homerallegorese gewonnen wird. Die Argumente, die direkt aus Kronios entnommen sind, lassen sich in der Reihenfolge des Textes etwa so zusammenfassen:

1. Homer hat in Form eines Rätsels (αἰνίττεται) Hinweise auf die Bedeutung der Höhle gegeben.
2. Homer kennt die Fakten nicht aus einer Überlieferung, die auf historischer Forschung (καθ' ἱστορίαν) beruht, denn die Höhle ist den Periegeten unbekannt.
3. Die Höhle ist aber auch keine poetische Fiktion (κατὰ ποιητικὴν ἐξουσίαν, πλάσμα), denn die Beschreibung wäre zu unwahrscheinlich und nicht überzeugend (ἀπίθανος), wenn einer sie so erfunden hätte, wie sie uns im Text vorliegt.
4. Es ist daher selbst für die Ungebildeten klar, daß Homer hier allegorisch spricht.
5. Homer zwingt uns durch sein allegorisches und verrätseltes Sprechen, die Bedeutung der Zeichen zu erkunden.
6. Die zahlreichen Elemente, die unklar (ἀσαφές) sind oder Staunen (θαῦμα … ἀκούειν) hervorrufen, können weder mit einer unterhaltsamen Fiktion erklärt werden, noch kann es sich um einen historisch-geographischen Bericht handeln.
7. Der Dichter hat der Schilderung der Höhle den Olivenbaum als ein Zeichen für deren Rätselcharakter hinzugefügt.
8. Schon die Alten haben versucht, derartige Rätsel zu lösen.

39 Porphyrios selbst erzählt uns in *Vita Plot.* 15, wie er vor dem Publikum der Platonfestspiele mit einer allegorischen Darbietung, einem von ihm selbst verfaßten dunklen Gedicht religiösen Inhalts, scheitert und erst von Plotin gerettet wird, der ihm mit den Worten beispringt, Porphyrios sei eben Dichter, Philosoph und Priester in einem (ἔδειξας ὁμοῦ καὶ τὸν ποιητὴν καὶ τὸν φιλόσοφον καὶ τὸν ἱεροφάντην), ein Lob, das Porphyrios selbst wohl auch über Homer hätte äußern können. – Zum Hierophanten („Vorzeiger des Heiligen") s. Burkert, Mysterien (wie Anm. 4), 27; 41; zur *Vita* die vorzügliche Charakterisierung bei I. Männlein-Robert, Biographie, Hagiographie, Autobiographie – Die *Vita Plotini* des Porphyrios, in: Th. Kobusch/M. Erler (Hgg.), Metaphysik und Religion. Zur Signatur des spätantiken Denkens, Akten d. Internat. Kongr. v. 13.–17. März 2001 in Würzburg, München/Leipzig 2002, 581–609.

40 Lamberton, Homer (wie Anm. 2), 123.

Bis hierher wiederholt Porphyrios die unverkennbar aristotelisch geprägte Argumentation des Kronios, in der das Rätsel als Unklarheit eines Textes expliziert wird, der sich weder auf Historisches bezieht, noch eine wirklichkeitsferne Erfindung, wie sie in der Dichtung vorkommt, beinhaltet. Der homerische Text kann also schon nach Kronios nur als philosophisch auszulegendes Zeichen verstanden werden. Die Argumentation, in der Aristoteles vielleicht ein Enthymem, einen unvollständigen Syllogismus, gesehen hätte, enthält auch etliche appellhafte Elemente. Porphyrios selbst versucht in den Kapiteln 4 und 36 eine Präzisierung, die das 6. Argument des Kronios und damit das Verhältnis der homerischen Dichtung zur Realität betrifft: Da das ithakesische Heiligtum der Nymphen zwar nicht von ‚den Periegeten' erwähnt wird, die Kronios überprüft haben muß, wohl aber von den wissenschaftlich genaueren Geographen,[41] kann sich Homer tatsächlich auf eine historische Kulthöhle beziehen, „sei es, daß er sie so schilderte, wie sie war, sei es, daß er auch selbst etwas hinzutat". Die Tatsache, daß die Höhle auf Ithaka keine reine Erfindung des Homer ist, bedeutet für Porphyrios, daß die in ihr verborgenen Wahrheiten älter als selbst der älteste griechische Dichter und nicht allein nur durch ihn, sondern durch eine universelle παλαιὰ σοφία verbürgt sind, zu der auch die Geschichte gehört. Die in der Durchführung der Allegorese fehlende Unterscheidung zwischen homerischer und historischer Grotte ist somit auch philosophisch gerechtfertigt.

Die Wahrheit der homerischen Dichtung liegt also darin, daß sie eine alte und universell gültige Weisheit übermittelt, aber auch darin, daß sie nichts willkürlich und ohne jeden Bezug zur Struktur der historischen und der metaphysischen Wirklichkeit erfindet. Zwar mögen Details – soviel gesteht Porphyrios zu – vom Dichter erfunden und hinzugesetzt sein, das Ganze einer Mythenerzählung (μυθαρίου πλάσμα) ohne Nachbildung von realen Dingen zu erfinden, sei hingegen schlichtweg unmöglich:

> οὐ γὰρ ἐνῆν ἐπιτυχῶς πλάσσειν ὅλην ὑπόθεσιν μὴ ἀπό τινων ἀληθῶν μεταποιοῦντα τὸ πλάσμα.
>
> Denn es wäre nicht möglich gewesen, die ganze Handlung willkürlich zu erfinden, ohne die Erfindung irgendwelchen realen Dingen nachzubilden.[42]

Die Begründung für diese erzähl- wie zeichentheoretisch interessante Behauptung wird allerdings auf eine spätere Pragmatie verschoben. Am Ende ist es für den Autor von *De antro* ein ethischer Aspekt, der über die Qualität von Dichtung entschei-

41 Porphyrios zitiert die von Strabon mehrfach benutzten *Geographoumena* des Artemidor von Ephesos (Fr. 55 Stiehle), Simonini, Porfirio (wie Anm. 11), 92f. Zu Artemidor s. jetzt auch C. Gallazzi/B. Kramer, Artemidor im Zeichensaal. Eine Papyrusrolle mit Text, Landkarte und Skizzenbüchern aus späthellenistischer Zeit, Arch. f. Papyrusforsch. 44, 1998, 189–208.

42 *De antro* 36. 5f. Wie Lamberton, Homer (wie Anm. 2), 26f. und 121, bemerkt, weist die Argumentation des Porphyrios einige Parallelen zur Verteidigung der Dichtung als einer historischen Quelle bei Strabon auf, vgl. bes. Strabon, *Geogr.* 8. 5. 8 (C 368) zur ‚dichterischen Freiheit' Homers (εἰ μὴ νὴ Δία ποιητικῇ τις τοῦτο συγχωρήσει ἐξουσίᾳ) und 10. 3. 23 (C 474) zur Theologie und den Rätseln der ‚Alten': πᾶς δὲ ὁ περὶ τῶν θεῶν λόγος ἀρχαίας ἐξετάζει δόξας καὶ μύθους, αἰνιττομένων τῶν παλαιῶν ἃς εἶχον ἐννοίας φυσικὰς περὶ τῶν πραγμάτων καὶ προστιθέντων ἀεὶ τοῖς λόγοις τὸν μῦθον, wobei Strabon jedoch an die physikalische Allegorese zu denken scheint.

det. Die Intention sowohl des Dichters als auch der Interpreten gibt dabei den Ausschlag: Willkürliche poetische Erfindungen „zur Verführung der Seelen“ (εἰς ψυχαγωγίαν)[43] und gezwungene Interpretationen werden scharf zurückgewiesen, auch wenn Porphyrios uns die Kriterien, an denen man diese erkennen könnte, schuldig bleibt.

Die ethische Qualität der Dichtung läßt sich noch näher bestimmen. Wenn Porphyrios in *De antro nympharum* über Dichtung spricht, so thematisiert er zugleich die Tätigkeit des Philosophierens: ῥητέον δὲ ὅτι φιλοσοφεῖ Ὅμηρος leitet etwa in den *Quaestiones Homericae* eine allegorische Iliasinterpretation ein.[44] Womit gesagt ist, wie wir oben sahen, daß der Dichter als ein Interpret der Wirklichkeit das allegorische Bild geschaffen hat. Die Tätigkeit des Homer gleicht einerseits derjenigen seiner Interpreten, andererseits aber auch dem schöpferischen Akt der Erbauer des Heiligtums. Die θεολόγοι, zu denen auch Homer gehört, sind die Schöpfer und Vermittler von Bildern und Zeichen, worunter nach Porphyrios gleichermaßen Götterstatuen, poetische Kunstwerke oder Geheimschriften, also alle Arten von Zeichen, die einem theologischen Kontext entstammen, verstanden werden können.[45] Wie philosophische Lehrer verwenden sie diese Bilder, um ihre und die Seelen ihrer Schüler zu den ihnen angemessenen Tätigkeiten hinzuleiten. Im Unterschied zu den anderen genannten Zeichen und Bildern kann sich die Dichtung aber mit Musik verbinden. Die Pythagoreer, so berichtet Porphyrios in seiner *Vita* des Pythagoras, sangen bestimmte Verse des Homer und Hesiod, um ihre Seelen zu beruhigen;[46] morgens und abends repetierten sie die wichtigsten Lehren mit Hilfe hexametrischer Merkverse.[47] Die besondere Wirkung von Musik und poetischer Sprache tritt aber nur dann ein, wenn eine ästhetisch-moralische Qualität der Bilder gewahrt bleibt. So wirft Porphyrios der christlichen Metaphorik einmal vor, allein schon die schlechte ὀσμὴ τῆς λέξεως, der „üble Geruch der Sprache“, schädige die Seelen der Zuhörer oder Leser. Auch die allegorische Interpretation könne die christlichen Texte nicht retten.[48]

43 *De antro* 4. 2.

44 *Quaest. Hom.* 200, *ad Il.* 15. 13ff. (Schrader), vgl. Lamberton, Homer (wie Anm. 2), 113 Anm. 98.

45 Vgl. Porphyrios, Περὶ ἀγαλμάτων Fr. 351, 14ff. (Smith, = Fr. 1 Bidez): … σοφίας θεολόγου νοήματα δεικνύς, οἷς θεὸν καὶ τοῦ θεοῦ τὰς δυνάμεις διὰ εἰκόνων συμφύλων αἰσθήσει ἐμήνυσαν ἄνδρες, τὰ ἀφανῆ φανεροῖς ἀποτυπώσαντες πλάσμασιν, τοῖς καθάπερ ἐκ βιβλίων τῶν ἀγαλμάτων ἀναλέγειν τὰ περὶ θεῶν μεμαθηκόσι γράμματα („ich werde denjenigen die Weisheit des Theologen zeigen, denen die Männer den Gott und das Wirken des Gottes durch für die Wahrnehmung passende Bilder verkündet haben, indem sie das Unsichtbare in sichtbaren Nachbildungen nachschufen; denen, die gelernt haben, wie aus Büchern die Schrift der Bilder über die göttlichen Dinge zu lesen“), sowie *Vita Pythagorei* 11–12, wonach Pythagoras auf seinen zu Bildungszwecken unternommenen Reisen von den ägyptischen Priestern verwendete [γράμματα] ἀλληγορούμενα κατά τινας αἰνιγμούς gelernt habe. Die religiöse Bedeutung der Poesie verdeutlicht Porphyrios auch, mit Bezug auf die eigene Dichtkunst, anhand der platonischen Idee des ἐνθουσιασμός, vgl. *Vita Plot.* 15. 2. Die platonische Dichter*kritik* allerdings wird nicht rezipiert.

46 καθημεροῦν τὴν ψυχήν, *Vita Pyth.* 32. 8f.

47 *Vita Pyth.* 40.

48 *Contra Christianos*, Fr. 69. 19–21 (Harnack).

Die Bedeutung poetischer Bilder und von Menschenhand geschaffener Kunstwerke für die Vermittlung philosophischer Lehren hatte im 2. Jh. n.Chr. ein Landsmann des Porphyrios auf ähnliche Weise formuliert:

Πάντα μεστὰ αἰνιγμάτων, καὶ παρὰ ποιηταῖς, καὶ παρὰ φιλοσόφοις. ὧν ἐγὼ τὴν πρὸς τὸ ἀληθὲς αἰδῶ ἀγαπῶ μᾶλλον, ἢ τὴν παρρησίαν τῶν νεωτέρων· πραγμάτων γὰρ ὑπ' ἀνθρωπίνης ἀσθενείας οὐ καθορωμένων σαφῶς, εὐσχημονέστερος ἑρμηνεὺς ὁ μῦθος ... Τί γὰρ ἂν ἄλλο εἴη μύθου χρεία; λόγος περισκεπὴς ἑτέρῳ κόσμῳ, καθάπερ τὰ ἱδρύματα, οἷς περιέβαλλον οἱ τελεσταὶ χρυσὸν καὶ ἄργυρον καὶ πέπλους, τὰ πρῶτα ἀποσεμνύνοντες αὐτῶν τὴν προσδοκίαν. Θρασεῖα γὰρ οὖσα ἡ ἀνθρωπίνη ψυχή, τὰ μὲν ἐν ποσὶν ἧσσον τιμᾷ, τοῦ δὲ ἀπόντος θαυμαστικῶς ἔχει· καταμαντευομένη δὲ τῶν οὐχ ὁρωμένων καὶ θηρεύουσα ταῦτα τοῖς λογισμοῖς, μὴ τυχοῦσα μὲν σπεύδει ἀνευρεῖν, τυχοῦσα δὲ ἀγαπᾷ ὡς ἑαυτῆς ἔργον.

Alles ist voll von Rätseln, sowohl bei den Dichtern, als auch bei den Philosophen, wobei ich ihre Ehrfurcht vor der Wahrheit lieber mag als die offene Redeweise der Neueren. Denn für Dinge, die aufgrund der menschlichen Schwäche nicht richtig eingesehen werden, ist der Mythos die anständigere Übersetzung ... Denn was ist der Nutzen des Mythos, wenn nicht der, daß eine vernünftige Rede in fremden Schmuck gekleidet wird wie die Bildnisse, denen die Eingeweihten Gold und Silber und Gewänder umlegen, damit sie ihr Ansehen erhöhen. Denn so verwegen ist die menschliche Seele, daß sie dasjenige, was ihr zu Füßen liegt, weniger achtet, das Abwesende hingegen bewundert;[49] und, indem sie das Unsichtbare zu erraten sucht und ihm durch Überlegung nachjagt, beeilt sie sich herauszufinden, was sie noch nicht erfaßt hat, und was sie erfaßt hat, das liebt sie wie ihr eigenes Werk.[50]

Porphyrios fügt diesen alltagspsychologischen Argumenten für eine Beschäftigung mit der Dichtung ein soteriologisches hinzu: Die Werke der alten Dichter und Theologen, voll von Zeichen und Rätseln, die von ihren Schöpfern bewußt gesetzt wurden, ermuntern ihre Leser zur geistigen Betätigung, durch die allein sie ihre Seelen von den Fesseln der materiellen Welt befreien können. So wie die besten Dichter Philosophen und Interpreten sind, erweisen sich auch die besten Philosophen als Dichter und Theologen.[51]

Trotz ihres mythischen oder Rätselcharakters beinhaltet die Dichtung des Homer, wie durch die Interpretation der Höhlenekphrasis bewiesen werden soll, wahre Aussagen, die Gegenstand ernsthafter wissenschaftlicher Forschung sind. Diese – zentrale – These stützt der Verfasser der Pragmatie durch eine Argumentation, die dem praktischen Beweis, der anschließenden Durchführung der Allegorese, noch vorangeht. Dazu bedient sich Porphyrios im Anschluß an Kronios der aristotelischen Konzeption von Dichtung als glaubwürdiger Fiktion, um mit ihrer Hilfe zu zeigen, daß die homerische Beschreibung der Nymphengrotte gerade keine Erfindung ist. Während die Vorstellung der glaubwürdigen Fiktion zumindest eine relative Anbindung der Dichtung an die Wirklichkeit garantiert, geht Porphyrios noch einen Schritt weiter: Indem er zeigt, daß viele Elemente des Textes als Erfindung

49 Vgl. Kallimachos *Epigr*. 31 Pf.

50 Maximos von Tyros, *Dialexeis* 4. 5 a-d, vgl. dazu Pépin, Mythe et Allégorie (wie Anm. 4), 189f.; H. Chadwick, Antike Schriftauslegung. Pagane und christliche Allegorese. Activa und Passiva im antiken Umgang mit der Bibel, Berlin/New York 1998, 5f.

51 Vgl. etwa *Vita Plot*. 7. 12ff. zum Lob der Dichtkunst des κριτικός τε καὶ ποιητικός Zotikos, eines Plotinanhängers; 15. 5f. zu Porphyrios als ποιητής, φιλόσοφος ἱεροφάντης (s. o. Anm. 39); *Vita Pyth*. 16. 5f. zu Pythagoras als Verfasser einer Elegie.

unglaubwürdig sind und daß die Existenz der Höhle durch Artemidor, einen geographischen Text von höchster wissenschaftlicher Autorität, tatsächlich bezeugt ist, verschafft er der Odysseepassage hinsichtlich ihres Wahrheitsgehaltes einen herausragenden Status. Nur eine Einschränkung trifft Porphyrios in *De antro*: So scheint es für die Sterblichen nicht möglich, die ganze Wahrheit über den Kosmos, die Götter und die Seelen aufzudecken. Entscheidend ist das Bemühen des Forschers und Interpreten, die in guter Intention gesetzten Zeichen zu verstehen und bei dieser Tätigkeit die Ruhe zu finden, die derjenige empfinden muß, der sich zum Philosophieren unter dem Baum der Athena niedergelassen hat.[52] Der Ölbaum ist also auch ein Zeichen für den philosophischen Bios, zu dem die intellektuelle Tätigkeit des Interpretierens vor allem dann gehört, wenn sie sich den göttlichen Dingen zuwendet.[53] Dies ist gewissermaßen der pragmatische Aspekt des allegorisch zu interpretierenden Textes. Als eine *mise en scène* des philosophischen Lesens und Erkennens, die zur Nachahmung ermuntert, kann auch die modellhafte Gesamtinterpretation der Nymphengrotte durch Porphyrios verstanden werden.

52 *De antro* 34. 4f.

53 *De antro* 4. 23ff.: ὅσῳ δ' ἄν τις μὴ Ὁμήρου πλάσμα ἐγχειρῇ τὰ κατὰ τὸ ἄντρον δεικνύναι, τῶν δὲ πρὸ Ὁμήρου θεοῖς τοῦτο καθιερωσάντων, τοσούτῳ τῆς παλαιᾶς σοφίας πλῆρες τὸ ἀνάθημα εὑρεθήσεται. („Je mehr einer zu zeigen versucht, daß die Schilderung der Höhle keine Erfindung Homers ist, sondern schon vor Homer den Göttern geweiht war, umso mehr wird sich der heilige Ort als voll von alter Weisheit herausstellen …“).

Index der antiken Autoren und Stellen

Aelian
var. hist.
3,28 112[31]

Aischylos
Prometheus
460f. 74[39]

Alkmaion von Kroton
24 A 5 D./K. 107[15]
24 A 6 D./K. 107, 107[15]

Anaxagoras
59 A 46 D./K. 88[122]
59 B 21–21b D./K. 88[122]

Anaximander
12 A 1 D./K. 80[78], 111[28]
12 A 6 D./K. 110
12 A 8 D./K. 88[121]
12 B 1 D./K. 96[161]

Anaximenes
13 A 1 81[82]
13 A 14a 80[78]

Antimachos von Kolophon
Thebais fr. 13 Matthews 49

Apollodor Historicus
FGrHist 244 F 29 85[103]

Apollodor Mythographus
III 13,5 16[17]
III 31 30[17]
III 129–132 30[21]

Apollonios von Rhodos
2,314 46
2,391 46
2,762ff. 48
2,1141–1215 47
3,584–588 47
3,835ff. 48
3,997–1007 49
3,1096–1101 49
3,1131–1136 48
4,115–121 47
4,241–243 48

Archytas von Tarent
47 B 1 D./K. 108[18]

Aristophanes
Acharn.
10 109[20]
30 109[20]

Av.
959–991 76[52]
991–1020 111[29]
1009 109
1372ff. 119[54]

Lys.
767–780 76[52]

Nub.
80 113[36]
102f. 110
119f. 110
128–132 104
316 104
334 104
380ff. 112[33]
385ff. 108
520ff. 103
830 114[42]
1009ff. 110
1016f. 110
1399f. 114[41]
1399ff. 115
1472ff. 112[33]
1503 114

Pax
1043–1126 76[52]

Aristoteles
Analyt. post.
II 13, 97 b 15–25 35

De anima

II 8, 419 a 16ff. 108

E.E.

I 3, 1215 a 16ff. 24
II 3, 1221 a 10 36
III 5 36
1234 a 34–b 6 39
VII 1, 1234 b 27f. 122[4]
VII 1, 1234 b 32 123[7]
VII 2, 1237 a 33–35 128[28]
VII 4, 1239 a 32 128
VII 4, 1239 a 33f. 128[27]

E.N.

I 1, 1094 b 14 12
I 1, 1094 b 19ff. 12
I 1, 1094 b 21 12
I 5, 1097 b 11 129[33]
I 6 24
I 8 24
I 8, 1098 b 12–14 122
I 9, 1099 a 31–1099 b 8 123
I 9, 1099 b 6f. 124
I 10, 1099 b 18 24
I 10, 1099 b 24f. 129[32]
I 10, 1099 b 27f. 122[5], 124[11]
I 10, 1099 b 24f. 25
I 11, 1101 a 8 24
II 6, 1106 b 36 128
II 6, 1106 b 36–1107 a 2 122[4]
II 7, 1107 b 22 36
II 7 122[4]
II 7, 1108 a 26–30 122[4]
III 5, 1112 b 8f. 12
III 6, 1113 a 32f. 11
IV 4, 1122 b 1 128
IV 7–9 36
IV 7, 1123 b 1–2 36
IV 7, 1123 b 13–15 36
IV 7, 1123 b 21f. 37
IV 7, 1123 b 26–30 36
IV 7, 1123 b 31f. 37
IV 7, 1124 a 1f. 37
IV 8, 1124 b 7–9 37
IV 8, 1124 b 18–20 38
IV 8, 1124 b 24–25 37
IV 8, 1124 b 28f. 38
IV 8 37
IV 8, 1124 b 31 38
IV 12, 1126 b 20 122[4]
VI 13, 1144 b 3 25
VII 5, 1147 a 19f. 72[26]
VII 5, 1147 b 12 72[26]
VII 14, 1153 b 17ff. 24
VIII 1, 1155 a 3–6 122
VIII 1, 1155 a 5–15 124[12]
VIII 1, 1155 a 22f. 121[1]
VIII 1, 1155 a 28f. 124[13]
VIII 1, 1155 a 31 125[17]
VIII 2, 1155 b 28 127
VIII 2, 1155 b 33f. 127[25]
VIII 2, 1156 a 3–5 127[25]
VIII 3, 1156 a 7ff. 125
VIII 3, 1156 a 8 127
VIII 3, 1156 a 16 129
VIII 3, 1156 a 19–21 125[19]
VIII 4, 1156 b 7 126[22], 129
VIII 4, 1156 b 7f. 125
VIII 4, 1156 b 11f. 125
VIII 4, 1156 b 17f. 125
VIII 5, 1157 a 14–16 125[19]
VIII 5, 1157 a 18f. 125[16]
VIII 5, 1157 a 25–32 125[18]
VIII 5, 1157 a 30f. 125[20]
VIII 6, 1157 b 3 125
VIII 6, 1157 b 5–24 128[29]
VIII 7, 1157 b 25 126[22]
VIII 7, 1157 b 25ff. 125[16]
VIII 7, 1157 b 28–32 126[23]
VIII 7, 1157 b 29 122[4]
VIII 7, 1157 b 33f. 126, 127
VIII 7, 1157 b 36–1158 a 1 125[15]
VIII 9, 1159 a 26f. 124[9], 128
VIII 9, 1159 a 27f. 128
VIII 10, 1159 a 33–35 128[27]
VIII 14, 1161 b 11–14 121[2]
IX 1, 1164 a 8–11 125[19]
IX 3, 1165 a 36–1165 b 36 125[21]
IX 3, 1165 b 1–4 125[19]
IX 5, 1167 a 3f. 126[24]
IX 5, 1167 a 10f. 126[24]
IX 9, 1169 b 3–1170 b 19 129[33]
IX 9, 1169 b 8–10 123
IX 9, 1169 b 10–12 127[26]
IX 9, 1169 b 10f. 128
IX 9, 1169 b 13–16 124[12]
IX 9, 1169 b 18f. 129[33]
IX 11, 1171 a 21–1171 b 28 124[13]
IX 12, 1171 b 32f. 121[2]
X 8, 1178 a 24 24

Fragm.

142–179 Rose=366–404 G. 29[14]
166 R.=389 Gigon 31
168 R.=391 G. 39

495–500 R. 32[28]
519 R.=534 G. 33
675 R.=T 1 G. 37

Magna Moralia
I 26 36

Hist. anim.
IV 9, 535 b 3ff. 107

Met.
A 1, 980 a 21 14
A 2, 982 b 12ff. 14
A 2, 983 a 12ff. 14
A 3 14
A 6, 987 b 1ff. 118[49]
Γ 2, 1003 a 33–b 12 130[34]
K 8, 1064 b 35 12
Λ 5, 1071 a 20–23 35

Poet.
1, 1447 b 17ff. 11
3, 1448 a 25–27 41
4, 1448 b 4ff. 13
4, 1448 b 8f. 14
8, 1451 a 19ff. 45
9, 1451 a 36–38 11
9, 1451 b 2 12
9, 1451 b 5f. 11
9, 1451 b 6 15[14]
9, 1451 b 6ff. 12
9, 1451 b 8ff. 12, 12[3], 13
10, 1452 a 18–21 12
13 19
15, 1454 a 26–28 39
15, 1454 b 8–14 40
15, 1454 b 13f. 40
15, 1454 b 14 29, 40
23, 1459 a 21ff. 15
23, 1459 a 30–1459 b 7 29[15]
24, 1458 b 31–1459 a 1 29
24, 1460 a 11–18 33
25, 1460 b 23–26 33

Pol.
I 2, 1252 b 29f. 129[33]
II 4, 1262 b 7f. 124[10]
III 6, 1278 b 19ff. 129[33]

Rhet.
I 3, 1358 b 38–1359 a 6 34
I 6, 1363 a 16–19 38
I 11, 1371 b 4ff. 14[10]
II 2, 1378 b 29–34 36
II 3, 1380 b 27–29 32[30]
II 22 29f.
II 22, 1396 b 12–20 29, 34
II 23, 1397 b 20–23 32[29]
II 24, 1401 b 16–18 30
II 24, 1401 b 19–20 30
III 5, 1407 b 11–18 94[152]
III 9, 1409 a 24–29 79
III 16, 1416 b 25–28 34
III 17, 1418 a 32–37 34

Soph. Elench.
4, 166 a 37f. 31
4, 166 a 18–21 31[25]

Top.
III 2, 117 b 10–27 34
III 3, 118 b 3–9 124[9]

(Ps.-)Aristoteles
Problemata
XXX 1, 954 b 9 40
XXX 1, 955 a 30 40

Artemidor von Ephesos
Geographoumena
fr. 55 Stiehle 140[41]

Augustinus
Conf.
1,14 25

Chrysipp
SVF II, 153 31[25]
SVF II, 43f. 108

Cicero
Brut.
191 49

de amicitia
IX 32 125[21]

Cleanthes
SVF I, fr. 487 91[135]

Clemens Alexandrinus
Strom.
6,2,26,7 (443,2ff. Stähl.) 78

Demokrit
68 B 117 D./K. 62

Diogenes von Apollonia
64 A 19 D./K. 115, 115[43]
64 A 33 D./K. 116[44]
64 B 1 D./K. 94[154]
64 C 3 b D./K. 116[44]

Diogenes Laertios
I, 23 68
I, 26 109
I, 27 89[125]
I, 43 87[114]
I, 119 89
II, 3 81[82]
II, 1 111[28]
II, 2 111[28]
II, 12 114[42]
II, 16 119[51]
II, 16f. 108
II, 40 114[42]
VIII, 70 88[121]

Empedokles
31 A 86 D./K. 107
31 B 21,1 D./K 96[164]
31 B 30,1 D./K. 96[164]
31 B 105 D./K. 116[45]
31 B 112 D./K. 99[178]
31 B 115 D./K. 96[164]

Euripides
Iph. Aul.
49–65 30[21]

Palamedes
fr. 578 Nauck=Kannicht 74[39]

Eustathios
IV p. 956 ed. v. d. Valk 39

Galen
Sophis.
XIV, 595 K. 31[25]

Hekataios
FGrHist 1 F 1a 79
FGrHist 1 F 1 92[142]
FGrHist 1 F 19 79
FGrHist 1 F 27 79
FGrHist 1 F 36a 81[84]
FGrHist 1 F 48 82[86]
FGrHist 1 F 67a 82[86]
FGrHist 1 F 80 82[86]
FGrHist 1 F 100 82[87]
FGrHist 1 F 106 82[86]
FGrHist 1 F 108 82[87]
FGrHist 1 F 144 82[87]
FGrHist 1 F 146 82[86]
FGrHist 1 F 159 82[86]
FGrHist 1 F 163 82[87]
FGrHist 1 F 166 82[86]
FGrHist 1 F 203 82[87]
FGrHist 1 F 204 82[87]
FGrHist 1 F 217 82[87]
FGrHist 1 F 292 82[87]
FGrHist 1 F 332 82[87]

Hellanikos von Lesbos
FGrHist 1 T 12a 80[78]
FGrHist 1 F 36 80[78]
FGrHist 4 F 74–84 78[62]
FGrHist 4 F 85f. 78[62]

Heraklit
22 B 1 D./K. 88[124]
22 B 17 D./K. 61[27]
22 B 39 D./K. 87[119]
22 B 40 D./K. 87[119]
22 B 42 D./K. 87[119], 99[178]
22 B 50 D./K. 94[156]
22 B 92f. D./K. 94[152]
22 B 101a D./K. 96[164]
22 B 107 D./K. 96[164]
22 B 114 D./K. 96[163]
22 B 122 D./K. 96[164]
22 B 129 D./K. 100[185]

Herodot
Proöm 84
1,170,1f. 87[116]
2,149,3 105
4,36,2 80[78]
4,36,2ff. 111[30]
5,24,1 80[75]
5,49,1ff. 111[30]
5,58,3 73[36]
7,150,2 80[75]

Hesiod
Ehoien
fr. 204, 78–93 (40–55) 30[21]
fr. 204, 87–89 (49–51) 30[22]

Hippokrates
de carnibus
VIII, 584 Littré 94[154]

VIII, 602, 19ff. L. 107
VIII, 604, 6 L. 107

de morbis
IV, 34 116[44]

Homer
Il.
1,2 14
1,5 17, 19
1,70 56[12]
1,158ff. 30[20]
1,357ff. 17
1,495ff. 16
1,528 17
2, 339–341 30[19]
2,252 56[12]
2,759 17[18]
4,5ff. 16
4,51ff. 17
4,70–72 19
4,127ff. 19
4,163–165 19
5,63 19
5,311ff. 17
6,168ff. 74, 74[41]
6,269ff. 18
6,367 56[12]
7,236 56[12]
11,599 44
12,22ff. 19
14,292ff. 16
16,788ff. 18
17,125f. 32[29]
17,389–395 32[29]
18,175–177 32[29]
21,34ff. 17
21,34–135 28
21,218ff. 17
22,226ff. 17
22,395–404 28
23,22f. 28
23,22ff. 17
23,75f. 28
24 19
24,14–22 28
24,54 32[30]
24,527ff. 19
24,568–570 39

Schol. in Il.
ad 24,15 31

Od.
1,4 14
10,14ff. 50
10,267 56[12]
11,122f. 136[29]
13,102–112 133[11]
15,1 44
15,301 44
15,500 44
16,4 44
16,5 44
16,11 44
24,1–14 134[12]
24,111 135[24]

Ion von Chios
36 B 1 D./K. 84, 88[124]

Isidor
Etymol.
1, 38, 2 67[2]

Isokrates
Phil. [5]
26–29 95[159]

Kallimachos
Aitien
Prolog 3f. 46

Epigramme
31 Pf. 142[49]

fragm. incertae sedis
588 Pf. 33

Kleon von Kurion
comm. in Argon.
339 A Suppl. Hellen. 46

Kyprien
fr. inc. 9 B 2 Bethe 31[23]
fr. inc. sed. 10 Kinkel 31[23]

Maximos von Tyros
Dialexeis
4,5 a–d 142[50]

Mimnermos
fr. 2 West 58[20]

Ovid
Met.
12,64–167 30[18]

Parmenides
28 B 6,4ff. D./K. 62

Pausanias
III 24,11 30[20]
IV 6,2 50

Pherekydes von Athen
FGrHist 3 F 2 79[72]
FGrHist 3 F 42 80[76]

Philitas
Hermes fr. 2 Sbardella 50

Pindar
Isthm.
V, 39 30[17]

Nem.
VI, 4ff. 62

Olymp.
II, 79 30[17]

Platon
Apol.
19 C 3 114[37]
24 B 8ff. (Duke etc.) 114[42]
28 B–D 37

Cratylos
383 B 8 133[9]
414 B 6 133[9]
414 D 2 133[9]

Menon
76 B 1 133[9]
80 D 4 133[9]
82 C 5ff. 105

Nomoi
7, 817 A 2ff. 21
7, 817 B 21

Phaidon
96 A 5ff. 118
97 B 8ff. 119
99 D 1 (Duke etc.) 119

Phaidros
275 D 5–E 4 95[159]

Politeia
II, 376 E 2 20
379 C 9ff. 21
379 E 20
379 E 3ff. 21
383 C 1–3 28[8]
III, 386 BC 20
387 B 1–5 28
391 B 5–C 6 28
392 BC 23
392 C 1–4 23[30]
392 D 21
393 C 11 ff. 21
VI, 511 E 21
514 A–518 A 134[14]
595 C 1f. 21
IX, 592 AB 23
X, 597 E 21
602 C 2 21
602 C–606 D 21
606 E 27
606 E ff. 21
613 E ff. 24
617 E–621 A 134[14]

Symp.
189 C–193 D 114[37]

Theaitet.
145 C 8 133[9]
174 A 109[22]
179 E 3–180 B 3 85[108]

Timaios
48 B 6 133[9]

Plutarch
Pyth. Orac.
24 (406 C–F) 67

Porphyrios
contra Christianos
fr. 69,19–21 (Harnack) 141[48]

de antro
1–4 136, 139
1,1 133
3,1f. 136[28]
4 138, 140
4,2 141[43]

4,21 132[6]
4,23ff. 143[53]
4,24ff. 135[24]
4,26 132[6]
6,8ff. 134[15], 135[20]
6,13 132[6]
7,6ff. 135[20]
8,4ff. 134[17]
8,11f. 134[18]
8,12ff. 134[17]
10,12ff. 134[16]
10,16ff. 134[17]
11,18f. 134[17]
13ff. 138[37]
13,7ff. 135[20]
14,13ff. 134[17]
16,8 134[17]
17,7f. 135[20]
18,3ff. 134[17]
18,6ff. 135[20]
19,12 132[6]
21 136
23,6f. 134[17]
23,7 134[16]
23,7ff. 135[19]
24 136
24,1ff. 134[16]
24,2 135[19]
24,10ff. 134[15]
27f. 134[12]
27,3ff. 134[16]
27,4ff. 134[18]
28,5ff. 134[18]
28,14 135[19]
30,4ff. 134[17]
32–36 136
32,1–3 133[9]
32,8 138[36]
34 136
34–36 139
34,1ff. 137
34,4f. 143[52]
34,6 136, 136[29]
34,6ff. 136[29]
36 140
36,1ff. 137
36,2ff. 137[34]
36,4f. 135[24]
36,5f. 140[42]
36,6 137[34]

fragm.
271,33–38 (Smith) 134[14]

peri agalmaton
fr. 351, 14ff. (Smith) 141[45]

Quaest. hom.
II, 267, 1–268, 3 (Schrader) 31
I, 11, p. 56 (Sodano) 131[1]

Vita Plotini
7,12ff. 142[51]
15 139[39]
15,2 141[45]
15,5f. 142[51]

Vita Pythagorei
11–12 141[45]
32,8f. 141[46]
40 141[47]
16,5f. 142[51]

Proklos
34 31[23]
35–37 (Kullmann) 30[17]

Protagoras
80 B 1 D./K. 105

Ps.-Aristoteles s. **Aristoteles**

Semonides
fr. 1 Pellizer/Tedeschi 58, 58[19]
fr. 8 Pellizer/Tedeschi 56, 56[13], 56[14], 57, 57[16]
fr. 2 West 57[18]
fr. 7,83ff. West 57

Solon
fr. 3,5 Gentili/Prato= 4 West 60
fr. 1,33ff. G./Pr.=13 W. 58
fr. 1,65f. G./Pr.=13 W. 58
fr. 12 G./Pr.=9 W. 59
fr. 13 W. 59[23]

Strabon
Geogr.
1,1,11 (C 7) 110
1,2,6 67, 71[21]
8,5,8 (C 368) 140[42]
10,3,23 (C 474) 140[42]

Thales
11 A 1 D./K. 89[125]
11 A 20 D./K. 81[79], 89[125]
11 A 20 (Nachtrag) D./K. 68

Theognis
135ff. 60
141f. 60
142 61
237ff. 55

Thukydides
1,22,4 84, 92[143]
1,114 112[32]
4,37f. 110

Xenophanes
21 B 1 D./K. 92[142], 99[180]
21 B 2 D./K. 99[178]
21 B 11,3 D./K. 20
21 B 12,2 D./K. 20
21 B 10 D./K. 27
21 B 22 D./K. 92[142]
21 B 34 D./K. 61

Xenophon
Apol.
10 114[42]

Zenon
SVF I, fr. 74 108

Sachindex

Abstraktion, Generalisierung 94
Allegorie, Allegorese, allegorische Exegese 131ff., 137, 138, 141
Allgemeines/Individuelles 15ff., 18f., 29f.
Anthropologie 13, 14, 54, 62
Appellcharakter, Paränese, Protreptik 54f., 57, 62, 63, 136
Archive 73, 78, 98
Argumentation, Begründung, Beweis 85ff., 90, 94, 99f., 132, 139
Astronomie 89, 108f., 110, 114
Baubeschreibungen 82f., 89
Bild und Text 80ff., 142
Brief 74f., 80, 84
Chroniken 46, 69, 73, 78
chronographische vs. dramatische Epik 45
Dekontextualisierung 80, 83, 91, 95, 101
Einspiegelungstechnik 43, 47, 50
Erkenntnistheorie, Erkenntniskritik 55, 61f., 96f., 115
erzählte Zeit 43ff.
Erziehung, Bildung, Wissensvermittlung, Didaktik 20, 55f., 58, 67, 70f., 93, 95, 101f., 136
Esoterik 98f., 105, 117
Ethnologie 32f.
extradiegetische Analepsen 48, 51, 52
extradiegetische Prolepsen 43, 45, 48, 51, 52
Feste 99
Flohsprung 105f., 117
Gattungen, Textsorten 54, 92, 98
Gerechtigkeit 127
Gesetze, Verträge, Rechtsprechung 76, 83, 84, 86, 93ff., 94f.
Gleichzeitigkeit 44, 49
Glück, Eudaimonie 24f., 123
Gnome, Sentenz, Chrie, Aphorismus 72, 76, 84f., 94
Götter, göttlich, göttliches Eingreifen 15f., 18, 19, 44, 53, 57, 92, 113ff., 135
Hilflosigkeit (*amechania*) 53f., 55, 62
Historiker, Historiographie 12, 75, 84, 100, 103, 120, 138
Iambendichtung 55, 57, 100
Inschriften 75f.
Ionien 71ff., 75, 80, 100, 101, 102
Ithaka 132
Karten 80ff., 90, 110ff.
Komik, Komödie, Witz 16, 55, 57, 72, 103ff.
Kulturtransfer, Akkulturation 70, 77f., 97
Lehrgedicht 68, 90, 91f., 100, 101f.
Linearität der Erzählung 45, 46f., 49ff., 51, 52
Listen 69, 70, 77, 78f., 101
Literaturkritik 46f., 118
Luft 115f.
Lyrik 53ff., 72
Mathematik, Geometrie 76, 80f., 89, 109, 110
Mesopotamien, Vorderasien 69, 75f., 77, 82f., 84, 86, 87, 102
mise en abyme 48
mündlich/schriftlich, Verschriftlichung 54f., 63, 67f., 75, 77, 81f., 88f., 95, 98, 101
Mysterien (-parodie) 104f., 117, 135
Nachahmung, Mimesis 14, 19, 23, 40
vs. Erzählung 21
Narratologie 21, 43, 46
Numenios 136, 137, 139
Ontologie 21ff.
Periegese, Periplus 79, 82, 110, 140
Pflanzenanalogie 116
platonisierende/neuplatonische Interpretation 134, 136, 137
Prosa vs. Dichtung 47, 67ff.
Rätsel 72, 87, 133, 137, 138
Rezepte, Krankheitsbeschreibungen 76f.
Rhetorik, Redner 34f., 101, 103, 137f.
Rom 70
Skatologie 106f., 108f.
Sophisten 101, 105, 118
Sprechakttheorie 63ff.
Stolz (*megalopsychia*) 36ff.
Summen der Stechmücken 106ff., 117
symbolische Formadaptation 97
Symposion 99f.
Theorie vs. Praxis 89, 108, 118, 119
Tragik, Tragödie 18f., 21f., 113f.
Unpersönlichkeit 93, 94

Verzeichnis der Beiträger/-innen

(in der Reihenfolge der Beiträge)

Wolfgang Kullmann, bis zu seiner Emeritierung 1996 ordentlicher Professor für Gräzistik an der Universität Freiburg im Breisgau, Dr. h.c. (Trier und Thessaloniki). Zahlreiche Publikationen zu Homer (z.B. „Die Quellen der Ilias", Wiesbaden 1960) und Aristoteles („Aristoteles und die moderne Wissenschaft", diese Reihe Bd. 5, Stuttgart 1998) und zu anderen Gebieten der antiken Philosophie und Dichtung. Ein neuer Kommentar zu Aristoteles, *De partibus animalium*, befindet sich im Druck.

Oliver Hellmann, Dr. habil., Lehrkraft für Klassische Philologie an der Universität Trier. Promotion in Freiburg mit der Arbeit „Die Schlachtszenen der Ilias. Das Bild des Dichters vom Kampf in der Heroenzeit", Stuttgart 2000. Habilitation in Trier 2006 mit der Arbeit „Aristotelische Biologie in Alexandria? Aristophanes' von Byzanz Epitome der zoologischen Schriften des Aristoteles".

Antonios Rengakos, Professor für Gräzistik an der Universität Thessaloniki. Promotion in Freiburg mit der Arbeit: „Form und Wandel des Machtdenkens der Athener bei Thukydides", Stuttgart 1984. Habilitation in Freiburg mit der Arbeit: „Apollonios Rhodios und die antike Homererklärung", München 1994. Zuletzt erschienen (mit A. Tsakmakis): „Brill's Companion to Thucydides", Leiden 2006.

Sabine Föllinger, Professorin für Klassische Philologie/Schwerpunkt Gräzistik an der Universität Bamberg. Promotion in Freiburg mit der Arbeit „Differenz und Gleichheit. Das Geschlechterverhältnis in der Sicht der griechischen Philosophen des 4.-1. Jh. v. Chr.", Stuttgart 1996. Habilitation in Mainz mit der Arbeit: „Genosdependenzen. Studien zur Arbeit am Mythos bei Aischylos", Göttingen 2003.

Markus Asper, Assistant Professor of Classics and Ancient Mediterranean Studies, The Pennsylvania State University, USA (ab 2007 New York University). Promotion in Freiburg mit der Arbeit: „Onomata allotria. Zur Genese, Struktur und Funktion poetologischer Metaphern bei Kallimachos", Stuttgart 1997. Habilitation in Mainz 2003 mit der Arbeit: „Griechische Lehrtexte. Formen, Funktionen, Differenzierungsgeschichten (erscheint 2007). Zuletzt erschien „Kallimachos, Werke, griechisch und deutsch", Darmstadt 2004.

Jochen Althoff, Professor für Klassische Philologie/Gräzistik an der Universität Mainz. Promotion in Freiburg mit der Arbeit: „Warm, kalt, flüssig und fest bei Aristoteles. Die Elementarqualitäten in den zoologischen Schriften", Stuttgart 1992.

Habilitation in Freiburg 1995 mit der bisher unpublizierten Arbeit: „Studien zu den Anfängen der wissenschaftlichen Literatur bei den Griechen". Publikationen u. a. auf dem Gebiet der antiken Philosophie und altattischen Komödie, zuletzt (mit D. Zeller): „Die Worte der Sieben Weisen, griechisch und deutsch", Darmstadt 2006.

Maria Liatsi, Dozentin für Klassische Philologie an der Universität Ioannina, Griechenland, und Privatdozentin für Antike Philosophie an der TU Braunschweig. Promotion in Freiburg mit der Arbeit: „Aristoteles, *De generatione animalium* Buch 5: Einleitung und Kommentar", Trier 2000. Habilitation 2005 in Braunschweig mit der Arbeit: „Interpretation der Antike. Die pragmatistische Methode historischer Forschung. Ein Kommentar zur Abhandlung von Charles S. Peirce ‚On the Logic of Drawing History from Ancient Documents, Especially from Testimonies'", Hildesheim/Zürich/New York 2006. Daneben eine Reihe von Aufsätzen zur griechischen Philosophie und zum antiken Griechischen Roman.

Doris Meyer, Forscherin in der U.M.R. 7044 (C.N.R.S., Strasbourg, Frankreich), Promotion 1995 in Freiburg mit der Arbeit „Inszeniertes Lesevergnügen. Das inschriftliche Epigramm und seine Rezeption bei Kallimachos", Stuttgart 2005. Weitere Arbeitsschwerpunkte: antike Geographie und spätantike Geschichtsschreibung.

PHILOSOPHIE DER ANTIKE

Veröffentlichungen der Karl-und-Gertrud-Abel-Stiftung

Herausgegeben von Wolfgang Kullmann in Verbindung mit Jochen Althoff und Georg Wöhrle

---

Klaus Döring, Theodor Ebert, Hrsg.: Dialektiker und Stoiker. Zur Logik der Stoa und ihrer Vorläufer. 1993. [illegible] S. ISBN [illegible]

Georg Wöhrle: Anaximenes aus Milet. Die Fragmente zu seiner Lehre. 1993. 83 S. [illegible]

Karlheinz Hülser [illegible]: Die Sinnfrage des Lebens [illegible] 1993. [illegible]

[illegible]: Voraussetzungen als Begriffe der [illegible] Naturphilosophie. [illegible]

Wolfgang Kullmann: Aristoteles und die moderne Wissenschaft. 1998. [illegible] S.

Wolfgang Kullmann, Sabine Föllinger, Hrsg.: Aristotelische Biologie. Intentionen, Methoden, Ergebnisse. Akten des Symposions über Aristoteles' Biologie vom 24.–28. Juli 1995 in der Werner-Reimers-Stiftung in Bad Homburg. 1997. [illegible] S.

Carolin M. Oser-Grote: Aristoteles und das Corpus Hippocraticum. Die Anatomie und Physiologie des Menschen. 2004. [illegible] S.

Jochen Althoff: Studien zu den Anfängen der wissenschaftlichen Literatur bei den Griechen. [illegible] S.

Thomas Fuhrer, Michael Erler, Hrsg.: Zur Rezeption der hellenistischen Philosophie in der Spätantike. Akten der 1. Tagung der Karl-und-Gertrud-Abel-Stiftung vom 22.–25. September 1997 in Trier. 1999. [illegible] S.

Mark Joyal: The Platonic Theages. An Introduction, Commentary, and Critical Edition. 2000. [illegible] S.

Michael Erler, Robert Bees, Hrsg.: [illegible] und der Kunst [illegible]

[illegible]: Der Begriff der Hypothesis [illegible] bis zu dem Stilenideal des [illegible] 2001. [illegible] S.

[illegible]: Die Funktion des Dialogs [illegible] 2002. [illegible] S.

William W. Fortenbaugh, Georg Wöhrle, Hrsg.: On the Opuscula of Theophrastus. Akten der [illegible] Tagung der Karl-und-Gertrud-Abel-Stiftung vom [illegible] 1999 in Trier. 2002. [illegible] S.

Wolfgang Detel, Alexander Becker, Peter Scholz, Hrsg.: Ideal and Culture of Knowledge in Plato. Akten der IV. Tagung der Karl-und-Gertrud-Abel-Stiftung vom [illegible] September 2000 in Frankfurt. 2003. [illegible] S.

[illegible]: [illegible] und Funktion der aristotelischen Fragmente. 2002. [illegible] S.

William W. Fortenbaugh: Theophrastean Studies. 2003. [illegible] S.

Jochen Althoff, Bernhard Herzhoff, Georg Wöhrle, Hrsg.: Antike Naturwissenschaft und ihre Rezeption. [illegible] Akten der [illegible] Tagung der Karl-und-Gertrud-Abel-Stiftung vom [illegible] Oktober 2001 in Trier. 2003. [illegible] S.

[illegible]: [illegible] und [illegible] in der Zoologie und Ethologie des Aristoteles. 2003. [illegible] S.

Wolfgang Kullmann: Kleine Schriften [illegible] Philosophie und Naturwissenschaft. 2004. [illegible] S.

In Vorbereitung:

Klaus Döring, Michael Erler, Stefan Schorn, Hrsg.: Pseudoplatonica. Akten des Kongresses zu den Pseudoplatonica vom [illegible] in Bamberg. 2005. [illegible] S.

[illegible]

PHILOSOPHIE DER ANTIKE

Veröffentlichungen der Karl- und Gertrud-Abel-Stiftung

Herausgegeben von **Wolfgang Kullmann** in Verbindung mit **Jochen Althoff** und **Georg Wöhrle**

1. **Klaus Döring / Theodor Ebert**, Hrsg.: **Dialektiker und Stoiker.** Zur Logik der Stoa und ihrer Vorläufer. 1993. 361 S., Ln. ISBN 978-3-515-06208-4
2. **Georg Wöhrle**, Hrsg.: **Anaximenes aus Milet.** Die Fragmente zu seiner Lehre. 1993. 88 S., kt. 6207-7
3. **Karlhans Abel: Die Sinnfrage des Lebens.** Philosophisches Denken im Vor- und Umfeld des frühen Christentums. 1995. 334 S., Ln. 6491-0
4. **Brigitte Wilke: Vergangenheit als Norm in der platonischen Staatsphilosophie.** 1997. 275 S., Ln. 6619-8
5. **Wolfgang Kullmann: Aristoteles und die moderne Wissenschaft.** 1998. 532 S., Ln. 6620-4
6. **Wolfgang Kullmann/Sabine Föllinger**, Hrsg.: **Aristotelische Biologie**. Intentionen, Methoden, Ergebnisse. Akten des Symposions über Aristoteles' Biologie vom 24.–28. Juli 1995 in der Werner-Reimers-Stiftung in Bad Homburg. 1997. 444 S., Ln. 7047-8
7. **Carolin M. Oser-Grote: Aristoteles und das Corpus Hippocraticum.** Die Anatomie und Physiologie des Menschen. 2004. 349 S., Ln. 6823-9
8. **Jochen Althoff: Studien zu den Anfängen der wissenschaftlichen Literatur bei den Griechen.** 2006. Ca. 350 S., Ln. 6824-6
9. **Therese Fuhrer/Michael Erler**, Hrsg.: **Zur Rezeption der hellenistischen Philosophie in der Spätantike.** Akten der 1. Tagung der Karl und Gertrud Abel-Stiftung vom 22.–25. September 1997 in Trier. 1999. 314 S., Ln. 7442-1
10. **Mark Joyal: The Platonic *Theages*.** An Introduction, Commentary and Critical Edition. 2000. 335 S., Ln. 7230-4
11. **Michael Erler/Robert Bees**, Hrsg.: **Epikureismus in der späten Republik und der Kaiserzeit.** Akten der 2. Tagung der Karl und Gertrud Abel-Stiftung vom 30. September–3. Oktober 1999 in Würzburg. 2000. 316 S., Ln. 7494-0
12. **Franjo Kovačić: Der Begriff der Physis bei Galen vor dem Hintergrund seiner Vorgänger.** 2001. 320 S., Ln. 7435-3
13. **Barbara Wehner: Die Funktion der Dialogstruktur in Epiktets Diatriben.** 2000. 301 S., Ln. 7434-6
14. **William W. Fortenbaugh/Georg Wöhrle**, Hrsg.: **On the *Opuscula* of Theophrastus.** Akten der 3. Tagung der Karl und Gertrud Abel-Stiftung vom 19.–23. Juli 1999 in Trier. 2002. 245 S., Ln. 7888-7
15. **Wolfgang Detel / Alexander Becker / Peter Scholz**, Hrsg.: **Ideal and Culture of Knowledge in Plato.** Akten der 4. Tagung der Karl- und Gertrud-Abel-Stiftung vom 1.–3. September 2000 in Frankfurt. 2003. 288 S., Ln. 8337-9
16. **Ralf Lengen: Form und Funktion der aristotelischen Pragmatie.** 2002. 245 S., Ln. 7798-9
17. **William W. Fortenbaugh: Theophrastean Studies.** 2003. 345 S., Ln. 7808-5
18. **Joachim Knape/Thomas Schirren**, Hrsg.: **Aristotelische Rhetoriktradition.** Akten der 5. Tagung der Karl und Gertrud Abel-Stiftung vom 5.–6. Oktober 2001 in Tübingen. 2005. 406 S., Ln. 8595-3
19. **Dae-Ho Cho: Ousia und Eidos in der Metaphysik und Biologie des Aristoteles.** 2003. 345 S., Ln. 7945-7
20. **Wolfgang Kullmann: Kleine Schriften zur antiken Philosophie und Sonstiges.** 2006. Ca. 352 S., Ln. 8209-9
21. In Vorbereitung
22. **Klaus Döring/Michael Erler/Stefan Schorn**, Hrsg.: **Pseudoplatonica.** Akten des Kongresses zu den Pseudoplatonica vom 6.–9. Juli 2003 in Bamberg. 2005. 300 S., Ln. 8643-1
23. **Jochen Althoff**, Hrsg.: **Philosophie und Dichtung im antiken Griechenland**. Akten der 7. Tagung der Karl und Gertrud Abel-Stiftung am 10. und 11. Oktober 2002 in Bernkastel-Kues. 2007, 156 S., Ln. 8824-4

FRANZ STEINER VERLAG STUTTGART